D1919572

Kohlhammer

Praxis Heilpädagogik – Handlungsfelder
Herausgegeben von
Heinrich Greving

Ulrich Heimlich
Joachim Kahlert (Hrsg.)

Inklusion in Schule und Unterricht

Wege zur Bildung für alle

2. Auflage

Verlag W. Kohlhammer

2. Auflage 2014

Gesamtherstellung: W. Kohlhammer GmbH, Stuttgart

Print:
ISBN 978-3-17-025725-2

E-Book-Formate:
pdf: ISBN 978-3-17-025726-9
epub: ISBN 978-3-17-025727-6
mobi: ISBN 978-3-17-025728-3

Inhaltsverzeichnis

Vorwort

Seit 2009 ist die Behindertenrechtskonvention der Vereinten Nationen (VN-BRK) nunmehr auch in Deutschland in Kraft. Alle Länder der Bundesrepublik Deutschland und alle staatlichen Gliederungen bis hin zu den Kommunen haben sich damit zu der völkerrechtlichen Verpflichtung bekannt, die Inklusion von Menschen mit Behinderungen in der Gesellschaft aktiv zu unterstützen und voranzutreiben.

Besonders hoch schlagen gegenwärtig die Wellen der Diskussion über die Umgestaltung des Bildungssystems. Ein inklusives Bildungssystem auf allen Ebenen, wie es in Artikel 24 der VN-BRK gefordert wird, muss in Deutschland erst entwickelt werden. Allenthalben wird davon ausgegangen, dass damit vor allem eine grundlegende Reform des Schulsystems einhergehen soll. Die Erfahrungen mit solchen Schulreformen in den vergangenen Jahrzehnten in Deutschland lehren allerdings, dass hochfliegende Pläne nicht selten an mangelhaften Ressourcen scheitern. Auch die Träger der Reform, die Lehrkräfte, Eltern und nicht zuletzt die Schüler/-innen, wurden nur selten als aktiv Beteiligte und Motoren der Reform umfassend eingebunden. Soll die inklusive Schulreform gelingen, so ist es unbedingt erforderlich, alle Beteiligten miteinzubeziehen. Nur im Zusammenwirken der pädagogischen Fachkräfte mit den Eltern, den Schülerinnen und Schülern und der Schuladministration besteht eine Chance, die Inklusion von Kindern und Jugendlichen im Bildungssystem wirksam weiterzuentwickeln.

Nicht außer Acht gelassen werden darf dabei, dass das deutsche Bildungssystem nach 1945 im europäischen Vergleich eine spezifische Struktur ausgebildet hat. Das gilt sowohl für die Dreigliedrigkeit ab Klasse 5 mit der Differenzierung von Hauptschulen, Realschulen und Gymnasien als auch für das differenzierte Förderschulsystem mit nahezu je einer Förderschule für jede Behinderungsart. Auch die vorhandenen personellen sowie materiellen Ressourcen und die professionellen Kompetenzen sind von dieser Struktur abhängig und werden sicher nur schrittweise in einen Reformprozess eingebunden werden können. Die Autoren und Autorinnen dieses Buches gehen miteinander davon aus, dass der Inklusionsprozess in erster Linie eine Aufgabe der allgemeinen Schulen und ihrer Unterstützungssysteme ist. Ebenso stimmen wir allerdings darin überein, dass die Inklusion in Schulen im deutschsprachigen Raum nur mit Unterstützung der sonderpädagogischen Fachkompetenz gelingen wird.

Deshalb erfolgt an dieser Stelle zunächst eine Klärung des Zusammenhangs von Inklusion und Sonderpädagogik (*Ulrich Heimlich: Einleitung*), bevor in einem historischen Rückblick gezeigt wird, wie sich sonderpädagogische Förderung von der Entstehungszeit bis in die Gegenwart hinein immer wieder verändert hat (*Sieglind Luise Ellger-Rüttgardt: Geschichte der heil- und sonderpädagogischen Institutionen im schulischen Bereich*). Sodann wird der heutige Stand der Entwicklung sonderpädagogischer Organisationsformen bilanziert und auf die zukünftige Entwicklung hin zur Inklusion bezogen (*Ulrich Heimlich: Schulische Organisations-*

formen sonderpädagogischer Förderung auf dem Weg zur Inklusion). Zur konkreten Umsetzung der inklusiven Schulreform sind darauf aufbauend zwei Schritte erforderlich: Zunächst muss die Inklusion als Aufgabe der Schulentwicklung und damit als Prozess der Veränderung eines Systems betrachtet werden (*Gottfried Biewer & Helga Fasching: Von der Förderschule zum inklusiven Bildungssystem – die Perspektive der Schulentwicklung*). Des Weiteren bedeutet Inklusion in der Schule eine grundlegende Veränderung des Unterrichts wie auch seiner Methodik und Didaktik, um für alle Schüler/-innen einen Zugang zu den Bildungsinhalten zu eröffnen (*Joachim Kahlert & Ulrich Heimlich: Inklusionsdidaktische Netze – Konturen eines Unterrichts für alle*). Schließlich stellt sich die Frage nach der professionellen Qualifikation für eine inklusive Schule und einen inklusiven Unterricht, wobei davon ausgegangen werden muss, dass hier durchaus eine Vielfalt an Kompetenzprofilen vorzuhalten ist (*Ewald Kiel, Sabine Weiß & Agnes Braune: Sonderpädagogische Professionalität und Inklusion: Welchen Beitrag leistet das Studium der Sonderpädagogik?*). Die Beiträge verbinden jeweils grundlegende Aussagen mit Befunden der Forschung und Ansätzen zur praktischen Umsetzung. Kurze Inhaltsübersichten leiten das jeweilige Thema ein. Die ausführliche Literaturliste am Schluss der einzelnen Kapitel eröffnet auch Perspektiven für die weitere Vertiefung der Thematik. Ein großer Dank geht an Petra Weidner und Andrea Bistrich, die das aufwändige Korrekturlesen übernommen haben.

Wir sind uns der Tatsache bewusst, dass wir mit der Unterzeichnung der VN-BRK am Anfang eines Prozesses der Schulreform stehen. Nicht nur in den Schulen ist dazu ein Dialog aller Beteiligten erforderlich. Auch die einzelnen Disziplinen der Erziehungswissenschaft sollten versuchen, begleitend zu dieser Reform wieder intensiver ins Gespräch zu kommen. Der vorliegende Band versteht sich als Einladung dazu.

München, im Januar 2012 *Ulrich Heimlich, Joachim Kahlert*

Einleitung: Inklusion und Sonderpädagogik[1]

Ulrich Heimlich

1 Überarbeitete Fassung des Vortrags „Die Behindertenrechtskonvention und die Sonderpädagogik“ auf der Fachtagung der Kultusministerkonferenz am 21. Juni 2010 in Bremen, zuerst veröffentlicht in: Zeitschrift für Heilpädagogik 62 (2011) 2, S. 44–54, mit freundlicher Genehmigung des Verbandes Sonderpädagogik (vds).

Vorbemerkung

Mit Inkrafttreten der „VN-Konvention über die Rechte von Menschen mit Behinderungen (VN-BRK)“ im Jahre 2009 tritt die sonderpädagogische Förderung in Deutschland in ein neues Entwicklungsstadium ein. Vorrang hat nunmehr die Gestaltung eines inklusiven Bildungssystems auf allen Ebenen, wie es in Artikel 24 der VN-BRK gefordert wird. Die Konvention fungiert nach der Ratifizierung im Range eines Bundesgesetzes. Insofern ergibt sich eine rechtliche Verpflichtung in Deutschland, die Ziele der Konvention politisch umzusetzen. Diese Verpflichtung gilt ebenso für die Bundesländer. Im föderalistisch strukturierten Deutschland hat zwar die Kulturhoheit der Bundesländer nach wie vor einen hohen Stellenwert bei der Gestaltung der Bildungspolitik. Zugleich macht die VN-BRK aber auch deutlich, dass sich die Bildungspolitik zunehmend globalisiert und international vernetzt (vgl. Ellger-Rüttgardt 2008). Insofern sieht sich die sonderpädagogische Förderung in Deutschland ebenfalls in ein Spannungsverhältnis von regionalen und internationalen Politikebenen eingebunden. Der Blick über die Grenzen beispielsweise in die europäischen Nachbarländer wird in Zukunft wohl zum festen Bestandteil in der Weiterentwicklung der eigenen Konzepte und Strukturen zählen müssen (vgl. Biewer 2009; Bürli/Strasser/Stein 2009).

Das gilt umso mehr, als Deutschland nach 1945 europaweit mit dem Aufbau eines differenzierten „Sonderschulsystems“ einen eigenständigen Weg beschritten hat. Dies ist zugleich die Ausgangssituation für die inklusive Weiterentwicklung der sonderpädagogischen Förderung. Nach wie vor besuchen in Deutschland etwa 80 Prozent der Schülerinnen und Schüler mit sonderpädagogischem Förderbedarf die Förderschulen und nur ca. 20 Prozent die allgemeinen Schulen. In einem inklusiven Bildungssystem müsste dieser Anteil umgekehrt werden: 80 Prozent besuchen die allgemeinen Schulen und nur 20 Prozent Förderschulen. In vielen europäischen Nachbarländern wird derzeit nicht mehr darüber diskutiert, ob die inklusive Bildung im gesamten Bildungssystem realisiert werden soll, sondern vielmehr über die Frage, wie dieses allgemein akzeptierte Ziel realisiert werden kann. Die Entwicklung inklusiver Schulen ist zu einer globalen Bewegung angewachsen. Viele praktische Schulbeispiele auch aus armen Regionen der Erde zeigen, dass inklusive Schulen entwickelt werden können und nicht an geringen Mitteln scheitern müssen (vgl. die umfangreiche Projektdokumentation bei Richard Rieser 2008). Zugleich wird beim genaueren Blick in diese inklusiven Schulprojekte deutlich, dass auch die Arbeit in inklusiven Schulen nicht ohne sonderpädagogische Förderung im Sinne von „special needs education“ auskommt. Inklusive Bildung ist deshalb kein Plädoyer für die Abschaffung der Sonderpädagogik, sondern vielmehr eine Aufforderung, sich zu modernisieren und sich an einem pädagogischen Reformprozess von gesamtgesellschaftlichen Ausmaßen zu beteiligen.

Vergessen wird bei der aktuellen bildungspolitischen Debatte zur Inklusion in Deutschland allerdings noch häufig, dass nicht nur die Sonderpädagogik vor einem Wandlungsprozess steht, sondern auch die allgemeine Pädagogik und die allgemeinen Schulen verändert werden müssen. Inklusive Schulen zu entwickeln bedeutet sicher, dass Sonderpädagoginnen und Sonderpädagogen und sonderpädagogische Fachkompetenz zum festen Bestandteil aller allgemeinen Schulen auf allen Ebenen des Bildungssystems werden müssen. Sonderpädagoginnen und Sonderpädagogen dürfen nicht länger nur stundenweise in allgemeinen Schulen sein, sondern müssen vielmehr mit ihrer gesamten Stundenzahl dem System „allgemeine Schule" zugeordnet werden. Aber letztlich zielt auch diese Neuorientierung der Sonderpädagogik auf eine Veränderung der allgemeinen Schulen ab. Wie diese Veränderung aussehen könnte und welche Rolle die Sonderpädagogik dabei spielt, ist Gegenstand des vorliegenden Beitrags. Zielsetzung ist dabei, der Forderung der VN-BRK nach einem inklusiven Bildungssystem Nachdruck zu verleihen und zugleich ein konkretes Entwicklungsprogramm vorzustellen, das die Bildungspolitik und Schulentwicklung der nächsten Jahre unterstützen kann.

Wer sich auf neue Wege begibt, tut gut daran, sich seiner Ziele bewusst zu werden und sich gleichzeitig zu versichern, welche Ausgangsbedingungen bzw. Ressourcen für die Reise zur Verfügung stehen. Nur so kann etwas über die jeweils nächsten Schritte gesagt werden. Ziele (1), Ausgangsbedingungen (2) und nächste Schritte (3) der Entwicklung eines inklusiven Bildungssystems sollen deshalb nun vorab kurz analysiert werden. Dabei steht jeweils der Anteil der Sonderpädagogik und der allgemeinen Schulen besonders im Mittelpunkt.

1 Inklusive Bildung – Zielsetzungen

Auf der Konferenz von Salamanca im Jahre 1994 wurde der Begriff der Inklusion in die internationale schulpädagogische Diskussion eingeführt. Auf Einladung der Vereinten Nationen beschlossen Regierungsvertreter/-innen aus nahezu 90 Staaten der Welt und zahlreiche weltweit tätige Behindertenselbsthilfeverbände das Programm einer inklusiven Schule. „Pädagogik für besondere Bedürfnisse" lautete seinerzeit der beziehungsreiche Titel, der an die internationale Debatte zur „special needs education" anknüpfen sollte (vgl. Österreichische UNESCO-Kommission 1996). In der deutschen Übersetzung wurde der neue Begriff „inclusion" noch mit „Integration" übersetzt. Dies hat bis heute im bundesdeutschen Sprachraum zu dem Missverständnis beigetragen, dass von einer Gleichsetzung zwischen Inklusion und Integration auszugehen sei. Auch mit Inkrafttreten der VN-BRK konnte dieses Missverständnis im Jahre 2009 noch nicht ausgeräumt werden. In Artikel 24, Abs. 1 wird von den unterzeichnenden Staaten die Selbstverpflichtung akzeptiert:

„Die Vertragsstaaten anerkennen das Recht von Menschen mit Behinderungen auf Bildung. Um dieses Recht ohne Diskriminierung und auf der Grundlage der

Chancengleichheit zu verwirklichen, gewährleisten die Vertragsstaaten ein integratives Bildungssystem auf allen Ebenen…" (Vereinte Nationen 2010).

Die ratifizierte Fassung ist allerdings die englische, in der es heißt: „inclusive education system at all levels" (United Nations 2010). Die Bundesregierung hat dazu einen Gesetzentwurf vorgelegt, der vom Bundestag beschlossen wurde und von daher als bundesgesetzliche Grundlage der Entwicklung eines inklusiven Bildungssystems fungiert. Trotz der föderalistischen Struktur Deutschlands ist damit auch für die Bundesländer eine rechtliche Verpflichtung gegeben, Maßnahmen zur Entwicklung eines inklusiven Bildungssystems auf den Weg zu bringen (vgl. Art. 4, Abs. 5, BRK):

„Die Bestimmungen dieses Übereinkommens gelten ohne Einschränkung oder Ausnahme für alle Teile eines Bundesstaates" (ebd.).

Insofern ist es im gegenwärtigen Diskurs über inklusive Bildung und angesichts der begrifflichen Verunsicherung angezeigt, die Vorstellung eines inklusiven Bildungssystems, wie sie sich gegenwärtig vor dem Hintergrund des internationalen Entwicklungsstands abzeichnet, genau zu bestimmen (Booth/Ainscow 2002; Rustemeier/Booth 2005; Reiser 2008).

Im Ergebnis lässt sich zunächst festhalten, dass Inklusion nicht nur als Übersetzung von Integration gelten kann. Der Begriff geht auch weit über eine optimierte Form der Integration im Sinne von Qualitätssteigerung hinaus. Inklusion meint vielmehr eine substanzielle Weiterentwicklung der Integration. Inklusive Bildungseinrichtungen verzichten von vornherein auf jegliche Formen von Aussonderung. Alle Kinder und Jugendlichen eines Stadtteils, Wohngebietes oder Quartiers sind willkommen. Die Unterschiedlichkeit ihrer Lernbedürfnisse, Interessen und Fähigkeiten wird als Ausgangsbedingung jeglichen Bildungsangebotes angesehen. Heterogenität wird damit – zumindest konzeptionell – nicht als Belastung angesehen, sondern vielmehr als Bereicherung und Chance für die Gestaltung eines Bildungsangebotes, das sich an alle Kinder und Jugendlichen richtet. Damit einher geht die Öffnung von Bildungseinrichtungen hin zu ihrem Stadtteil und dem aktiven wechselseitigen Austausch zwischen Schulen und ihrem Umfeld.

Inklusive Bildung enthält somit auch die Dimension der Einbeziehung gesellschaftlicher Probleme der Teilhabe. Ein inklusives Bildungssystem ist von daher keine Insel, in der ideale Formen des gesellschaftlichen Umgangs gefördert werden. Sie ist vielmehr Bestandteil der Gesellschaft und ein Beitrag zu einer inklusiven Gesellschaft. Ebenso wie eine demokratische Gesellschaft demokratische Schulen benötigt, wie es John Dewey in „Demokratie und Erziehung" im Jahre 1916 beschrieben hat (vgl. Dewey 1916/1993), ist eine inklusive Gesellschaft auf eine inklusive Schule angewiesen. Das bedeutet aber auch, dass Schulen allenfalls einen Beitrag zu einer inklusiven Gesellschaft leisten können, nicht jedoch für den gesellschaftlichen Inklusionsprozess gänzlich allein verantwortlich gemacht werden dürfen.

Die größte Herausforderung für die Schulpädagogik wie für die Sonderpädagogik enthält jedoch die Forderung der inklusiven Bildung, auf eine Unterscheidung zwischen Menschen mit und Menschen ohne Behinderung zu verzichten, sondern vielmehr von Menschen mit individuellen Bedürfnissen auszugehen. Demnach hätten alle Kinder und Jugendlichen in der inklusiven Schule Anspruch auf ein individuell für sie zugeschnittenes Bildungsangebot. Wird die Individualisierung in dieser Konsequenz im Bildungssystem umgesetzt, so die Hoffnung, dann ist die Rede von unterschiedlichen Gruppen von Kindern und Jugendlichen hinfällig geworden. Unter dem Anspruch einer inklusiven Bildung sollten Schulen demnach in der Lage sein, die vielen unterschiedlichen Bedürfnisse, Interessen und Fähigkeiten von Kindern und Jugendlichen zu erkennen und individuell passgenaue Lern- und Förderangebote zu entwickeln. Aus sonderpädagogischer Sicht muss schon auf dieser konzeptionellen Ebene des Nachdenkens über inklusive Bildung der Schluss gezogen werden, dass diese anspruchsvolle Aufgabe nicht ohne sonderpädagogische Fachkompetenz im gesamten Bildungssystem erfüllt werden kann.

Aber was ist nun mit Inklusion gemeint? Inklusion im Sinne der ursprünglichen lateinischen Wortbedeutung von „Einschluss" bzw. „Enthaltensein" umfasst mehr als ein schulisches Verständnis von Integration. Inklusion zielt auf eine umfassende gesellschaftliche Teilhabe in möglichst weitgehender Selbstbestimmung. Von der Zielvorstellung her ist dabei angestrebt, die Grenzen zwischen „Behinderten" und „Nichtbehinderten" aufzuheben und das selbstbestimmte Miteinander mitten in der Gesellschaft zu verankern. Dies entspricht einer stark normativ geprägten Vorstellung von Inklusion, wie sie in der schul- und sonderpädagogischen Debatte derzeit vorherrscht (vgl. Schnell/Sander 2004; Bürli/Strasser/Stein 2009).

Ein Blick in das soziologische Begriffsverständnis von Inklusion lehrt jedoch, dass auch diese konzeptionelle Diskussion zur inklusiven Bildung vor dem Hintergrund konkreter gesellschaftlicher Entwicklungen der Gegenwart gesehen werden muss. Dabei zeigt sich insbesondere, dass sich die gesellschaftlichen Inklusionsmuster in modernen westlichen Industriegesellschaften in den letzten 150 Jahren nachhaltig verschoben haben. Während ursprünglich gesellschaftliche Inklusion über feste soziale Bindungen im sozialen Nahraum über Familien- und Verwandtschaftsbeziehungen sowie innerhalb der Nachbarschaft organisiert wurde, reißt die Gesellschaft der „Zweiten Moderne" (vgl. Beck 1986) ihre Mitglieder immer stärker aus gewachsenen sozialen Strukturen heraus. Soziale Beziehungen und Identitäten (vgl. Keupp u.a. 1999) müssen selbst gesucht und konstruiert werden. Inklusion wird in diesem Zusammenhang mehr und mehr zur Aufgabe jedes Einzelnen. Es ist unschwer vorstellbar, dass Menschen mit Behinderungen oder sozialen Benachteiligungen rasch aus diesem selbst zu organisierenden Inklusionsprozess herausfallen und an den Rand der Gesellschaft gedrängt werden. Der soziologische Blick lehrt von daher, auch das Gegenteil von gesellschaftlicher Inklusion nicht außer Acht zu lassen. Westliche Industriegesellschaften haben eindeutige Tendenzen zur Exklusion. Deutschland leistet sich als eines der reichsten Länder der Erde bei Kindern und Jugendlichen eine Armutsquote, die bei ca. 16 Prozent liegt – mit steigender Tendenz (vgl. Heimlich 2008a). Kinder sind für Familien heute das Armutsrisiko Nr. 1. Alleinerziehende Eltern, insbesondere Mütter und Migrantenfamilien, sind nach wie vor besonders betroffen. Inklusion und Exklusion sind von daher in modernen Gesellschaften unauflöslich miteinander verknüpfte Prozesse (vgl. Luhmann 2002, S. 135 ff.; Nassehi 1997). Der schul- und sonderpädagogische Blick auf die Inklusion sollte dieses Spannungsverhältnis also miteinbeziehen. Inklusion im pädagogischen Sinne weist somit weit über das Bildungssystem hinaus in die Gesellschaft.

Inklusion im pädagogischen Sinne zielt vor diesem Hintergrund auf die Schaffung netzwerkartiger Strukturen in Schule und Gesellschaft ab, die zur Unterstützung der selbstbestimmten sozialen Teilhabe aller Menschen in allen gesellschaftlichen Bereichen beitragen und Tendenzen zum Ausschluss bestimmter Gruppen aus der Gesellschaft aktiv entgegentreten.

Da für die gegenwärtige bildungspolitische Debatte zum inklusiven Bildungssystem in Deutschland die Unterscheidung von Inklusion und Integration eine so zentrale Bedeutung bekommen hat, sollen die derzeit bekannten Differenzen besonders mit Blick auf unterschiedliche konzeptionelle Grundsätze noch einmal im Einzelnen gegenübergestellt werden (vgl. Hinz 2002; Sander 2004 sowie die Kritik von Lee 2010 und Speck 2010).

Abb. 1: Vergleich integrativer und inklusiver Bildungsangebote als Konzept

Konzept der Integration	**Konzept der Inklusion**
• Integration setzt Separation voraus • Integration als Wiederherstellung eines Miteinander • Heterogenität als Belastung • Etikettierungs-Ressourcen-Dilemma • heilpädagogische Unterstützung für Kinder mit Behinderung • Veränderung der Kinder zum Zwecke der Integration	• von vornherein Verzicht auf Separation • Inklusion als selbstverständliches Miteinander • gewollte Heterogenität • Qualitäts-Exklusivitäts-Dilemma • heilpädagogische Unterstützung für alle Kinder • Veränderung der Systeme zum Zwecke der Inklusion

Das *Konzept der Integration* konnte in der Vergangenheit nur einsetzen, wenn Kindern und Jugendlichen ein sonderpädagogischer Förderbedarf attestiert wurde. Der Vorteil dieses Systems ist sicher die klare Individuumszentrierung. Zum Nachteil gereichte der Integrationspraxis das Festhalten an einer weitgehend defizitorientierten Diagnostik. Es ist zwar auf der Ebene von Publikationen sehr umfassend über förderdiagnostische Konzeptionen berichtet worden (vgl. Bundschuh 2010). Auch entsprechende förderdiagnostische Methoden und Materialien (vgl. Heimlich/Lotter/März 2005) liegen in praxisnaher Aufbereitung vor. Es ist jedoch in der integrativen Praxis nicht gelungen, sich konsequent von einem schädigungsbezogenen Denken zu verabschieden und zur Förderung hin umzuorientieren. Noch immer steht in der Praxis der sonderpädagogischen Diagnostik die Zuweisung zum Förderort im Vordergrund und nicht die Entwicklung von individuellen Fördermaßnahmen. Dadurch wurde in integrativen Bildungsangeboten auch der Abgrenzung von zwei Gruppen Vorschub geleistet und das Etikettierungs-Ressourcen-Dilemma (vgl. Füssel/Kretschmann 1993) letztlich nicht überwunden. Personelle, räumliche und sächliche Ausstattung konnten integrative Bildungsangebote nur erreichen, wenn sie eine möglichst große Zahl von Kindern und Jugendlichen mit dem Etikett „sonderpädagogischer Förderbedarf" behafteten. Die Integration blieb deshalb auch häufig auf einer institutionellen Ebene des bloßen Beieinanderseins stehen, ohne zu intensiven sozialen Austauschprozessen zu gelangen. In der Konsequenz hieß das, dass auch die heil- und sonderpädagogische Fachkompetenz nur den Kindern und Jugendlichen zugute kommen konnte, die einen gutachterlich festgestellten Förderbedarf vorweisen konnten. Mit der Entwicklung integrativer Bildungsangebote ist es also durchaus gelungen, die speziellen Förderangebote der Heil- und Sonderpädagogik in die allgemeinen Schulen zu verlagern. Ihr Charakter als spezielle Förderung für „Behinderte" ist dabei jedoch prinzipiell nie verändert worden. Insofern galt der Grundsatz der Individualisierung in integrativen Bildungsangeboten eben nicht für alle, sondern nur für Kinder und Jugendliche mit sonderpädagogischem Förderbedarf.

Diese Einschränkungen einer integrativen Praxis sind in der Vergangenheit immer wieder zum Problem geworden. Sonderpädagogische Lehrkräfte und Lehrkräfte der allgemeine Schulen haben darauf aufmerksam gemacht, dass individuelle Förderung nicht nur für Kinder und Jugendliche mit sonderpädagogischem Förderbedarf erforderlich ist. Vielmehr gibt es in der Schulpraxis eine ganze Reihe von Kindern und Jugendlichen, die vorübergehend oder in einzelnen Lernbereichen einen Bedarf an individueller Förderung haben. Auch diagnostische Fragen stellen sich in der Praxis laufend über die Gruppe der Kinder und Jugendlichen mit sonderpädagogischem Förderbedarf hinaus. Ähnliches gilt für einen hohen Beratungsbedarf bei Lehrkräften der allgemeinen Schulen beispielsweise bei Kindern und Jugendlichen mit Verhaltensproblemen. Das System der integrativen Bildung mit heil- und sonderpädagogischer Unterstützung ist somit in Deutschland an seine Grenzen gestoßen, was sich nicht zuletzt in den lange Jahre stagnierenden Anteilen der Kinder und Jugendlichen mit sonderpädagogischem Förderbedarf in allgemeinen Schulen zeigt (vgl. Daten der KMK unter: www.kmk.org/statistik/schule/statistiken/sonderpaedagogische-foerderung-in-schulen.html).

Das *Konzept der Inklusion* ist demgegenüber bis in die Gegenwart hinein in Deutschland noch weitgehend Zukunftsentwurf – im Gegensatz zu vielen anderen Staaten der Welt (vgl. den Überblick über inklusive Schulen bei Richard Reiser 2008). Inklusive Bildungsangebote sollen als ein System für alle das gemeinsame Leben und Lernen für alle gewährleisten. Hier wird auf die Unterscheidung von Gruppen mit verschiedenen Kindern zugunsten heterogen zusammengesetzter Gruppen verzichtet. Kinder und Jugendliche in inklusiven Schulen sollen sich nicht nur sporadisch begegnen, sondern in intensive selbst gewählte und dauerhafte soziale Kontakte eintreten können (soziale Ebene) und so neben der institutionellen Ebene Inklusion auch persönlich erleben können (emotionale Ebene). In der Konsequenz bedeutet dies nun, dass die Zuweisung von Ressourcen für das System „inklusive Schule" erfolgt. Inklusive Schulen entwickeln inklusive Bildungskonzeptionen im Sinne eines eigenständigen Schulprogramms bzw. -profils. Darin versichern sie, dass sie alle Kinder und Jugendlichen eines Stadtteils aufnehmen – auch mit Migrationshintergrund und mit sonderpädagogischem Förderbedarf. Unter dem Eindruck gegenwärtiger Ressourcenverteilung im Bildungssystem dürfte darin eine der größten Herausforderungen bei der Realisierung inklusiver Schulen liegen. Die Bielefelder Laborschule ist in diesem Zusammenhang bereits dazu übergegangen, die Kinder und Jugendlichen mit sonderpädagogischem Förderbedarf in den entsprechenden sonderpädagogischen Gutachten und Förderplänen nicht mehr namentlich zu erwähnen, sondern anonymisiert an die zuständigen Behörden (Schulaufsicht und Schulträger) weiterzuleiten. Insofern wird der Bedarf an Ressourcen für die inklusive Schule hier nachgewiesen, ohne dass Kinder und Jugendliche etikettiert werden müssen (vgl. Thoma/Rehle 2009). Wer mit dem Anspruch der Individualisierung des Bildungsangebotes für alle Kinder in inklusiven Schulen allerdings ernst machen will, der wird auch nicht umhin können, die individuellen Lern- und Förderbedürfnisse aller Kinder und Jugendlichen differenziert zu diagnostizieren und entsprechend individuelle Förderpläne für alle zu erstellen. Die Heil- und Sonderpädagogik verfügt hier über langjährige und reichhaltige Erfahrungen, die in einem inklusiven Bildungssystem (von der Kinderkrippe bis zum Abitur) noch umfassender nachgefragt wird als bisher. Der Anspruch des inklusiven Bildungssystems nach individueller Förderung führt also nicht zu einem Abbau der Heil- und Sonderpädagogik, sondern vielmehr zu einem Ausbau auf allen Ebenen des Bildungssystems.

In einer kurzen Formel zusammengefasst können Integration und Inklusion folgendermaßen unterschieden werden: In integrativen Bildungssystemen werden Kinder und Jugendliche mit sonderpädagogischem Förderbedarf verändert, damit sie in die allgemeine Schule gehen können, in inklusiven Bildungssystemen werden die allgemeinen Schulen hingegen verändert, damit sie den Bedürfnissen, Interessen und Fähigkeiten aller Kinder und Jugendlichen entsprechen können (vgl. Wilhelm/Eggertsdóttir/Marinósson 2006).

Fazit Nr. 1: Ein inklusives Bildungssystem zu entwickeln, bedeutet für die allgemeinen Schulen in Deutschland einen nachhaltigen Umgestaltungsprozess. Wenn Heterogenität in inklusiven Schulen bewusst gewollt ist und ausdrücklich begrüßt wird, dann sollten die Unterrichtskonzepte und die Schulorganisation insgesamt auf den Prüfstand gestellt werden. Eine konsequente Individualisierung des Bildungsangebotes bei gleichzeitiger Wahrung der gemeinsamen thematischen und inhaltlichen Schwerpunktsetzung auch im Sinne von Bildungsabschlüssen dürfte dabei eine der größten didaktisch-methodischen Herausforderungen darstellen. Inklusive Schulen erfordern jedoch zusätzlich einen Schulentwicklungsprozess, in dem alle Beteiligten (Lehrkräfte, Eltern und Schüler/-innen) miteinbezogen sind.

Sicher befinden sich einige Schulen in Deutschland schon heute auf dem Weg zu einer inklusiven Schule. Zugleich wird angesichts dieser anspruchsvollen Zielsetzung deutlich, dass im gesamten deutschen Bildungssystem erhebliche Anstrengungen erforderlich sind, um der Selbstverpflichtung, wie im Art. 24 der VN-BRK formuliert, nachkommen zu können. Es soll nun weiter gefragt werden, welchen

Beitrag die Sonderpädagogik dazu leisten kann. Zu diesem Zweck wird auf die Entwicklung der sonderpädagogischen Förderung in Deutschland seit der KMK-Empfehlung von 1994 zurückgeschaut.

2 Sonderpädagogische Förderung in Deutschland seit 1994 – Ausgangsbedingungen

Mit den „Empfehlungen zur sonderpädagogischen Förderung in den Ländern der BRD" von 1994 knüpft die Kultusministerkonferenz seinerzeit an die internationale Entwicklung zur „special needs education" an (vgl. Drave/Rumpler/Wachtel 2000). „Special educational needs" würde wörtlich übersetzt zwar „spezielle Erziehungsbedürfnisse" heißen, wie Otto Speck hervorgehoben hat (vgl. Speck 2008, S. 250 f.). Durchgesetzt hat sich in Deutschland gleichwohl der Terminus „sonderpädagogischer Förderbedarf", der den medizinisch konnotierten und defizitär ausgerichteten Behinderungsbegriff ablösen sollte. Der Perspektivenwechsel, den die KMK-Empfehlungen von 1994 in der bundesdeutschen Sonderpädagogik initiiert haben, konnte nicht grundlegender sein. Von der Behinderung als individuellem Mangel und Fehler richtete sich nunmehr der sonderpädagogische Blick auf die Möglichkeiten der Förderung. Damit war die Tür für eine genuin pädagogische Sichtweise geöffnet und eine Abkehr von der Sichtweise der Behinderung als Eigenschaft der Person möglich geworden. In der Folge konnte es nicht mehr heißen, dass jemand „behindert" ist, sondern dass er „behindert" wird. Behinderung wird damit zur sozialen Aktivität, die mitten in der Gesellschaft verankert ist und somit auch der pädagogischen Intervention zugänglich wird. Den KMK-Empfehlungen von 1994 liegt somit ein sozialwissenschaftliches Verständnis von Behinderung zugrunde, das zwar schon in den 1970er Jahren ausformuliert wurde, dennoch erst in den 1990er Jahren praktisch wirksam zu werden begann.

Ausgehend von dem Begriff des sonderpädagogischen Förderbedarfs haben die Empfehlungen der KMK seinerzeit Schwerpunkte, Maßnahmen und Orte sonderpädagogischer Förderung beschrieben. Damit orientieren sich die Empfehlungen im Wesentlichen an einer förderdiagnostischen Strategie (vgl. Heimlich 1995). Ausgehend von den individuellen Förderbedürfnissen werden mögliche Fördermaßnahmen beschrieben. Erst danach werden Überlegungen zum optimalen Förderort angestellt. Die allgemeine Schule sowie präventive Maßnahmen und die Berufsschule als Förderorte werden dabei ausdrücklich genannt. Damit ist die Feststellung des sonderpädagogischen Förderbedarfs und die Entscheidung über den Förderort entkoppelt worden. Die KMK-Empfehlungen von 1994 sind jedoch noch einen Schritt weiter gegangen. Sie wiesen der sonderpädagogischen Förderung einen subsidiären Charakter zu. Damit hatte die Förderung in den allgemeinen Schulen in jedem Fall Priorität. In den Folgejahren wurden die Empfehlungen dann auf die verschiedenen sonderpädagogischen Förderschwerpunkte übertragen.

Gut 15 Jahre nach Veröffentlichung der Empfehlungen stellt sich die Frage, wie dieser Minimalkonsens zwischen den 16 Bundesländern Deutschlands bildungspolitisch gewirkt hat. Wir können heute festhalten, dass die Empfehlungen zu einer Pluralisierung der Orte und Konzepte sonderpädagogischer Förderung beigetragen haben. Das sonderpädagogische Fördersystem ist in Bewegung gekommen. Die innere Dynamik zeigt sich in einer Vielfalt an innovativen Organisationsformen, die über die verschiedenen Formen von Förderzentren und Förderklassen in der allgemeinen Schule bis hin zu Integrationsklassen, integrativen Regelklassen und Kooperationsklassen reichen. Auch wenn der quantitative Anteil der Schüler/-innen mit sonderpädagogischem Förderbedarf in den allgemeinen Schulen nach wie vor unbefriedigend ist, so muss doch festgehalten werden, dass er in den 1990er Jahren behutsam ausgeweitet worden ist. Überdies haben alle Bundesländer die Feststellung des sonderpädagogischen Förderbedarfs in ihren Ländergesetzen und entsprechenden Rechtsverordnungen verankert. Dies hat dazu geführt, dass sonderpädagogische Förderangebote auch qualitativ verbessert worden sind (vgl. Wember/Prändl 2009). Es liegen inzwischen ausgearbeitete und evaluierte Interventionskonzepte vor (z. B. Lauth/Grünke/Brunstein 2004).

Einer der Haupteffekte der KMK-Empfehlungen von 1994 liegt darüber hinaus in der Weiterentwicklung des Feldes der sonderpädagogischen Beratung. Unter Zugrundelegung innovativer Beratungskonzepte, wie die kooperative Beratung (vgl. Mutzeck 2008), werden nicht nur Schüler/-innen und Eltern, sondern auch Lehrkräfte allgemeiner Schulen und ganze Schulkollegien im Sinne einer Systemberatung kommunikativ in professioneller Weise begleitet. Eine große Herausforderung für sonderpädagogische Lehrkräfte und Lehrkräfte der allgemeinen Schulen lag in den vergangenen Jahren ebenfalls im Ausbau der Zusammenarbeit auf der Unterrichtsebene bezogen auf den gemeinsamen Unterricht und die Weiterentwicklung des Team-Teaching. Sonderpädagogen/-innen sind darüber hinaus gerade in allgemeinen Schulen zusehends im Rahmen von Weiterbildungsangeboten für Eltern und Lehrkräfte gefragt.

In der Folge hat sich das sonderpädagogische Kompetenzprofil nachhaltig gewandelt. Stand ursprünglich noch das Unterrichten und Erziehen im Mittelpunkt, so sind nunmehr die Diagnostik, die individuelle Förderung und deren systematische Evaluation sowie die begleitende Beratung gleichwertig hinzugetreten. Befürchtungen, nach denen mit der Ausweitung der sonderpädagogischen Förderung auf die allgemeinen Schulen ein Kompetenzverlust eingehen würde oder gar eine Infragestellung der sonderpädagogischen Fachkompetenz, erwiesen sich als gegenstandslos. Sonderpädagogische Lehrkräfte haben in allgemeinen Schulen vielmehr die Erfahrung gemacht, dass ihre Fachkompetenz anerkannt wird und sie sogar Gelegenheit haben, im Rahmen ihrer mobilen Tätigkeit ihre Fachkompetenzen zu erweitern. Die Beratungsangebote für Eltern und Lehrkräfte (z. B. aus sonderpädagogischen Beratungsstellen heraus) haben überdies zu einem echten Imagegewinn der Sonderpädagogik beigetragen, da sich Eltern bei Lernproblemen ihrer Kinder und Jugendlichen nunmehr in Förderzentren Rat holen können, ohne dass damit zugleich die Frage nach einem Wechsel des Förderortes verbunden sein muss.

Umstritten ist im Nachhinein lediglich die begriffliche Fassung des sonderpädagogischen Förderbedarfs. Es heißt dazu in den Empfehlungen bekanntermaßen: „Sonderpädagogischer Förderbedarf ist bei Kindern und Jugendlichen anzunehmen, die in ihren Bildungs-, Entwicklungs- und Lernmöglichkeiten so beeinträchtigt sind, dass sie im Unterricht der allgemeinen Schule ohne sonderpädagogische Unterstützung nicht hinreichend gefördert werden können" (vgl. Drave/Rumpler/Wachtel 2000, S. 28 f.).

Damit ist jedoch wenig mehr gesagt, als dass sonderpädagogischer Förderbedarf vorliegt, wenn sonderpädagogische Förderung erfolgen muss. Deshalb soll hier eine andere begriffliche Fassung vorgeschlagen werden:

Sonderpädagogischer Förderbedarf liegt dann vor, wenn die allgemeine Schule trotz zusätzlicher differenzierender Maßnahmen nicht in der Lage ist, auf die Lernbedürfnisse einzelner Schüler/-innen einzugehen und deshalb zusätzlich gezielte Maßnahmen zur Diagnostik, Intervention und Evaluation erforderlich sind.

Dahinter steht eine Vorstellung von sonderpädagogischer Förderung, die im Sinne eines Prozessmodells eine enge Verschränkung der Elemente Diagnostik, Intervention und Evaluation postuliert. Demnach ist sonderpädagogische Förderung generell durch diesen Dreischritt gekennzeichnet (vgl. Heimlich 2008 b, S. 520 ff.; Heimlich 2009, S. 140 ff., s. auch Kap. 4.0 in diesem Band).

Offen bleibt bis heute die Frage, was sonderpädagogische *Förderung* eigentlich ist? „Fördern" [mhd. *vürdern*, ahd. *furdiren*] steht in der ursprünglichen Wortbedeutung für „weiter nach vorn bringen" und meint im Gegensatz zum „hindern" inhaltlich so viel wie „in seiner Entfaltung unterstützen und verstärken". Es wird hier für einen weiten Begriff sonderpädagogischer Förderung plädiert, der sich nicht nur auf die Intervention bezieht, sondern vielmehr Diagnostik, Evaluation und Beratung mit umfasst. Mit sonderpädagogischer Förderung sind demnach alle Maßnahmen zur Begleitung und Unterstützung von Kindern, Jugendlichen und Erwachsenen mit Lern- und Entwicklungsproblemen sowie Problemen in der gesellschaftlichen Teilhabe gemeint, die auf ein selbstbestimmtes Leben in möglichst umfassender sozialer Inklusion abzielen. Damit ist Inklusion auch Ziel sonderpädagogischer Förderung. Unterschieden wird im Anschluss an den angloamerikanischen Sprachgebrauch zwischen direkter und indirekter Förderung. *Direkte Förderung* wird unmittelbar auf die Probleme im Lesen, Schreiben, Rechnen bezogen. *Indirekte Förderung* bezieht sich auch auf die Ursachen und Bedingungsfaktoren von Lern- und Entwicklungsproblemen im Bereich von Denken, Wahrnehmung und Bewegung, Kommunikation und Sprache sowie emotionalen und sozialen Kompetenzen. Dazu zählen ebenfalls Maßnahmen der Förderung im Umfeld des Kindes. In der bundesdeutschen Sonderpädagogik sollte sich vor diesem Hintergrund der Grundsatz der direkten Förderung noch mehr etablieren, nach dem Kinder und Jugendliche, die Probleme im Lesen, Schreiben und Rechnen haben, auch in diesen Bereichen gefördert werden sollen. In der Vergangenheit dominierten hier häufig indirekte Förderansätze (z. B. psychomotorische Förderung bei Rechtschreibproblemen).

Der Ausgangspunkt sonderpädagogischer Förderung ist damit die Entstehung eines Problems im Lernen oder in der Entwicklung. Sonderpädagogik wird hier also konstituiert aus problematischen Lern- und Entwicklungssituationen, da ohne diese Problemlagen kein sinnvoller Anknüpfungspunkt für die Arbeit der Sonderpädagoginnen und Sonderpädagogen gegeben ist. Der Begriff des Problems bzw. der Schwierigkeit kann auch unter dem Aspekt einer sonderpädagogischen Anthropologie als kompetenzorientiert angesehen werden, da zur Lösung eines Problems von Kindern und Jugendlichen stets die eigenen Kompetenzen aktiviert werden. Letztlich ist alles menschliche Leben Problemlösen, wie Karl Popper das einmal ausgedrückt hat (vgl. Popper 2010, S. 257). Ein sonderpädagogischer Förderbedarf entsteht an der Anforderungsschwelle zwischen vorhandenen Fähigkeiten und noch nicht erworbenen und ist dadurch gekennzeichnet, dass die Lern- und Entwicklungsprobleme nicht mehr selbstständig bewältigt werden können. In ähnlicher Weise wird seit geraumer Zeit für einen veränderten Umgang mit Fehlern von Schülerinnen und Schülern plädiert. In der Regel sagen Fehler von Schülerinnen und Schülern etwas über ihre Lösungsversuche und damit über ihre Kompetenzen („gute Fehler"). Sollte das einmal nicht der Fall und nicht auf Anhieb deutlich sein, welche Ursachen ein Fehler hat („schlechte Fehler"), so ist damit zumindest ein Hinweis auf eine vertiefende Förderdiagnostik gegeben. Auch wenn das „Lob des Fehlers" (vgl. Kahl 1999) möglicherweise einen Schritt zu weit geht, so sollten Schüler/-innen doch Fehler und Probleme nicht als persönliches Versagen ansehen können, sondern allenfalls als Ausgangspunkt für weitere Bemühungen und Anlass für entsprechende Hilfestellungen.

Fazit Nr. 2: Moderne Sonderpädagogik ist aufgrund der Impulse, die aus der KMK-Empfehlung von 1994 hervorgegangen sind, gegenwärtig durch eine gezielte Diagnostik, Intervention und Evaluation bezogen auf die individuelle Förderung einzelner Schülerinnen und Schüler gekennzeichnet. Sie betont dabei die Kompetenzen und Ressourcen von Kindern und Jugendlichen und bezieht diese in die Förderung mit ein. Im Mittelpunkt der sonderpädagogischen Förderpraxis stehen von daher der Dialog, die Kooperation mit allen Beteiligten und die interdisziplinäre Teamarbeit. Die Monopolstellung der Förderschulen ist dabei, zugunsten einer Pluralität von stationären und ambulanten Organisationsformen zu weichen, wobei die Inklusion in die allgemeine Schule – basierend auf dem Prinzip der Subsidiarität – Vorrang hat. Moderne Sonderpädagogik zeichnet sich im ökologischen Sinne durch eine konsequente Kind-Umfeld-Orientierung aus. Sie ist letztlich auf das Leitbild der gesellschaftlichen Integration/Inklusion ausgerichtet.

Die Sonderpädagogik bringt also gerade durch den Innovationsprozess der KMK-Empfehlungen gute Voraussetzungen mit, um die Entwicklung eines inklusiven Bildungssystems wirksam zu unterstützen. Dabei ist davon auszugehen, dass zukünftig nicht weniger Bedarf an sonderpädagogischer Förderung und sonderpädagogischer Fachkompetenz entstehen. Vielmehr wird sich der Bedarf an sonderpädagogisch qualifizierten Fachkräften in einem inklusiven Bildungssystem vervielfachen (vgl. Verband Sonderpädagogik 2010). Es gibt also gute Gründe, warum Sonderpädagoginnen und Sonderpädagogen den Prozess der Inklusionsentwicklung im gesamten Bildungssystem wirksam unterstützen sollten.

3 Perspektiven zur Umsetzung der VN-Konvention - nächste Schritte

Unter dem Leitbild einer inklusiven Bildung muss sich sonderpädagogische Förderung allerdings weiterentwickeln. *Sonderpädagogische Lehrkräfte* sollten zum *festen Bestandteil des Kollegiums aller allgemeinen Schulen* werden. Für die Entwicklung inklusiver Schulen reicht es nicht mehr aus, dass Sonderpädagoginnen und Sonderpädagogen im Rahmen mobiler bzw. ambulanter Förderangebote stundenweise in allgemeinen Schulen präsent sind und Beratung bzw. Diagnostik anbieten. Sollen sie in den gemeinsamen Unterricht im Rahmen von Team-Teaching-Prozessen einbezogen sein, so ist es dazu unabdingbar, dass sie mit ihrer gesamten Stundenzahl an die allgemeinen Schulen gehen. Zugleich sind die Verfahren zur Diagnose, Intervention und Evaluation im Rahmen sonderpädagogischer Förderung weiterzuentwickeln. Das gilt insbesondere für die Evaluation, da Sonderpädagogik als fester Bestandteil der allgemeinen Schule (vgl. Ellinger/Wittrock 2005) zukünftig wesentlich mehr im Rampenlicht stehen wird und sich somit auch häufiger der Überprüfung der von ihr postulierten Fördereffekte ausgesetzt sehen wird.

Zur Qualifizierung des pädagogischen Personals für dieses neue Aufgabenfeld kommen wir nicht umhin, *inklusive Aus- und Weiterbildungsprogramme* zu gestalten. Kurzfristige Effekte einer Qualifizierung für inklusive Bildung werden dabei sicher nur über entsprechende Weiterbildungsangebote im Rahmen der Lehrerfortbildung erzielt werden können. Dabei gilt es zu berücksichtigen, dass die Lehrkräfte sich rechtzeitig auf ihre Tätigkeit in inklusiven Schulen vorbereiten können. Langfristig steht zweifellos erneut eine Reform der Lehrerbildung ins Haus – und zwar sowohl der sonderpädagogischen als auch der Lehrerbildung für alle anderen Lehrämter. Mit der Selbstverpflichtung Deutschlands auf ein inklusives Bildungssystem erhöht sich rapide die Wahrscheinlichkeit in allen Schulformen, dass dort tätige Lehrkräfte auch mit Kindern und Jugendlichen mit sonderpädagogischem Förderbedarf zusammenkommen. Lehrkräfte aller Schulformen sind im Rahmen ihrer Lehramtsstudiengänge mit sonderpädagogischen Grundkenntnissen auszustatten, die sie befähigen, aktiv am inklusiven Unterricht in Kooperation mit sonderpädagogischen Lehrkräften teilzunehmen. Und es muss immer wieder betont werden: Das gilt auch für Gymnasien, weil die Zahl der Schüler/-innen mit Lern-, Verhaltens- und Sprachproblemen dort ebenfalls nicht abnehmen wird. Auf dem Reformprogramm steht aber letztlich die Entwicklung eines neuen Rahmenkonzepts für eine *inklusive Lehrerbildung*.

Aufgrund der VN-BRK werden alle Bundesländer Deutschlands aber ebenfalls nachzuweisen haben, welche direkten Schritte sie hin zu einem inklusiven Bildungssystem unternehmen (vgl. Poscher/Langer/Rux 2008). Deshalb ist es erforderlich, dass in allen Regionen und auf allen Ebenen des deutschen Bildungssystems *inklusive Modellprojekte* eingerichtet werden. Bestens geeignet sind dazu solche Schulen, die bereits über langjährige Erfahrungen in der Integration verfügen und zusätzlich immer wieder als „gute Schulen" ausgezeichnet worden sind (z. B. Jakob-Muth-Preis für inklusive Schulen). Gerade bei der anstehenden Berichterstattung über die Fortschritte der Bundesländer bei der Entwicklung inklusiver Bildungssysteme dürften sich diese Modellprojekte als besonders hilfreich erweisen.

Schließlich sind aus der Sicht vieler Eltern mit der VN-BRK die Hoffnungen entstanden, dass sich die Zahl der Kinder mit sonderpädagogischem Förderbedarf in allgemeinen Schulen in Deutschland in absehbarer Zeit deutlich ausweiten lässt. Zu denken ist dabei insbesondere an die Kinder und Jugendlichen mit gravierenden Lernproblemen, nach wie vor die größte Gruppe der Kinder und Jugendlichen mit sonderpädagogischem Förderbedarf, die in allen europäischen Nachbarländern in der allgemeinen Schule untergebracht sind. Von Elternseite ist in Bezug auf das inklusive Bildungssystem deshalb auch die Forderung entstanden, dass sie ein *Wahlrecht* bezogen auf den Förderort erhalten.

In einem Übergangsbereich hin zur Entwicklung eines inklusiven Bildungssystems auf allen Ebenen, wie die VN-BRK es fordert, wird sonderpädagogische Förderung in naher Zukunft einen Regionalisierungsschub erfahren. Nicht mehr der stationäre Förderauftrag für die Arbeit an einer Förderschule wird zukünftig im Vordergrund stehen, sondern vielmehr der regionale Förderauftrag der Förderzentren in ihrem jeweiligen Einzugsbereich. In ländlichen Regionen kann das bereits jetzt beobachtet werden, eine Entwicklung, die aus der Not der flächendeckenden Versorgung mit sonderpädagogischer Förderung auch in dünn besiedelten Gebieten hervorgegangen ist.

Fazit Nr. 3: Es ist schon jetzt absehbar, dass unter dem Leitbild der inklusiven Bildung sonderpädagogische Förderung noch stärker als bisher in die allgemeine Schule hineinwachsen wird. Der Förderort „allgemeine Schule" erhält unter inklusivem Aspekt absolute Priorität. Die Dynamik der weiteren Entwicklung wird zweifellos davon abhängen, inwieweit die Eltern über ein Wahlrecht bezogen auf den Förderort mit in den Prozess einbezogen werden. Auch gilt es, die pädagogischen und sonderpädagogischen Lehrkräfte rechtzeitig und umfassend auf die neue inklusive Aufgabe vorzubereiten. Damit ist langfristig sicher auch eine Veränderung der Lehrerbildung angesprochen. Kurzfristig und im Sinne nächster Schritte steht allerdings die Fortbildung sowie die praxisnahe Beratung und Begleitung im Vordergrund. Entscheidend für die Entwicklung inklusiver Schulen wird der „Support" der Lehrkräfte sein.

Ausblick: Dialog zur inklusiven Bildung zwischen Schulpädagogik und Sonderpädagogik?

Die Gretchenfrage der Inklusionsdebatte für die Sonderpädagogik lautet gegenwärtig: Gibt es eine Sonderpädagogik einschließlich sonderpädagogischer Fachkompetenz und sonderpädagogischer Professionalität ohne eigenständige sonderpädagogische Institutionen? Die Antwort auf diese Frage fällt etwa in den skandinavischen Ländern eindeutig aus. In Finnland und Schweden gibt es landesweit nur noch wenige Förderschulen. Kinder und Jugendliche mit sonderpädagogischem Förderbedarf befinden sich überwiegend in der allgemeinen Schule. Gleichwohl existiert die Sonderpädagogik als erziehungswissenschaftliche Teildisziplin und ebenso die sonderpädagogischen Studienangebote zur Qualifizierung des sonderpädagogischen Fachpersonals. Zweifellos sind hier andere pädagogische Traditionen in den allgemeinen Schulen zugrunde zu legen. Aber zu einer Infragestellung der Sonderpädagogik ist es in diesen Ländern, die bereits weit in der Entwicklung inklusiver Schulen vorangeschritten sind, nicht gekommen. Insofern sollte die Inklusionsdebatte auch in Deutschland Anlass für eine selbstbewusste Weiterentwicklung der Sonderpädagogik in der allgemeinen Schule sein.

Allerdings ist die Sonderpädagogik auch keineswegs allein verantwortlich für die Inklusionsentwicklung. Allgemeine Schulen beginnen zu verstehen, dass die Entwicklung einer inklusiven Schule für das eigene Schulkonzept eine der größten Herausforderungen seit 1945 darstellt. Die Beteiligung von Lehrkräften der allgemeinen Schulen an der Inklusionsdebatte steigt gegenwärtig deutlich an, wie an den jüngsten Verlautbarungen der Lehrerverbände deutlich wird. Ebenso klar zeigt sich, dass die Sonderpädagogik immer noch als Initiatorin der Inklusionsdebatte in den verschiedenen Arbeitsfeldern der Schulpraxis, der Schulaufsicht und der Lehrerbildung bis hin zur Forschung tätig wird. Letztlich müssen auch die beteiligten erziehungswissenschaftlichen Teildisziplinen der Schulpädagogik und der Sonderpädagogik in einen neuerlichen Dialog eintreten, um in gemeinsamen Lehrerbildungsprojekten und in gemeinsamen Forschungsprojekten die Grundlagen für ein inklusives Bildungssystem auf allen Ebenen, sowohl von der Qualifizierung als auch von der Unterrichts- und Schulkonzeption, her zu schaffen. Für diesen Dialog gilt ebenfalls die Erkenntnis von Martin Buber (1878–1965): „Alles wirkliche Leben ist Begegnung“ (Buber 1923, S. 18).

Literatur

Beck, Ulrich: Risikogesellschaft. Auf dem Weg in eine andere Moderne. Frankfurt a. M.: Suhrkamp, 1986

Biewer, Gottfried: Grundlagen der Heilpädagogik und Inklusiven Pädagogik. Bad Heilbrunn: Klinkhardt, 2009

Booth, Tony/Ainscow, Mel: Index for Inclusion. Developing Learning and Participation in Schools. Bristol: Center for Studies on Inclusive Education, revised edition 2002

Buber, Martin: Ich und Du. Gerlingen: Schneider, 13. Auflage 1997

Bundschuh, Konrad: Einführung in die sonderpädagogische Diagnostik. München, Basel: Reinhardt, 7. Auflage 2010

Bürli, Alois/Strasser, Urs/Stein, Anne-Dore (Hrsg.): Integration/Inklusion aus internationaler Sicht. Bad Heilbrunn: Klinkhardt, 2009

Drave, Wolfgang/Rumpler, Franz/Wachtel, Peter (Hrsg.): Empfehlungen zur sonderpädagogischen Förderung. Allgemeine Grundlagen und Förderschwerpunkte (KMK). Würzburg: edition bentheim, 2000

Dewey, John: Demokratie und Erziehung. Eine Einleitung in die philosophische Pädagogik. Weinheim u. Basel: Beltz 1993

Eggert, Dietrich: „...von den Stärken ausgehen". Individuelle Entwicklungspläne (IEP) in der Lernförderungsdiagnostik. Dortmund: borgmann, 2. Auflage 2007

Ellger-Rüttgardt, Sieglind: Nationale Bildungspolitik und Globalisierung. Die Herausforderungen der UN-Konvention über die Rechte von Menschen mit Behinderungen. Pädagogik wird international. In: Zeitschrift für Heilpädagogik 59 (2008), S. 442–450

Ellinger, Stefan/Wittrock, Manfred (Hrsg.): Sonderpädagogik in der Regelschule. Konzepte, Forschung, Praxis. Stuttgart: Kohlhammer, 2005

Füssel, Hans-Peter/Kretschmann, Rudolf: Gemeinsamer Unterricht für behinderte und nichtbehinderte Kinder: pädagogische und juristische Voraussetzungen. Gutachten für die Max-Träger-Stiftung. Witterschlick/Bonn: Verlag Marg. Wehle, 1993

Grünke, Matthias: Evaluation der Förderung. In: Arnold, Karl-Heinz/Graumann, Olga/Rakhkochkine, Anatoli (Hrsg.): Handbuch Förderung. Weinheim u. Basel: Beltz, 2008, S. 170–174

Haeberlin, Urs: Grundlagen der Heilpädagogik. Einführung in eine wertgeleitete erziehungswissenschaftliche Disziplin. Bern, Stuttgart, Wien: Haupt, 2005

Heimlich, Ulrich: Orte und Konzepte sonderpädagogische Förderung. Ökologische Entwicklungsperspektiven der Heilpädagogik. In: Zeitschrift für Heilpädagogik 47 (1995), S. 46–54

Heimlich, Ulrich: Integrative Pädagogik. Eine Einführung. Stuttgart: Kohlhammer, 2003

Heimlich, Ulrich: Die „Schule der Armut" – Armut und soziale Benachteiligung als Herausforderung an die Lernbehindertenpädagogik. In: VHN 77 (2008 a), S. 11–22

Heimlich, Ulrich: Heil- und Sonderpädagogik. In: Faulstich-Wieland, Hannelore/Faulstich, Peter (Hrsg.): Erziehungswissenschaft. Ein Grundkurs. Reinbek b. Hamburg: Rowohlt, 2008 b, S. 510–531

Heimlich, Ulrich: Lernschwierigkeiten. Sonderpädagogische Förderung im Förderschwerpunkt Lernen. Bad Heilbrunn: Klinkhardt, 2009

Heimlich, Ulrich/Lotter, Monika/März, Martina: Diagnose und Förderung im Förderschwerpunkt Lernen. Eine Handreichung für die Praxis. Donauwörth: Auer, 2005

Heimlich, Ulrich/Wember, Franz B. (Hrsg.): Didaktik des Unterrichts im Förderschwerpunkt Lernen. Ein Handbuch für Studium und Praxis. Stuttgart: Kohlhammer, 2007

Hinz, Andreas: Von der Integration zur Inklusion – terminologisches Spiel oder konzeptionelle Weiterentwicklung? In: Zeitschrift für Heilpädagogik 53 (2002) S. 354–361

Kahl, Reinhard: Lob des Fehlers. Weinheim u. Basel: Beltz, 1999

Keupp, Heiner u. a.: Identitätskonstruktionen. Das Patchwork der Identitäten in der Spätmoderne. Reinbek b. Hamburg: Rowohlt, 1999

Klauer, Karl-Josef: Denktraining für Kinder I. Göttingen: Hogrefe, 1989

Lauth, Gerhard/Grünke, Matthias/Brunstein, Joachim C. (Hrsg.): Interventionen bei Lernstörungen. Förderung, Training und Therapie in der Praxis. Göttingen u. a.: Hogrefe, 2004

Lee, Ju-Hwa: Inklusion. Eine kritische Auseinandersetzung mit dem Konzept von Andreas Hinz. Oberhausen: Athena, 2010

Luhmann, Niklas: Das Erziehungssystem der Gesellschaft. Frankfurt a. M.: Suhrkamp, 2002

Mutzeck, Wolfgang: Kooperative Beratung. Grundlagen, Methoden, Training, Effektivität. Weinheim u. Basel: Beltz, 6. Auflage 2008

Nassehi, Armin: Inklusion, Exklusion – Integration, Desintegration. Die Theorie funktionaler Differenzierung und die Desintegrationsprobleme. In: Heitmeyer, Wilhelm (Hrsg.): Was hält die Gesellschaft zusammen? Frankfurt a. M.: Suhrkamp, 1997, S. 113–148

Österreichische UNESCO-Kommission (Hrsg.): Pädagogik für besondere Bedürfnisse. Die Salamanca-Erklärung und der Aktionsrahmen zur Pädagogik für besondere Bedürfnisse. Wien 1996

Popper, Karl R.: Alles Leben ist Problemlösen. Über Erkenntnis, Geschichte und Politik. München: Piper, 12. Auflage, 2010

Poscher, Ralf/Langer, Thomas/Rux, Johannes: Gutachten zum völkerrechtlichen Recht auf Bildung und seiner Umsetzung. Gutachten für die Max-Träger-Stiftung. Frankfurt a. M.: GEW, 2008 (www.gew.de/Binaries/Binary39785/Recht%20auf%20Bildung%20MTS_011208.pdf vom 21.12.2010)

Rieser, Richard: Implementing Inclusive Education. A Commonwealth Guide to Implementing Article 24 of the UN Convention on the Rights of People with Disabilities. London: Commonwealth Secretary, 2008

Rustemeier, Sharon/Booth, Tony: Learning about the Index in use. A Study of the use of the Index of Inclusion in Schools and LEAs in England. Bristol: Center for Studies on Inclusive Education, 2005

Sander, Alfred: Behinderungsbegriffe und ihre Konsequenzen für die Integration. In: Eberwein, Hans (Hrsg.): Integrationspädagogik. Weinheim u. Basel: Beltz 1999, S. 99–107

Sander, Alfred: Kind-Umfeld-Analyse. Diagnostik bei Schülern und Schülerinnen mit besonderem Förderbedarf. In: Mutzeck, Wolfgang (Hrsg.): Förderdiagnostik. Konzepte und Methoden. Weinheim u. Basel: Beltz 3. Auflage 2000, S. 14–32

Sander, Alfred: Inklusive Pädagogik verwirklichen – Zur Begründung des Themas. In: Schnell, Irmtraud/Sander, Alfred (Hrsg.): Inklusive Pädagogik. Bad Heilbrunn: Klinkhardt, 2004, S. 11–22

Speck, Otto: System Heilpädagogik. Eine ökologisch reflexive Grundlegung. München, Basel: Reinhardt, 6. Auflage, 2008

Speck, Otto: Schulische Inklusion aus heilpädagogischer Sicht. Rhetorik und Realität. München, Basel: Reinhardt, 2010

Schnell, Irmtraud/Sander, Alfred (Hrsg.): Inklusive Pädagogik. Bad Heilbrunn: Klinkhardt, 2004

Thoma, Pius/Rehle, Cornelia: Inklusive Schule. Leben und Lernen mittendrin. Bad Heilbrunn: Klinkhardt 2009

United Nations: Convention on the Rights of Person with Disabilities (www.institut-fuer-menschenrechte.de/de/menschenrechtsinstrumente/vereinte-nationen/menschenrechtsabkommen/behindertenrechtskonvention-crpd.html#c1911 vom 21. 12. 2010)

Verband Sonderpädagogik e. V.: Positionspapier zur Inklusiven Bildung, verabschiedet auf der 44. Jahreshauptversammlung in Osnabrück 2009, aktualisiert am 19. 3. 2010. Würzburg 2010 (http://www.verband-sonderpaedagogik.de/con/cms/upload/pdf/schardt/Positionen_neu/Positionspapier_inklusives_Bildungssystem_-_verabschiedet.pdf vom 21. 12. 2010)

Vereinte Nationen: Übereinkommen über die Rechte von Menschen mit Behinderungen (zwischen Deutschland, Liechtenstein, Österreich und der Schweiz abgestimmte Übersetzung) (www.institut-fuer-menschenrechte.de/de/menschenrechtsinstrumente/vereinte-nationen/menschenrechtsabkommen/behindertenrechtskonvention-crpd.html#c1911 vom 21. 12. 2010)

Wember, Franz B./Prändl, Stephan (Hrsg.): Standards sonderpädagogischer Förderung. München, Basel: Reinhardt, 2009

Wilhelm, Marianne/Eggertsdóttir, Rósa/Marinósson, Gretar L. (Hrsg.): Inklusive Schulentwicklung. Planungs- und Arbeitshilfen für eine neue Schulkultur. Weinheim u. Basel: Beltz, 2006

1 Geschichte der heil- und sonderpädagogischen Institutionen im schulischen Bereich

Sieglind Luise Ellger-Rüttgardt

Vorbemerkung

Wenn gegenwärtig in der Debatte um die „richtige" Beschulung behinderter Schüler die VN-Behindertenrechtskonvention von 2006 (VN-BRK) zitiert wird, dann dient diese vorrangig als Referenzmodell für die Forderung nach *einer* Schule für alle, d. h. für eine inklusive Schule. Die VN-BRK hat aber noch eine zweite Dimension, die im weltweiten Maßstab ungleich bedeutsamer ist: die Forderung nach einer *Schule*, d. h. *Bildung* für alle, also auch für Behinderte und Benachteiligte. Das ist eine Idee, die mehr als 200 Jahre alt ist und die diesen langen Zeitraum benötigte, um zumindest im europäischen und nordamerikanischen Raum gesellschaftliche Realität zu werden – wobei Schule und Bildung für alle nicht einmal überall in Europa Wirklichkeit ist, von den unterentwickelten Ländern ganz zu schweigen.

Zentraler Begriff der Pädagogik, auch der Sonderpädagogik, ist der der Bildsamkeit, und der universalistische Anspruch auf Bildung gilt im Grundsatz für alle. Die Pädagogik der Moderne ist allerdings gekennzeichnet durch Ambivalenzen und Widersprüche, denn in ihrer praktischen Wirksamkeit führte die Idee der Bildsamkeit zu Besonderheiten, zur Partikularität, sei es durch spezifische Methoden, besondere Bildungsorganisationen oder aber eigene Professionsgruppen (vgl. Tenorth 2006 u. 2010). In ähnlicher Weise argumentierte Bleidick (1978, 52 f.) in seiner „Pädagogik der Behinderten", wenn er, unter Rekurs auf Störungen der Bildsamkeit, auf die Besonderheiten einer differenziellen Pädagogik verwies.

Dieses Phänomen der Ambivalenz und Widersprüchlichkeit ist konstitutiv für den Charakter der Pädagogik seit ihrem Entstehen als Disziplin im 18. Jahrhundert, und sie gilt damit auch für das pädagogische Spezialgebiet der Heil- und Sonderpädagogik. Ungeachtet des verbindlichen, universalen, gemeinsamen Bezugspunkts von Bildsamkeit geht es in der Heil- und Sonderpädagogik mit Blick auf Partikularität daher stets auch um Differenz und Differenzierungsprozesse (vgl. Hofer 2004; Möckel 2007; Ellger-Rüttgardt 2008).

Der Fokus auf die Differenz offenbart das amibivalente Spannungsverhältnis zwischen dem Besonderen und dem Allgemeinen in der Pädagogik. Die in der modernen Pädagogik liegenden Tendenzen von Universalität und Partikularität, von Inklusion und Exklusion, von Gleichheit und Differenz haben in verschiedenen Epochen zu unterschiedlichen Resultaten geführt. Hiervon soll im Folgenden die Rede sein.

1.1 Die Anfänge in der europäischen Aufklärung

1.1.1 Die Idee der Bildsamkeit Behinderter

Allen, die als Menschen geboren werden – also auch Behinderten – das Lebens- und Bildungsrecht zuzuerkennen, sie zu erziehen und zu unterrichten – dieses Ziel findet sich schon bei dem großen Pädagogen Comenius im 17. Jahrhundert und hat seine Aktualität bis in die Gegenwart nicht eingebüßt. Es sollte seit Erscheinen der Amsterdamer Ausgabe der „Didacta Magna" (1657) allerdings noch mehr als ein Jahrhundert vergehen, bis im Zeitalter der europäischen Aufklärung einzelne Persönlichkeiten Überlegungen und praktische Unterrichtsversuche für jene erdachten, entwarfen und umsetzten, die „anders" waren und die als Blinde, Taubstumme und „Blödsinnige", vornehmlich als Angehörige der unteren Stände, von Bildung und Erziehung ausgeschlossen waren. Dieser Impetus, Bildungsanstrengungen für die im ökonomischen Sinne armen Behinderten zu unternehmen, ist besonders hervorzuheben, denn in den höheren Gesellschaftsschichten hatte es zu allen Zeiten pädagogische Anstrengungen für Sinnes- und Köperbehinderte gegeben. Nach Jürgen Oelkers war „die Verschulung der ‚unteren Stände' der ‚Testfall' der pädagogischen Aufklärung" (2004, 102), und die wesentlichen Innovationen der Aufklärung waren notwendige Bedingungen für die ersten planvollen Erziehungsversuche für junge Menschen mit einer Behinderung.

Auch wenn es bereits in früheren Jahrhunderten Bildungsbemühungen um behinderte Menschen gegeben hat, so kann von einem planvollen Beginn jedoch erst im letzten Drittel des 18. Jahrhunderts die Rede sein. Die „Entdeckung der Bildbarkeit Behinderter" (Ellger-Rüttgardt; Tenorth 1998) war möglich geworden, weil mit den Ideen der europäischen Aufklärung das allgemeine Bildungsrecht für jeden und damit auch für den Menschen mit Behinderung proklamiert wurde. Weil jeder Mensch auf Lernprozesse angewiesen ist, weil Bildung und Erziehung den „neuen Menschen" schaffen können, der in der Lage ist, sich seines Verstandes zu bedienen, wird das 18. Jahrhundert immer wieder als das „pädagogische Jahrhundert" bezeichnet (Herrmann 1981; 1993; Tenorth 1992; Hammerstein & Herrmann 2005). Bedeutsam für die Pädagogik der Aufklärung waren vor allem die Ideen des englischen Philosophen John Locke, der als Sensualist die Bedeutung der Sinne für Wahrnehmung, Denken und Erkenntnis als zentral hervorhob. Die Aussage, dass Ideen nicht etwa göttlichen Ursprungs, also angeboren seien, sondern durch sinnliche Erfahrungen entwickelt und aufgebaut werden, eröffnete eine radikal neue Sicht auf die Entwicklungsfähigkeit eines jeden Menschen und unterstrich zugleich die Notwendigkeit von Erziehung und Bildung. Locke beeinflusste vor allem die Vertreter der französischen Aufklärung, wie etwa die Enzyklopädisten d'Alembert und Diderot, aber auch Rousseau, Condorcet und Condillac (vgl. Hofer-Sieber 2000).

Diderots „Brief über die Blinden" von 1779 (Möckel 2006) gewann entscheidenden Einfluss auf eine gewandelte Einstellung gegenüber Menschen mit Behinderungen. Indem Diderot eine Sinnesbehinderung nicht mehr unter dem Aspekt eines Defizits betrachtete, sondern sich für Kompensationsleistungen durch andere Sinne, wie etwa den Tastsinn als „Vikariatssinn" interessierte, bescheinigte er auch den in ihren Sinnen eingeschränkten Personen prinzipielle Bildungsfähigkeit. Folglich existierte nach Auffassung der Sensualisten kein grundlegender anthropologischer Unterschied mehr zwischen behinderten und nicht behinderten Menschen.

Schließlich liegen auch die Anfänge der Bildung und Erziehung geistig Behinderter im Zeitalter der Aufklärung, auch wenn die institutionalisierten Erziehungsversuche zeitlich deutlich später als die der Gehörlosen und Blinden erfolgten. Im deutschsprachigen Raum war es Johann Heinrich Pestalozzi, auch er ein Kind der Aufklärung und anfänglicher Bewunderer seines Landsmannes Rousseau, der bis in die Gegenwart als Urvater einer Pädagogik gilt, die in Theorie und Praxis auch jene einschließt, die nicht zu den Musterbildern an Stärke, Schönheit und Klugheit gehören. Damit zählt Pestalozzi mit seiner Theorie der allgemeinen Menschenbildung zugleich zu den Mitbegründern der Heilpädagogik. Pestalozzis Erziehungsversuch auf dem Neuhof von 1777, wo er sich verwaister, verwahrloster und auch behinderter Kinder annahm, gibt davon Zeugnis. Ausgelöst durch die Enttäuschungen über die Schattenseiten der menschlichen Natur, wie sie im Laufe der französischen Revolution und der Revolutionskriege zutage traten, hat sich Pestalozzi später allerdings von dem optimistischen anthropologischen Grundmuster des Naturzustandes des Menschen eines Rousseau abgewandt.

1.1.2 Institutionalisierung

Damit Ideen gesellschaftliche Wirksamkeit und Nachhaltigkeit erlangen können, bedarf es des Handelns von Personen, die bahnbrechende Ideen in gesellschaftliche Praxis umsetzen. Im Falle der Idee der Bildsamkeit behinderter Menschen waren es einzelne Pioniere, die durch Gründung von Institutionen der bereits im Einzelfall bewiesenen Bildungsfähigkeit Gehörloser und Blinder, etwas später auch geistig behinderter Menschen, zur gesellschaftlichen Anerkennung verhalfen. Ob in Edinburgh, Paris, Leipzig und Wien, wenig später auch in Berlin – stets waren es außergewöhnliche Persönlichkeiten, die zum entscheidenden Motor für die institutionelle Entwicklung eines besonderen Zweiges im Bildungswesen wurden. Ob diesen mutigen Schritten Einzelner aber Erfolg und eine langfristige Wirkung beschieden war, hing von den spezifisch politisch-gesellschaftlichen Umständen ab.

Der Gründer der ersten Pariser Taubstummenanstalt 1763 war der Priester Charles Michel de l'Epée (1712–1789), der sowohl eine wissenschaftliche Methode des Taubstummenunterrichts begründete als auch eine kleine private Unterrichtsanstalt ins Leben rief, in der er auch Kinder aus den armen Volksschichten aufnahm. Das Ziel de l'Epées war allerdings die Umwandlung der privaten Schule in eine öffentliche Unterrichtsanstalt, da nach seiner Auffassung nur besondere „Erziehungshäuser" den spezifischen Bildungsauftrag für Gehörlose sichern könnten.

Während der großen Französischen Revolution, im Jahre 1791, erfolgte tatsächlich die Verstaatlichung der Pariser Taubstummenanstalt. Aber ihr Charakter hatte sich gewandelt. Der Bildungsauftrag war weitgehend zurückgedrängt worden und immer mehr verkam diese Einrichtung zu einer Stätte von nützlicher Arbeit und sozialer Kontrolle. Diese Tendenz verstärkte sich noch mit Machtantritt Napoleons und einer sich abzeichnenden Restauration der französischen Gesellschaft mit ihrer erneuten Zementierung gesellschaftlicher Klassengegensätze. Nicht allgemeine Menschenbildung war mehr das Ziel der Unterrichtung Gehörloser aus den armen Volksschichten, sondern soziale Disziplinierung und die Perpetuierung sozialer Ungleichheit. Für all diejenigen, die aufgrund ihres gesellschaftlichen Status zu einer frühen Berufswahl prädestiniert waren, galt demnach eine über das Notwendige hinausweisende intellektuelle Bildung als Verschwendung.

Ein ähnliches Schicksal erfuhr die erste Pariser Blindenanstalt, die von dem Sprachwissenschaftler und königlichen Dolmetscher Valentin Haüy 1784 ins Leben gerufen worden war. Nicht anders als die Taubstummenanstalt hatte auch die Blindenanstalt zunächst den Charakter einer Privatanstalt, und sie sollte gerade den Kindern armer Bevölkerungsschichten offenstehen. Auch sie befand sich permanent in einer finanziell äußerst angespannten Situation und bewegte sich in ihrem pädagogischen Konzept zwischen dem Ideal allgemeiner Menschenbildung und der utilitaristischen Festlegung auf die Hinführung zur Erwerbsarbeit.

Im Unterschied zu Paris war es in Wien keine Privatperson, die die Initiative zur Gründung des ersten Taubstummeninstituts ergriff, sondern der höchste Repräsentant des Staates selbst. Der aufgeklärte Monarch Joseph II., Bruder der französischen Königin Marie Antoinette, hatte anlässlich seines Aufenthaltes in Paris 1777 die Taubstummenschule de l'Epées besucht und verfügte nach seiner Rückkehr die Etablierung eines Taubstummeninstituts auf Wiener Boden. Die Wiener Anstalt verdankte ihre Entstehung und weitere Entwicklung großzügiger staatlicher Unterstützung, wobei ihr vorrangiges Ziel allerdings nicht zweckfreie Entfaltung der persönlichen Kräfte des einzelnen Zöglings, sondern die Vorbereitung auf eine spätere Erwerbsarbeit war. Entsprechend der utilitaristischen Zielsetzung war damit auch der Unterricht nicht für alle Schüler gleich.

Auch die Leipziger Taubstummenanstalt verdankt ihre Existenz der Initiative des höchsten staatlichen Repräsentanten in der Person des Kurfürsten Friedrich August von Sachsen. Das Besondere an dem kurfürstlichen Taubstummeninstitut zu Leipzig war nicht nur sein staatlicher Charakter, sondern auch die Tatsache, dass „arme Landeskinder" unentgeltlich unterrichtet wurden. 1778 übernahm Samuel Heinicke die Leitung der Schule, und er erlangte durch seine aufklärerischen Ideen und praktischen Erfolge bald internationale Beachtung. Heinicke favorisierte eine engere Verbindung zwischen Elementar- und Taubstummenpädagogik, und er unterbreitete seinem Kurfürsten den Vorschlag, in räumlicher Nähe zum Taubstummeninstitut ein Lehrerseminar einzurichten.

Nachdem die ersten Schulgründungen für Gehörlose und Blinde erfolgt waren, war die Idee der Bildsamkeit Behinderter international nicht mehr aufzuhalten (vgl. Ellger-Rüttgardt 2008, S. 61). Dieser europäische Siegeszug einer Idee war nur möglich geworden durch die Existenz einer internationalen Kommunikationsstruktur. De l'Epée und Heinicke wussten nicht nur voneinander, sondern sie führten eine europaweit beachtete, kontroverse Diskussion über die „richtige" Methode der Unterrichtung Gehörloser. De l'Epée, aber auch Haüy empfingen zahlreiche ausländische Gäste in ihren Schulen, und es waren wiederum Einzelpersonen, die, angeregt durch diese Begegnungen, Institute wie etwa in Berlin (Zeune), in Wien (Stork) oder in Rom (Tommaso Silvestri) ins Leben riefen. Auch außerhalb des europäischen Festlandes, im Lande John Lockes, vorrangig in Schottland, entwickelten sich parallel zu Paris, Leipzig und Wien erste Bildungseinrichtungen für Gehörlose und Blinde: „Two years before Rousseau wrote ‚Emile', and in the same year as the first Parisian deaf entered de l'Epée's school, nine-year-old Charles Shirref became a pupil of Thomas Braidwood ... so ... began the first school for the deaf in Britain" (Pritchard 1963, S. 11).

Trotz dieses imposanten Aufschwungs könnte das Bild leicht täuschen. Es war lange Zeit nur eine kleine Minderheit behinderter Menschen, die in den Genuss von Bildung und Erziehung kam, denn die Ideen der europäischen Aufklärung, die die Bildungsfähigkeit Behinderter mit einschloss, entfalteten ihre Wirksamkeit nur langsam.

1.1.3 Inhalte und Methoden

Ohne die Entwicklung angepasster Methoden an die besonderen Bildungsbedürfnisse gehörloser, blinder und wenig später auch geistig behinderter Menschen hätte sich die pädagogische Spezialdisziplin der Heilpädagogik nicht etablieren können, denn nur mit Hilfe spezifischer Methoden konnte die in der Theorie anerkannte Bildungsfähigkeit jedes Menschen in der Praxis tatsächlich entwickelt werden, und somit kann zu Recht die Erfindung neuer Methoden als die „Geburtsstunde der Behindertenpädagogik" (Drewek/Tenorth 2001, S. 63) gelten.

Angeregt durch die Philosophie der Sensualisten und ihrer Erkenntnistheorie richtete sich das Augenmerk der „Erfinder" auf die Frage, wie ein fehlender Sinn durch den Einsatz eines anderen kompensiert werden könne. Im Falle von Gehörlosigkeit lag ein gravierendes Problem vor, da der fehlende Gehörsinn zugleich Sprachlosigkeit nach sich zog und somit zur Debatte stand, ob der Gehörlose in seiner „eigenen" Sprache, also der Gebärde, kommunizieren solle, allerdings damit weitgehend isoliert von der übrigen menschlichen Gesellschaft, oder aber befähigt werden solle, die menschliche Lautsprache zu erlernen – möglicherweise um den Preis eines Verlustes von Identität.

Wie die historische Entwicklung zeigt, spitzten sich die beiden unterschiedlichen methodischen Zugangsweisen erst in der zweiten Hälfte des 19. Jahrhunderts zu wahren Gegensätzen zu, als „deutsche" Lautspracherziehung und „französische" Gebärdensprache zu unversöhnlichen Gegensätzen konstruiert wurden. Die Realität sah meist anders aus, nämlich sehr viel bunter. Weder Heinicke noch de l'Epée schlossen das jeweils andere methodische Verfahren aus. So benutzten Heinickes Zöglinge selbstverständlich Gebärden und ebenso versuchte de l'Epée seine Schüler auch zur Lautsprache zu erziehen.

Was die Methode zur Unterrichtung Blinder betraf, so lagen die Dinge hier wesentlich einfacher. Als Haüy mit seinen Unterrichtsversuchen begann, hatte er nicht nur wesentliche Anregungen durch Diderots Brief über die Blinden erfahren, sondern auch aus eigener Anschauung den Umgang mit entsprechenden Hilfsmitteln kennengelernt. 1784 trat die blinde Pianistin und Komponistin Maria Theresia Paradis aus Wien zu öffentlichen Konzerten in Paris auf, und Haüy hatte die Gelegenheit, sie kennenzulernen und ihre Hilfsmittel wie Handpresse, geografische Karten, Karten- und Schachspiele sowie Rechentafeln genauer in Augenschein zu nehmen.

Grundlegend für die Unterrichtung Blinder war die Erkenntnis, das der fehlende Gesichtssinn durch den des Tastens zu ersetzen sei, und dass alle Kunst darin bestand, geeignete Hilfsmittel für den Tastsinn zu entwickeln. Durch die „Erfindung" erhabener Buchstaben war es zum ersten Mal gelungen, blinden Menschen in systematischer Weise Bildungsprozesse in Form von Lesen und Drucken zu vermitteln. Und dennoch hatte diese von Sehenden entwickelte Methode ihre Grenzen. Erst als Louis Braille (1809–1852), ein blinder Zögling der Pariser Blindenanstalt, ein aus der Kombination von sechs Punkten bestehendes Schriftsystem erfand, war der entscheidende Schritt zur Verbesserung der Kommunikationsmöglichkeiten blinder Menschen getan.

Die Antwort auf die Frage, was behinderte Schüler lernen sollten, wurde unterschiedlich, in Abhängigkeit von den Zeitumständen, beantwortet. Die Pariser Pioniere de l'Epèe und Haüy strebten ein Höchstmaß an Bildung an, ohne prinzipielle Beschränkungen. Aber schon wenige Jahre später wurde das Ziel der allgemeinen Menschenbildung in Paris aufgegeben und an seine Stelle trat ein nach Klassenzugehörigkeit bemessenes Maß von Bildung. In den Wiener Anstalten wurden sowohl allgemeinbildende Fächer als auch berufspropädeutische Angebote offeriert, wobei Letzteren durchaus ein Übergewicht eingeräumt wurde. In Leipzig wiederum dominierte ein breites Bildungsangebot, das auch das Berliner Blindeninstitut des August Zeune auszeichnete (vgl. Ellger-Rüttgardt 2008, S. 85).

1.2 Institutionalisierung und weitere Ausdifferenzierung im 19. Jahrhundert

1.2.1 Bildung für alle: ein langer Weg

Betrachtet man die weitere Entwicklung des Bildungswesens in den deutschen Staaten und insbesondere in Preußen, so beeindrucken folgende Phänomene: Die Idee der allgemeinen Menschenbildung, am Anfang nur eine abstrakte Idee, ergriff zunehmend die Vorstellungskraft und Gedankenwelt zunächst der Fachleute, dann allmählich auch weiterer Kreise des Bürgertums. Bildung für jeden bedeutete schließlich auch Bildung behinderter Kinder und Jugendliche, auch wenn es noch lange dauern sollte, bis dieser Gedanke letztlich erst im 20. Jahrhundert die Akzeptanz einer breiten Öffentlichkeit erfuhr.

Motor der staatlichen Bildungsreformen in Preußen war Wilhelm von Humboldt (1763–1835), der als preußischer Bildungsminister von 1809–1810 die Weichen für ein egalitäres Schulsystem legte und der nachweislich auch die beiden Institute für Gehörlose und Blinde in Berlin tatkräftig unterstützte. Alles ist eine Frage des Maßstabes: Misst man die tatsächliche Schulentwicklung Preußens im 19. Jahrhundert an den visionären Entwürfen eines Wilhelm von Humboldt, dann wurde eher wenig erreicht. Lenkt man aber die Betrachtung auf die Ausgangslage und den internationalen Vergleich, dann wurde viel erreicht. Während am Ende des 18. Jahrhunderts in Preußen höchstens 50 Prozent der Kinder eine Schule besuchten, belegen die steigenden Einschulungsraten den gewaltigen Strukturwandel der preußischen Volksschule; so kletterten die Einschulungsquoten von ca. 60 Prozent in 1816 auf etwa 90 Prozent im Jahre 1870. Damit lag Preußen neben Teilen von Schottland in Europa an der Spitze der Bildungsentwicklung.

Ungeachtet dieser positiven Entwicklung kam lange Zeit auch in Preußen nur eine Minderheit der sinnesbehinderten Kinder in den Genuss einer elementaren Bildung. So wird geschätzt, dass von den 10 700 um 1860 statistisch erfassten blinden Personen nur ca. 1220 in Blindeninstituten unterrichtet wurden, das sind etwa 12 Prozent (Dreves 1998, S. 546). Etwas besser war die Lage der Gehörlosen, wie eine Statistik aus den 1970er Jahren belegt, danach erhielten eine angemessene Bildung weniger als die Hälfte der registrierten Gehörlosen (vgl. Ellger-Rüttgardt 2008, S. 147).

Im Vergleich zu Preußen waren die Bildungserfolge in Frankreich während des 19. Jahrhunderts sehr viel bescheidener. Obgleich zur Zeit der Revolution bedeutsame Schulpläne von Talleyrand, Condorcet und Le Peletier vorgelegt worden waren und es im vor- und nachrevolutionären Frankreich zahlreiche Initiativen, Modelle, didaktische Überlegungen und Institutsgründungen gab, war doch den meisten Neuerungen nur eine kurze Dauer beschieden. Beispielsweise überlebte die 1795 geschaffene „Ecole Normale“, eine Lehrerbildungsanstalt, nur ganze vier Monate, und auch die Elementarbildung verlor bereits unter dem Direktorium ihre Priorität, sodass sich das Primarschulwesen um 1800 in einem denkbar schlechten Zustand befand. Das erste französische Unterrichtsgesetz von 1793 hatte Schulpflicht und kostenlosen Schulbesuch festgelegt, aber nur ein Jahr später wurde die Schulpflicht wieder zurückgenommen und damit Schulehalten der privaten Initiative überlassen. 1824 schließlich entstand ein eigenständiges Erziehungsministerium durch Abspaltung vom Innenministerium, aber eine allgemeine Schulpflicht wurde erst im Jahre 1882 erlassen.

Was schließlich die Bildung behinderter Kinder in Frankreich betraf, so wurde diese nicht dem neu geschaffenen Erziehungsministerium unterstellt, sondern verblieb beim Innenministerium – ein folgenschwerer Schritt, bis in die Gegenwart.

Die aktuell in Frankreich geführte Debatte um ein Recht auf Beschulung (le droit à la scolarisation) hat ihre historischen Wurzeln genau in der Entscheidung, die Bildung behinderter Kinder und Jugendlicher nicht dem Erziehungsministerium, sondern in der Folgezeit dem Gesundheits- bzw. Sozialministerium zu unterstellen.

Der Wunsch, möglichst allen gehörlosen und blinden Kindern Unterricht zu vermitteln, führte, vornehmlich in den 1930er Jahren des 19. Jahrhunderts, zu der Idee der „Verallgemeinerung", die nicht nur in Preußen, sondern auch in Wien und Frankreich propagiert wurde. Sie repräsentierte den Versuch, die betreffenden Schüler in der Elementarschule ihres Heimatortes direkt zu beschulen.

Gedanke und Plan der „Verallgemeinerung" waren ein großartiges und faszinierendes bildungspolitisches Projekt: ein Elementarschulwesen zu schaffen, das auch den sinnesbehinderten Kindern zugänglich sein sollte, das durch Kombination von Spezial- und Volksschulen frühzeitige und behindertengerechte Bildung vermitteln, durch ein Höchstmaß an Gemeinsamkeit von behinderten und nicht behinderten Kinder soziales Lernen befördern und Exklusion verhindern sollte und das eine Lehrerbildung anstrebte, in der eine spezielle Pädagogik ein integraler Bestandteil derselben werden sollte. Aber, diese Idee scheiterte, musste scheitern – so urteilen wir aus heutiger Sicht, und die Gründe hierfür sind vielfältiger Natur (vgl. Ellger-Rüttgardt 2008, S. 108 ff.).

Die allseits anerkannte Konsequenz aus dem Scheitern dieses pädagogischen Experiments war die Forderung nach besonderen Schulen. Vor dem Hintergrund der fehlenden Aufnahmefähigkeit der allgemeinen Schule und der Tendenz einer Unterbringung Behinderter in besonderen, weitgehend von der Umwelt getrennten Anstalten, bot sich die Etablierung besonderer Schulen als ein zukunftsträchtiges Modell an, und es war ein skandinavisches Land (Dänemark), das für eine derartige Entwicklung als Vorbild gepriesen wurde. Dass ein derartiges Modell zu seiner Zeit wirklich fortschrittlich war, wird aus heutiger Sicht nur verständlich, wenn man sich erinnert, dass es sich in erster Linie um behinderte Kinder der „unteren Stände" handelte, die mehrheitlich von jeder Art Bildung ausgeschlossen waren. Das Bewusstsein einer engen Verbindung von Behinderung und Armut stand Pate bei der Etablierung von Sonderschulen als Institutionen der Bildung und gesellschaftlichen Integration – ein Gedanke, der auch in der Gegenwart Gewicht hat.

Während der Bildungsanspruch für sinnesbehinderte Schüler im Laufe des 19. Jahrhunderts zu einer staatlich anerkannten öffentlichen Aufgabe wurde, galt dies nicht für die Gruppe der geistig Behinderten. Ungeachtet der bahnbrechenden pädagogischen Experimente eines Séguin, Guggenbühl und Saegert sowie schließlich eines Georgens und Deinhardt, die alle von einem großen pädagogischen Optimismus geleitet waren, setzte sich im Laufe des Jahrhunderts eine stark medizinisch geprägte Sicht auf das Phänomen „geistige Behinderung" durch, die die Bildungsfähigkeit dieser Personengruppe grundsätzlich infrage stellte. Die politische Konsequenz war, dass der preußische Staat durch einen Erlass von 1859 Bildung und Fürsorge für geistig Behinderte an die private Wohltätigkeit delegierte, vertreten vor allem durch die beiden christlichen Kirchen. Während es bis zu diesem Zeitpunkt nur wenige, meist private Anstalten für Geistesschwache gab, folgte ab den 1850er Jahren eine Welle von Anstaltsgründungen, die nun mehrheitlich in der privaten Trägerschaft von katholischer und protestantischer Kirche lagen.

1.2.2 Pädagogische Antworten auf die Industrialisierung

Ein heutiger Blick auf das frühe 19. Jahrhundert bliebe unvollständig ohne Betrachtung jener Institutionen, deren Entstehen unaufhebbar verknüpft ist mit den sozioökonomischen und politischen Umwälzungen dieser Epoche: den Rettungshausanstalten und im weiteren Sinne auch den Erziehungsanstalten für krüppelhafte Kinder. Die napoleonischen Kriege, Teuerungen, Hungersnöte, Landflucht und beginnende Industrialisierung ließen ein Heer von Armen in Mitteleuropa entstehen, wobei die Kinder am härtesten betroffen waren. Der Pauperismus, die Verelendung des neuen Typus des Fabrikarbeiters, hatte zur Folge, dass Frauen- und Kinderarbeit für das Überleben der proletarischen Familie unverzichtbar waren, was die Gesundheit vieler Kinder ruinierte und deren Teilhabechancen an Bildung vereitelte. Die Nichteinhaltung der Schulpflicht widersprach zwar den bildungspolitischen Interessen des preußischen Staates, wurde aber angesichts der Akzeptanz einer wirtschaftsliberalen Politik auch seitens der preußischen Reformvertreter nicht ernsthaft infrage gestellt.

Prominentes Vorbild für die Rettungshausbewegung war der Schweizer Pädagoge Johann Heinrich Pestalozzi, der sich früh verwaister und verwahrloster Kinder annahm und der in seinem berühmten „Stanser Brief" (1799) seine Absicht beschrieb, die gestrauchelten Kinder wieder „auf den rechten Weg zurückzubringen". Die Rettungshausbewegung, die in enger Verbindung zur Sozialpolitik und zur Sozialpädagogik steht, war die Antwort der protestantischen Kirche in Deutschland auf die drängende Pauperismusfrage des frühen 19. Jahrhunderts. Sie nahm ihren Anfang in der Nähe von Weimar, wo 1813 der berühmte Schriftsteller und Satiriker Johannes Daniel Falk (1786–1826), ein Freund Goethes, die „Gesellschaft der Freunde in der Not" gründete. Die verwahrlosten, vagabundierenden, zum Teil behinderten Kinder brachte Falk entweder in Familien oder in dem neu gegründeten „Lutherhof" in Weimar unter. Im norddeutschen Raum war es Johann Hinrich Wichern, der 1833 das „Rauhe Haus" in Hamburg ins Leben rief. Wichern hatte als junger Theologe und Lehrer an einer „Sonntagsschule" zum ersten Mal Berührung mit dem unbeschreibbaren Elend der Unterschichten seiner Vaterstadt, und diese Erlebnisse ließen in ihm den Plan reifen, eine Bildungsanstalt für diese Kinder zu gründen. Ziel seiner pädagogischen Arbeit war die Selbstständigkeit der Zöglinge, ablesbar an ihrer sittlichen Festigung sowie die Ausbildung in einem Handwerk und damit eine beruflich-gesellschaftliche Integration.

Die Rettungshausbewegung verbreitete sich über ganz Deutschland und erreichte ihren Höhepunkt um 1860 mit etwa 350 Anstalten.

Die ersten Erziehungsanstalten für krüppelhafte Kinder, die gleichfalls in der ersten Hälfte des 19. Jahrhunderts entstanden, weisen unübersehbare Gemeinsamkeiten mit den Rettungsanstalten auf, denn sie verdanken ihre Existenz vor allem den gesellschaftlichen Ursachen von Frühindustrialisierung und gewerblicher Ausbeutung, durch die die Zahl körperversehrter Menschen beträchtlich zunahm.

Eine im engeren Sinne pädagogisch ausgerichtete Einrichtung für körperbehinderte Kinder und Jugendliche schuf Johann Nepomuk M. Edler von Kurz (1783–1865), der 1832 eine „Technische Industrieanstalt für arme krüppelhafte Kinder in München" ins Leben rief. Aufschlussreich für dieses Konzept ist – und damit zeigen sich Unterschiede zu den klassischen Rettungsanstalten –, dass die berufspädagogische Ausbildung und spätere Arbeitstätigkeit der Zöglinge im Zentrum der Anstalten standen. Während Wichern mit der Zielvorgabe einer bürgerlichen Existenz danach trachtete, seine Zöglinge möglichst im Handwerk unterzubringen, verfolgte von Kurz angesichts der beschränkten Möglichkeiten seiner Klientel vor allem eine Vorbereitung auf einfache berufliche Tätigkeiten, wodurch sichergestellt werden sollte, dass auch diese Gruppe körperlich versehrter und armer Kinder und Jugendlicher ein späteres Auskommen finden könne. Das Neue an diesem Konzept war, dass die Anstalt nicht nur eine berufspädagogische Qualifikation bot, sondern zugleich ein Angebot geschützter Arbeitsplätze bereithielt. Damit kann sie durchaus als ein Vorläufer der modernen Werkstätten für Behinderte gelten.

Nicht anders als die Pädagogik für Gehörlose, Blinde und geistig Behinderte war die jüngere Disziplin der Körperbehindertenpädagogik eingebettet in einen regen internationalen Austausch der jeweiligen Fachleute, die sich gegenseitig beeinflussten und voneinander lernten. In Mailand war es der Arzt Gaetano Pini, der sich seit den 1870er Jahren für die Beschulung verkrüppelter, rachitischer Kinder einsetzte und der sich auf die frühen Anstaltsgründungen in Deutschland und England berief (vgl. Polenghi 2009, S. 19).

1.2.3 Professionalisierung und Interessenvertretung behinderter Menschen

Es war naheliegend, dass mit einer wachsenden Institutionalisierung auf nationaler Ebene das Bedürfnis nach fachlichen Kontakten stieg; ihren Niederschlag fanden diese Bestrebungen in der Gründung von beruflichen Vereinigungen sowie in der Herausgabe von fachlichen Publikationsorganen. Aufschlussreich ist, dass sowohl bei den Taubstummen- als auch den Blindenlehrern zunächst lose Vereinsbildungen auf regionaler Ebene sowie die Schaffung von Fachorganen im Vordergrund standen, während Verbandsgründungen im engeren Sinne und auf nationaler Ebene deutlich später die Szene beherrschten. So hielten Gehörlosenlehrer aus dem süddeutschen Raum und der deutschsprachigen Schweiz schon seit 1846 regelmäßige Treffen ab (Löwe 1992, S. 301), aber erst 1884 kam es zu einer nationalen Versammlung und schließlich wurde 1894 in Augsburg der „Bund Deutscher Taubstummenlehrer" aus der Taufe gehoben. Auch wenn der Anspruch auf Internationalität eher in bescheidenen Bahnen verlief, so blieben doch die gegen Ende des 19. Jahrhunderts in den europäischen Einzelstaaten zunehmenden nationalistischen Obertöne im Kreise dieser Heilpädagogen eher gedämpft, auch wenn, wie konnte es anders sein, die nationalpolitischen Differenzen auf diesen Kongressen ihren Widerhall fanden. Angesichts der insgesamt geringen Teilnahme deutscher Gehörlosenlehrer an den international ausgerichteten Konferenzen spricht Löwe von einer „andauernden Isolation der deutschen Gehörlosen- und Schwerhörigenlehrer von den nicht deutschsprechenden Vertretern ihres Faches" (Löwe 1992, S. 97) und benennt als Grund neben mangelnden Sprachkenntnissen eine selbstgefällige Arroganz der deutschen Gehörlosenlehrer, die seit den Mailänder Beschlüssen von 1880 (Anerkennung der Lautsprache), sich als „Sieger" fühlten und daher keine Veranlassung sahen, ins Ausland zu reisen – eine Haltung, die genau der wilhelminischen Großmannssucht mit ihrem Anspruch „am deutschen Wesen soll die Welt genesen", entsprach.

Auch die Blindenlehrer folgten in der Vereinsbildung einem ähnlichen Muster wie die Taubstummenlehrer. Am Anfang stand der Besuch regionaler Treffen, dann internationaler Kongresse und erst 1920, anlässlich des 15. Blindenlehrerkongresses in Hannover, wurde der „Deutsche Blindenverein" gegründet, zu dessen Verbandsorgan der seit 1881 existierende „Blindenfreund" erklärt wurde. Der erste Kongress der Blindenlehrer fand 1873 in Wien statt und war noch explizit als internationaler Kongress deklariert worden; bereits 1879 in Berlin wurde die Internationalität aufgekündigt, und von nun an handelte es sich nur noch um „deutsche" Blindenlehrerkongresse.

Professionalisierungsprozesse beinhalten stets auch standespolitische Aspekte wie Ausbildung, Besoldung und Amtsbezeichnung. Die Gehörlosen- und Blindenlehrer erhielten bereits in der frühen Anfangszeit eine zusätzliche Qualifikation durch Fortbildungskurse an den beiden Berliner Anstalten, was in der Folgezeit ausgebaut und fortgesetzt wurde. Schon 1831 wurde in Preußen erstmals eine Prüfungsordnung für Taubstummenlehrer erlassen und sehr bald erfolgte eine besoldungsmäßige Gleichstellung der Taubstummenpädagogen mit den Oberlehrern.

Die zunächst enge Verbindung zwischen der Ausbildung der Volksschullehrer und der der Taubstummenlehrer wurde von Letzteren, nicht zuletzt nach dem Scheitern der „Verallgemeinerung", in den 1870er Jahren aufgekündigt und eine separate Ausbildung gefordert. Damit war die Marschrichtung für eine besondere Ausbildung der Heilpädagogen eingeschlagen, die in der Folgezeit immer stärker auf Spezialistentum setzte und im Rahmen dieses Emanzipationsprozesses nahezu zwangsläufig die Fäden zur Mutterdisziplin Pädagogik brüchiger werden ließ. Erst in unseren Tagen suchen wir erneut nach Wegen, wie das Spannungsverhältnis von Generalisten- und Spezialistentum in der pädagogischen Ausbildung neu justiert werden kann.

Schauen wir auf die Geistigbehindertenpädagogik, so lag das Besondere der pädagogischen Arbeit der Idiotenanstalten in dem Umstand begründet, dass sie eingebunden war in einen *multiprofessionellen Kontext*, der durch Theologen, Pädagogen und Mediziner geprägt war. Die „Conferenz für Idioten-Heil-Pflege" wurde von dem Theologen Heinrich Sengelmann (1821–1899), Pastor der Alsterdorfer Anstalten in Hamburg, in Zusammenarbeit mit anderen Fachleuten gegründet. Zumindest in den ersten Jahren bis zum Ausscheiden Sengelmanns 1899 wurde in den Zusammenkünften der Konferenzen ein „interdisziplinäre[r] Dialog zwischen den verschiedenen Berufsgruppen geführt" (Schümann 2001, S. 302). Mit zunehmender Dominanz der medizinischen Profession zerbrach der interdisziplinäre Ansatz in der Arbeit mit geistig Behinderten. Die Vormachtstellung der Medizin hatte zweifellos auch das Ergebnis, dass sich die Gruppe der Heilpädagogen in der Folgezeit zunehmend, gewissermaßen als Reaktion, als eigenständige Berufsgruppe zu profilieren suchten.

Wenn in der Gegenwart von Selbstbestimmung behinderter Menschen gesprochen wird, dann ist daran zu erinnern, dass dies das Ergebnis eines langen historischen Prozesses ist, an dessen Anfang es nur zwei Gruppen von Behinderten gab, die ihre Belange eigenständig vertraten, nämlich die Gehörlosen und Blinden; für körperbehinderte, lernbehinderte und geistig behinderte Personen hingegen traten erst im 20. Jahrhundert Interessenvertretungen auf den Plan.

Die zwischen den Professionellen der Gehörlosenpädagogik und den Betroffenen über Jahre sich hinziehenden Zwistigkeiten entzündeten sich an drei Streitfragen: dem Stellenwert der Gebärdensprache, der Beschäftigung Gehörloser als Lehrer und der Verankerung und Zuständigkeit spezieller Fürsorgevereine, wobei die erste Streitfrage zweifellos die bedeutendste war.

Die erste Vereinsbildung für Gehörlose erfolgte 1834 in Paris auf Initiative des gehörlosen Taubstummenlehrers Ferdinand Berthier, die „Société universelle des sourds-muets" mit einer eigenen Zeitschrift, „L'ami des sourds-muets". Der erste Taubstummenverein auf deutschem Boden entstand 1848 in Berlin. Motor dieser Emanzipationsbewegung der Gehörlosen war in der Anfangszeit Eduard Fürstenberg, Geheimer Sekretär im Preußischen Ministerium des Innern, Begründer des „Zentralvereins für das Wohl der Taubstummen" zu Berlin und Herausgeber der Zeitschrift der „Taubstummenfreund". 1873 lud Fürstenberg die Vorsitzenden der deutschen Taubstummenvereine zu einer Versammlung nach Berlin, und dies war zugleich die Geburtsstunde eines nationalen Kongresses der Taubstummen. Es folgten zahlreiche weitere Kongresse gehörloser Menschen, zum Teil auch mit internationaler Beteiligung.

Immer wiederkehrendes Thema auf den Kongressen war das Zurückdrängen der Gebärdensprache im Schulunterricht seit den Mailänder Beschlüssen von 1880. Nichts wurde unversucht gelassen, um in Bittschriften und Eingaben an die zuständigen Ministerien eine Änderung herbeizuführen. Höhepunkt dieser Aktivitäten war die Petition an den deutschen Kaiser Wilhelm II. von 1891, die eher verschämt in den Mitteilungen des Publikationsorgans der Taubstummenlehrer „Blätter für Taubstummenbildung" von 1890 unter der Rubrik „Vermischtes" und mit distanzierten Anmerkungen der Redaktion abgedruckt wurde (vgl. Blätter für Taubstummenbildung 1891, S. 382ff.). Trotz einflussreicher Fürsprecher im Kultusministerium wurde die Petition durch Kulturminister Bosse am 17. September 1892 abschlägig beschieden. Die Repräsentanten der Taubstummenbewegung gaben allerdings nicht auf, und dieser Konflikt dauerte an und setzte sich fort bis weit in das 20. Jahrhundert.

Angesichts fortschreitender Institutionalisierung und Professionalisierung kam es auch in der sich etablierenden Blindenpädagogik zu Zwistigkeiten zwischen Fachleuten und blinden Menschen. Der Konflikt zwischen Anspruch auf professionelle Dominanz auf der einen und Selbstvertretung der Betroffenen auf der anderen Seite besaß allerdings nicht die existenzielle Schärfe wie bei den Gehörlosen, wo es immerhin um das Recht auf eine eigene Identität ging. Differenzen zwischen blinden Menschen und den Blindenlehrern in der so wichtigen Frage der Blindenschrift wurden relativ früh beigelegt, denn schon auf dem 2. Europäischen Blindenlehrer-Kongress von 1873 in Dresden hatte sich die Mehrheit der anwesenden Pädagogen für die Einführung der Punktschrift nach Louis Braille in Deutschland entschieden. Die Frage, ob blinde Lehrer im Bildungswesen beschäftigt werden sollten, ließ allerdings eine zunehmende Kluft zwischen den Pädagogen und den blinden Menschen entstehen. Mit Einführung einer Schulpflicht für Blinde verbunden war das Bestreben der Blindenpädagogen, blinde Lehrer zunehmend aus dem Unterricht blinder Menschen hinauszudrängen.

1.3 Eine deutsche Besonderheit: die Hilfsschule

1.3.1 Die Vorläufer

Die Entstehung und Entwicklung der Hilfsschule in Deutschland ist aus nationaler und internationaler Perspektive von großem Interesse, da sie für Deutschland etwas aussagt über das Verhältnis von allgemeiner und besonderer Pädagogik und unter vergleichendem Aspekt eine singuläre Erscheinung darstellt.

Die Hilfsschule hat einen zweifachen Ursprung: Sie ist zum einen aus der Geistigbehindertenpädagogik hervorgegangen, da sie einen Teil jener Schüler aufnahm, die in den sogenannten Idiotenanstalten unterrichtet wurden. Sie ist aber vor allem ein Produkt der sich durchsetzenden allgemeinen Schulpflicht mit dem entstehenden Problem von Heterogenität und erhöhter Komplexität der Schulorganisation.

Mit Blick auf die elementare Volksbildung war es sicherlich ein ganzes Bündel von Faktoren, das entscheidend zur Entstehung der Hilfsschule beitrug:

- Anstieg des Qualifikationsniveaus der allgemeinen Schule durch die „Allgemeinen Bestimmungen“ von 1872 und damit die Entstehung des Phänomens „Schulversagen“
- Verbot der Kinderarbeit in Preußen (1891)
- Abschaffung der Arbeits- und Fabrikschulen (1894)
- Einführung der Schulgeldfreiheit in Preußen (1888) bei gleichzeitiger Auflösung der Armen-, Frei- und Ersatzschulen.

Hilfsschulen im eigentlichen Sinne, also ausgebaute Schulsysteme mit aufsteigenden Klassen, entstanden erst im letzten Drittel des 19. Jahrhunderts. Es gab aber seit Beginn des 19. Jahrhunderts Vorläufer in Form von Hilfs-, Armen- und Nachhilfeklassen. So bestand bereits 1795 die Armenfreischule in Zeitz, an der der Lehrer Traugott Weise lange Zeit tätig war. Traugott Weise, ein ausgebildeter Volksschullehrer, wirkte über einen längeren Zeitraum in Zeitz an der Armen- und Waisenhausschule, die 1817 zusammengelegt wurden. 1803 nun wurde an der Armenfreischule eine Nachhilfeklasse eingerichtet, die Lehrer Weise übernahm. Er veröffentlichte 1820 eine Schrift mit dem umständlichen Titel „Betrachtung über geistesschwache Kinder in Hinsicht der Verschiedenheit, Grundursachen, Kennzeichen und der Mittel ihnen auf leichte Art durch Unterricht beizukommen. Mit besonderer Rücksicht auf die Pestalozzi'sche Rechenmethode.“

Traugott Weises „Betrachtungen über geistesschwache Kinder“ bezog sich auf die besondere pädagogische Förderung Schwachbegabter im Rahmen der allgemeinen Volksschule. Diese Abhandlung atmet den Geist von Aufklärung und Neuhumanismus und orientiert sich an dem großen Vorbild Pestalozzi. Weise betont ausdrücklich die Verschiedenartigkeit der Kinder – wozu auch die Einsicht gehört, dass es so etwas wie „geistesschwache“ Kinder gibt –, ungeachtet aller äußeren Ursachen und schlechten Unterrichtsverhältnisse. Nicht nur dieser Gedanke besitzt Aktualität, sondern auch die Überzeugung, dass jeder Mensch zu seiner Menschwerdung der Bildung bedarf und dass – und hierin liegt das unverzichtbare optimistische pädagogische Ethos – niemand im Vorwege die Entwicklung eines Kindes voraussagen kann. Die von Weise angeführten Kronzeugen für die praktischen Unterrichtsbeispiele sind ausnahmslos Vertreter der Elementarschulpädagogik, wodurch auch in didaktischer Hinsicht die enge Verbindung zwischen Volksschulpädagogik und einer Pädagogik der „Geistesschwachen“ bei Weise dokumentiert wird.

Zu Beginn des 19. Jahrhunderts wurden zunehmend wie in Zeitz Nachhilfeklassen an verschiedenen Orten Deutschlands eingerichtet, deren Ziel es war, durch besondere pädagogische Zuwendung den zurückbleibenden Kindern der Volksschule zu einem Anschluss an den regulären Klassenunterricht zu verhelfen. Nachhilfeklassen entstanden in folgenden Städten:

- Zeitz 1803
- Chemnitz 1835 („Notschule“)
- Halle an der Saale 1859
- Dresden 1867

- Gera 1876
- Apolda 1877
- Elberfeld 1879.

Der Gedanke der Nachhilfe blieb jedoch mehr oder minder Episode. Die weitere Entwicklung ging vielmehr den Weg einer verstärkten äußeren Differenzierung, d.h. den Aufbau einer separaten, selbstständigen Schulform. Den Schritt von der mehr oder minder eigenständigen Klasse hin zu einer eigenständigen Schule ging bereits der Leipziger Taubstummen- und Schwachsinnigenlehrer Heinrich Stötzner mit seiner Schrift „Schulen für schwachbefähigte Kinder“ (1864). Hatte Traugott Weise noch die Förderung schwach befähigter Kinder im Rahmen der Volksschule im Auge gehabt, plädierte Stötzner nun für eine klare organisatorische Sonderstellung hinsichtlich dieser Schülergruppe. Es war die Forderung nach selbstständigen Schulen, die Stötzner von der späteren Hilfsschullehrerschaft den Titel „Vater der Hilfsschule“ eintrug, auch wenn er selbst keinerlei berufspolitische Aktivitäten in der sich organisierenden Hilfsschullehrerschaft entfaltete. Stötzner forderte besondere Schulen für jene Schüler, die „in der Mitte zwischen normalgebildeten und blödsinnigen Kindern“ stehen (Stötzner 1963, S. 5), ohne jedoch präzise zu benennen, wer genau gemeint sei. Damit erwies sich schon in der Anfangszeit die Heterogenität als entscheidendes Charakteristikum der Hilfsschulpopulation. Da sich Stötzner einerseits von den ganz „Blödsinnigen“ abgrenzte, andererseits aber vor allem Schwachsinnige der armen Volksschichten im Auge hatte, die in den meist privaten Anstalten keine Aufnahme fanden, scheint die Annahme berechtigt, dass er leicht intelligenzgeschädigte Kinder, weniger jedoch sogenannte Nachzügler im Auge hatte – aber, wie gesagt, die Grenzen waren fließend.

Nicht das Modell der Leipziger Schwachsinnigenklasse wurde der Prototyp der sich seit den 1880er Jahren etablierenden Hilfsschule, sondern die von Heinrich Kielhorn ebenfalls 1881 eröffnete Braunschweiger Hilfsklasse. Kielhorn vermied von Anfang an eine definitorische Festlegung der Schülerschaft, sprach von schwachbefähigten und schwachsinnigen Kindern, hatte aber vorrangig die schwächeren Schüler der Volksschule im Auge.

Das schon in der Leipziger Debatte zutage getretene Interesse der Mehrheit der Volksschullehrer an der Einrichtung einer Hilfsinstitution, an die sie ihre schwierigen Schüler „abgeben“ konnten, wurde öffentlich auf der 27. Allgemeinen Deutschen Lehrerversammlung in Gotha von 1887, wo Heinrich Kielhorn Thesen zur Gründung von „Schulen für schwachbefähigte Kinder“ vortrug (Kielhorn 1887). In seinen mit viel Beifall aufgenommenen Ausführungen zeichnete Kielhorn das Bild eines schwachbefähigten bzw. schwachsinnigen Kindes, das sich deutlich von dem des normalbegabten unterscheidet und das aufgrund seines krankhaften, nicht aufhebbaren Zustandes eines besonderen Schulunterrichts bedarf. Indem Kielhorn der betreffenden Schülergruppe einen besonderen anthropologischen Status zuschrieb, enthob er die Volksschullehrerschaft der Notwendigkeit, die Regelschule und damit ihre eigene Rolle kritisch zu hinterfragen. Den Vorwurf, die Hilfsschule würde die Kinder mit einem Makel belasten, konterte Kielhorn wie folgt: „Was nun den Makel betrifft, den das schwachsinnige Kind nicht wieder abwischen soll, da muss ich sagen: Das schwachsinnige Kind wischt seinen Schwachsinn nie ab. Den Schwachsinn dem Kinde abnehmen, das vermochte nicht einmal ein Guggenbühl und andere seinesgleichen, die mit dem Himmel in naher Verbindung zu stehen wähnten!" Hilfsschulen als „Einrichtungen der Humanität", so Kielhorn, sollten die Volksschulklassen entlasten und auch ihre schwächeren Schüler für den „Lebenskampf" ausrüsten, damit sie als nützliche, brauchbare Glieder der Gesellschaft niemandem zur Last fielen.

1.3.2 Hilfsschulpädagogik im Wilhelminischen Kaiserreich

Während Kielhorn in seinem Vortrag von 1887 noch die Frage der Organisation in der Schwebe hielt – er sprach neben Schulen von Abteilungen und Klassen –, wurde nur ein Jahrzehnt später die Forderung nach selbstständigen, von der Volksschule völlig losgelösten Hilfsschulen laut – eine Forderung, die von einer Lehrergruppe formuliert wurde, die 1898 durch die Gründung eines neuen Lehrerverbandes hervorgetreten war, den Verband der Hilfsschulen Deutschlands (vgl. Möckel 1998). Durch die Gründung des Hilfsschulverbandes hatte sich eine äußerst rührige Lehrergruppe organisiert, deren Ziel die Ausbreitung des Hilfsschulwesens sowie die Verfolgung handfester berufspolitischer Ziele war (vgl. Ellger-Rüttgardt 1980). Auf dem zweiten Verbandstag von 1899 legte Heinrich Kielhorn, der eigentliche Motor der neuen Lehrerprofession, einen Organisationsplan vor, in dem die uneingeschränkte Eigenständigkeit des neuen Schultypus Hilfsschule – legitimiert durch die Besonderheit ihrer Klientel – gefordert wurde.

Nach dem von Kielhorn vorgelegten Modell hatte sich zugleich eine Hilfsschulkonzeption durchgesetzt, die vorrangig sogenannte Schwachbefähigte aufnahm, bei denen es sich mehrheitlich um Kinder handelte, die wegen ungenügender Leistungen und auffälligem Verhalten in der Volksschule scheiterten; nur der kleinere Teil gehörte zur Gruppe der geistig behinderten Kinder, die – wenn überhaupt – bislang in den „Idiotenanstalten" unterrichtet wurden. Das einst von Stötzner für Leipzig favorisierte Modell einer Schule für die Schwachsinnigen der ärmeren Volksschichten unterschied sich nicht prinzipiell, wohl aber tendenziell von der Kielhornschen Konzeption, indem es die „mittleren und leichten Grade des Idiotismus" (Böttger 1897, S. 60) im Auge hatte, während Kielhorn stets einer terminologischen Festlegung aus dem Wege ging und de facto ein großes Spektrum von Schulversagern unterschiedlicher Provenienz aufnahm. Der auf dem zweiten Verbandstag gehaltene Vortrag repräsentiert die für Kielhorn typische Widersprüchlichkeit in der Terminologie, die zum einen eine möglichst präzise Festlegung der Klientel vermeidet, zugleich aber die Unveränderlichkeit der geistigen Schwäche als legitimatorisches Fundament der neuen, selbstständigen Schulform betont.

Ebenfalls im Jahre 1899 erschien die erste Auflage des Buches von Arno Fuchs „Schwachsinnige Kinder, ihre sittlich-religiöse, intellektuelle und wirtschaftliche Rettung“, das insgesamt drei Auflagen erfuhr und für Jahrzehnte das Standardwerk der Hilfsschulpädagogik war. Arno Fuchs war seit 1898 Leiter einer Nebenklasse in Berlin und kämpfte über viele Jahre für die Einrichtung selbstständiger Hilfsschulen in der Reichshauptstadt. Auch wenn er in seiner Schrift von 1899 die Hilfsschule als eine „selbständige Sondereinrichtung der allgemeinen Volksschule“ bezeichnete, so belegt doch sein professionelles Wirken und Handeln, dass Fuchs den Platz der Hilfsschule trotz nach wie vor bestehender Verbindungen zum Volksschulwesen als Teil des Sonderschulwesens betrachtete. In seiner späteren Eigenschaft als Magistratsschulrat von Berlin veröffentlichte er 1927 die Schrift „Das Sonderschulwesen in Berlin“, die nicht nur die Hilfsschule wie selbstverständlich mit einschloss, sondern in der es unmissverständlich hieß: „Die in den Förderklassen der Normalschule zur Wiedereinordnung zu entwickelnden Schwachbegabten sind grundsätzlich von den Kindern zu unterscheiden, deren Auffassungs-, Merk- und Denkvermögen zum Aufstieg in der Normalschule nicht ausreicht, die sich niemals oder nur unwesentlich über die Stufe der groben Anschaulichkeit erheben und darum zeitlebend beschränkt bleiben auf einen sehr engen Auffassungs- und Wirkungskreis und auf einfache, gleichbleibende und kurzfristige Leistungen. Diese Kinder heben sich von den Normalen deutlich als geschlossene Gruppe ab“ (Fuchs 1927, S. 45).

Nicht nur die Eigenständigkeit der Hilfsschule verfocht Fuchs wie alle anderen führenden Hilfsschulvertreter auch, sondern er unterstrich zugleich die anthropologische Sonderexistenz des Hilfsschulkindes, die eine Sondererziehung notwendig mache. Wie für Kielhorn ist auch für Arno Fuchs das Hilfsschulkind ein „krankes“ Kind, dessen Zustand nur zu mildern, nicht aber aufzuheben sei und dem damit enge Grenzen der geistigen Entwicklung gestellt seien. Entsprechend der utilitaristisch geprägten Zielsetzung der Hilfsschulpädagogik als einer „Rettung der Schwachsinnigen für die Gesellschaft“ ist oberstes Ziel aller Unterrichts- und Erziehungsbemühungen die „Ausbildung des Kindes für das sittlich-religiöse und für das praktische Leben“.

Ungeachtet aller Abgrenzungsversuche behielt die Hilfsschule auch im Wilhelminischen Kaiserreich den Charakter einer Hilfsinstitution der Volksschule, wie eine Gegenüberstellung der Lehrpläne beider Schulformen zeigt. Vergleicht man den Lehrplan der preußischen Volksschule von 1897 (vgl. Michael/Schepp 1973, S. 398) mit jenem einzelner Hilfsschulen aus der Zeit des Kaiserreichs, so ergeben sich bezüglich des Fächerkanons als auch der Stundenzahl lediglich graduelle Unterschiede. Der von Heinrich Kielhorn 1899 vorgestellte Organisationsplan wies als Besonderheit nur den Anschauungs- und Handarbeitsunterricht auf.

Die durch die Hilfsschulvertreter propagierte Definition des Hilfsschulkindes als eines „kranken, schwachsinnigen“ Kindes sparte alle „äußeren“, sozialen Ursachen aus, deren Anerkennung notwendigerweise das Bemühen um organisatorische Eigenständigkeit der neuen Schulform erschwert hätte. Sowohl Äußerungen von Anstaltsvertretern als auch zahlreiche Schularztberichte lassen hingegen erkennen, dass von vielen Zeitgenossen ein Zusammenhang zwischen der „sozialen Frage“

und dem Phänomen von Schulversagen und schwacher Befähigung sehr wohl gesehen wurde. Vor allem in den Schularztberichten werden soziale Ursachen für das Entstehen der schwachen Begabung benannt, wenn auch mit unterschiedlicher Gewichtung, und sozialpolitische Maßnahmen zur „Hebung" der unteren Volksschichten angemahnt. Natürlich war den Hilfsschullehrern die soziale Lage ihrer Schüler bekannt, und die Hilfsschulliteratur ist angefüllt mit entsprechenden Hinweisen. Allerdings hatte die Kenntnis der sozialen Verhältnisse in der Regel keinerlei Auswirkungen auf die Definition des Hilfsschulkindes. Die Antwort, die die Hilfsschullehrerschaft auf die „soziale Frage" ihrer Schüler gab, war weitgehend gekennzeichnet von sozialer Distanz und Unverständnis. Dieser Grundhaltung korrespondierte als positive Reaktion Mitgefühl und persönliche Anteilnahme, als negative Reaktion moralisierende Belehrung bis hin zur offenen Ablehnung.

Sozialkritisches Engagement im Sinne einer Veränderung der sozialpolitischen Verhältnisse findet man unter den Hilfsschullehrern so gut wie nicht. Die propagierten Abhilfemaßnahmen erschöpften sich nahezu ausschließlich in der Forderung nach gründlicher schulischer Unterweisung und Erziehung sowie Gewährung von Fürsorgemaßnahmen. Die große Mehrheit der Hilfsschullehrerschaft des Kaiserreichs, die konservativ-nationalistisch gesonnen war (vgl. Ellger-Rüttgardt 1980; 1988), bejahte eine ständische Gesellschaftsordnung, in der soziale Unterschiede als vorbestimmtes Schicksal gedeutet wurden. Die Hilfsschüler als Angehöriger der unteren Gesellschaftsklassen waren demzufolge Untertanen, die auf private und staatliche Mildtätigkeit hoffen durften, die jedoch keinerlei Rechte besaßen. Das Verständnis der Hilfsschule als einer „Rettungsanstalt für Volk und Volksschule" (Schmitz 1903) und die damit verknüpfte stark negative Charakterisierung des Hilfsschulkindes als eines „belastenden", nicht selten „asozialen" gesellschaftlichen Elementes traf sich mit erbbiologischem und sozialdarwinistischem Gedankengut, das zunehmend an öffentlichem Einfluss gewann und seinen Widerhall auch in der Hilfsschullehrerschaft fand.

Der Vortrag von Martin Breitbarth, einem über Jahrzehnte hinweg einflussreichen Verbandsführer, in dem „Bund zur Mehrung und Erhaltung der deutschen Volkskraft" von 1915, der in der Zeitschrift „Die Hilfsschule" abgedruckt wurde und keinerlei Widerspruch hervorrief, macht deutlich, dass schon im Kaiserreich rassenhygienische Forderungen auch in der Hilfsschullehrerschaft hoffähig geworden waren. Für Breitbarth sind die realistisch geschilderten sozialen Missstände nicht etwa Mitverursacher für die Entstehung der schwachen Begabung, sondern, genau umgekehrt, nur Erscheinungsformen einer erblichen Minderbegabung, deren „Beseitigung" aus völkisch-ökonomischer Sicht wünschenswert ist. Damit wurde das Verhältnis von Milieu und Anlage eindeutig zugunsten des Anlagefaktors entschieden. Die Anerkennung einer Milieutheorie hätte unausweichlich politische Konsequenzen impliziert, die allerdings nicht im Vorstellungskreis einer mehrheitlich konservativen, zum Teil reaktionären Hilfsschullehrerschaft lag.

Soweit bekannt, gibt es für die Zeit des Kaiserreichs nur ein Beispiel für ein Hilfsschulmodell, das sich nicht an das Vorbild der Volksschule anlehnte, sondern eine neue Pädagogik erprobte: der Erziehungsversuch von Johannes Langermann.

Langermann hatte sich freiwillig für die Übernahme einer Hilfsschulklasse in Barmen gemeldet, weil er hier Freiräume sah, um seine reformpädagogischen Ideen umzusetzen. Es gibt wohl kaum einen größeren Unterschied als der zwischen einer auf Gewöhnung, Zucht und Disziplin setzenden, an traditionellen didaktischen Mustern orientierten Hilfsschulpädagogik und der Pädagogik Langermanns, der voller Respekt für jede Schülerpersönlichkeit auf Eigenverantwortlichkeit, Freiwilligkeit, Selbsttätigkeit und Fantasie setzte und mit faszinierendem pädagogischem Geschick und überbordender Fantasie seine Arbeit mit Schwachbefähigten gestaltete. Es überrascht daher nicht, wenn er bei etablierten Heilpädagogen wie Fuchs und Frenzel (vgl. Beschel 1965, 46ff.) auf Unverständnis oder Ablehnung stieß und damit ohne Einfluss auf die Entwicklung der Hilfsschulpädagogik blieb.

Erst über Peter Petersen, der sich bei der Einführung des Gruppenunterrichts ausdrücklich auf Langermann berief, und über seine Schülerin Frieda Buchholz erfolgte zumindest indirekt ein erneutes Anknüpfen an Johannes Langermann in der Hilfsschulpädagogik. Da aber auch Frieda Buchholz bis in die 1980er Jahre mit Langermann das Schicksal fehlender Aufmerksamkeit und Anerkennung teilte, lässt verstehen, dass die Erinnerung an reformpädagogische Ideen der Vergangenheit erst in jüngster Zeit in der „Lernbehindertenpädagogik“ Beachtung erfährt (Ellger-Rüttgardt 1997; Heimlich 2009, 116ff.; Hillenbrand 1994; 2001).

1.3.3 Zeitgenössische Kritik an der Hilfsschule

Die Hilfsschule durchlief im Kaiserreich eine geradezu stürmische Entwicklung, da sie auf einer Interessenkoalition von Staat, Volksschullehrern und Hilfsschullehrerschaft beruhte. In der traditionellen Geschichtsschreibung geriet aus dem Blick, dass es seit Einrichtung der ersten Hilfsschulen immer einzelne kritische Stimmen gegeben hat, die diesen neuen Schultypus nicht als pädagogischen Fortschritt, sondern eher als eine Fehlentwicklung bewerteten. Angesichts der bis in die Gegenwart andauernden Debatte um die Institution „Hilfsschule“, „Lernbehindertenschule“, „Förderschule“, ist es von hohem Interesse, die Argumentation und Interessenlage jener Kritiker kennenzulernen, die in der Vergangenheit der Hilfsschule ablehnend gegenüberstanden. Es waren die folgenden drei Gruppen, die Kritik an den neu gegründeten Hilfsschulen des ausgehenden 19. Jahrhunderts übten: Eltern von Hilfsschülern, Vertreter des Anstaltswesens sowie Repräsentanten der Volksschullehrer.

Als in Braunschweig 1881 die erste Hilfsklasse eingerichtet wurde, war der Besuch dieser Klasse freiwillig. In den ersten Jahren bleib die Freiwilligkeit erhalten, denn sowohl die Hilfsschullehrer als auch die Schulverwaltungen waren um Anerkennung seitens der Eltern bemüht. Die Hilfsschullehrer betonten zwar stets die Notwendigkeit einer guten Zusammenarbeit mit dem Elternhaus, aber die soziale Distanz zwischen Eltern des Vierten Standes und den aufstiegsorientierten, meist konservativen Hilfsschullehrern bildete eine Hürde, die ein vertrauensvolles und von gegenseitiger Zustimmung und Anerkennung getragenes Verhältnis erschwerte. Beschwerdebriefe von Eltern belegen, dass die geringe Akzeptanz seitens der Elternschaft keineswegs nur auf die Anfangszeit beschränkt blieb (vgl. Ellger-Rüttgardt 1981).

Eine Antwort auf die ins Feld geführten Bedenken gegen die Hilfsschule blieben Schulverwaltung und Lehrerschaft den Eltern allerdings schuldig. Weder die soziale Not der unteren Bevölkerungsschichten noch die Unzulänglichkeiten der Regelschule sowie die nachteiligen Folgen des Hilfsschülerstatus fanden Berücksichtigung bei der Entscheidung über das schulische Schicksal des einzelnen Kindes. Das Verhalten der Eltern wurde in der Regel als Eitelkeit, Uneinsichtigkeit und Verstocktheit interpretiert, das den vermeintlichen wahren Interessen der jeweiligen Kinder nur schade und auf das daher auch keine Rücksicht zu nehmen sei. Die einzige Reaktion auf den Widerstand der Eltern bestand in der unnachgiebigen Anwendung von gesetzlichem Zwang, der seit 1905 herrschte, da nach Urteil des Berliner Kammergerichts die Hilfsschule als eine besondere Volksschulform anzusehen war und die Eltern damit kein „Wahlrecht" besaßen.

Unter den Kritikern der Idiotenanstalten lassen sich deutlich zwei Kategorien unterscheiden. Die zahlenmäßig größere Gruppe bemängelte zwar die unklare Definition des Typus Hilfsschulkind und drängte auf eine klare Grenzregulierung zwischen Hilfsschule und Anstalt, war aber grundsätzlich bereit, die Hilfsklassen als einen erforderlichen Notbehelf anzuerkennen. Dem gegenüber sprach eine kleinere Gruppe von Anstaltsvertretern, repräsentiert durch den Berliner Anstaltsdirektor Piper, der Hilfsschule jede Daseinsberechtigung ab und plädierte statt dessen für einen quantitativen bzw. qualitativen Ausbau des Anstalt- und Volksschulwesens. Für Piper bedeuteten die Hilfsschulen nicht etwa pädagogischen Fortschritt, sondern „Rückgang", da sie nach seiner Meinung weder den intelligenzgeschädigten noch den langsam lernenden Kindern gerecht würden. Piper erblickte in der Vermischung der Begriffe „schwachsinnig" und „schwachbefähigt" den Hauptfehler in der Argumentation der Hilfsschullehrer und bemühte sich, durch Zuordnung der beiden Schülergruppen zu dem Anstalts- bzw. Volksschulwesen die Sinnlosigkeit der Hilfsschulen nachzuweisen. Piper erkannte zwar an, dass die Hilfsklassen in einem gewissen Sinne „Humanitätsanstalten" sind, die einem offenkundigen Notstand begegnen wollten, hielt sie aber dennoch für „ganz verfehlt", da sie sehr unterschiedliche Kategorien von Kindern aufnähmen. Herrmann Piper kämpfte viele Jahre gegen die Ausdehnung der Hilfsschulen, und auf seinen großen Einfluss ist zweifellos auch zurückzuführen, dass in Berlin lange Zeit keine selbstständigen Hilfsschulen existierten und er der Unterstützung einflussreicher Volksschulvertreter – wie etwa von Rektor Hintz – sicher sein konnte.

Auf dem Höhepunkt der Auseinandersetzung um die Einrichtung selbstständiger Hilfsschulen in der Reichshauptstadt kam es zu einer Kontroverse zwischen Hermann Piper und Arno Fuchs, die die zentralen Einwände gegen die Hilfsschule sowie die Entkräftungsversuche seitens der Hilfsschullehrerschaft widerspiegelt. Die Tatsache, dass die Frage der Hilfsschule nicht mehr in wenig beachteten Fachzeitschriften, sondern in der „Pädagogischen Zeitung", dem Hauptorgan des Berliner Lehrervereins, sowie der vom Deutschen Lehrerverein herausgegebenen Monatsschrift „Die Deutsche Schule“ verhandelt wurde, zeigt, dass sich die Lehrerschaft verstärkt für das Problem der unterrichtlichen Versorgung sogenannter schwachbefähigter Schüler interessierte, ohne sich jedoch bereits ein abschließendes Urteil über die neue Situation der Hilfsschule gebildet zu haben.

Die Bemerkung des Frankfurter Hilfsschullehrers Griesinger, „die Volksschule schätzt die Hilfsschule, weil sie ihr den Ballast abnimmt und ihr dadurch die Bahn zu höheren Zielen frei macht“ (Die Hilfsschule 1912, S. 70), bezeichnet sehr prägnant die für den gesamten Zeitraum charakteristische Haltung der Mehrheit der Volksschullehrerschaft gegenüber der Hilfsschule; die nur vereinzelt von Volksschullehrern formulierten Argumente gegen die Hilfsschule blieben für die Hilfsschulentwicklung der Vergangenheit folgenlos.

Seit Beginn der 1880er Jahre mehrten sich in Hamburg Stimmen, die für die Errichtung von besonderen Klassen für schwachbegabte Kinder eintraten. Vor dem Hintergrund der allgemeinen positiven Würdigung der Hilfsschulbewegung durch die Hamburger Volksschullehrerschaft erschien in der linksliberalen „Pädagogischen Reform“ von 1890 der Aufsatz eines Lehrers Armack, in dem dieser die Einrichtung von Hilfsschulen unter pädagogischem und politischem Aspekt ablehnte. Armack, der sich „gegen jedes Sortieren der Kinder“ wendete, sprach sich gegen die Beschulung der schwächeren Schüler in besonderen Klassen aus, weil sie dem Ideal der allgemeinen Volksschule widersprächen. Armack verurteilte nicht nur die Entlastungsfunktion der Hilfsschule, sondern er meldete auch Zweifel an, ob die Hilfsschule tatsächlich „zum Wohle der Kinder und im Interesse der Eltern“ errichtet werde. Indem er zu bedenken gab, dass „schwache Befähigung recht oft mit ungünstigen häuslichen Verhältnissen zusammenfällt“, verwies er auf den von der Hilfsschullehrerschaft geleugneten bzw. vernachlässigten Zusammenhang von sozialem Milieu und Hilfsschülerstatus (vgl. Armack 1890).

Der Aufsatz von Armack blieb ohne Resonanz in der Hamburger Volksschullehrerschaft. Nach erfolgter Inspektion der Hamburger Volksschulen durch einen Repräsentanten der Schuladministration erfolgte im Jahre 1892 die Gründung einer ersten Hilfsschulklasse in Hamburg – es verwundert kaum, dass sich diese im Stadtteil St. Pauli befand.

Zweifellos größere Beachtung als Armack fand der Berliner Volksschulrektor Otto Hintz mit seiner Gegnerschaft gegenüber den Hilfsschulen. Ähnlich wie Armack argumentierte Hintz pädagogisch und politisch. Zugleich zeigt sich in seiner Kritik eine große Übereinstimmung mit der Position des Berliner Erziehungsdirektors Piper. Nicht anders als Piper, sprach Hintz den Hilfsschulen die Daseinsberechtigung ab, da nach seiner Auffassung wirklich schwachsinnige Kinder in Anstalten bzw. Tagesanstalten besser aufgehoben, schwachbegabte oder nur vernachlässigte Schüler hingegen in der Volksschule zu fördern wären. Der entscheidende Kritikpunkt von Hintz lag in dem Vorwurf, dass die Hilfsschulvertreter nicht wirklich schwachsinnige von schwachbegabten sowie zurückgebliebenen, normal intelligenten Kindern unterschieden und daher grundsätzlich alle

Arten von Schulversagern in ihren Schulen aufnahmen. Eine schulpolitische Alternative zur Hilfsschule lag nach Ansicht von Hintz allein in einer grundlegenden Reform der Volksschulorganisation. Hintz sah das Ideal der allgemeinen Volksschule nur dann verwirklicht, wenn es gelänge, nicht nur die begabten, sondern auch die schwachen Glieder der Volksschule angemessen zu fördern (vgl. Hintz 1897).

Wie die weitere Entwicklung des Berliner Hilfsschulwesens zeigt, vermochten sich weder Piper noch Hintz mit ihrer Kritik durchzusetzen. Auch wenn die Hilfsschulvertreter die Daseinsberechtigung von Hilfsschulen mit eher dürftigen Argumenten gegenüber den Pädagogen und Medizinern der Anstalten sowie den Kollegen aus der Volksschullehrerschaft verteidigten, so blieb doch die von ihnen vertretene Schulpolitik letztlich die erfolgreichere. Arno Fuchs hielt am 20. Mai 1898 einen Vortrag in einer Versammlung von Rektoren, Lehrern und Lehrerinnen des VII. Berliner Schulkreises, der wiederum in der „Pädagogischen Zeitung" abgedruckt wurde und in dem er für die Position der Hilfsschullehrerschaft warb; der erste Erfolg war, dass 1898 sogenannte Nebenklassen in Berlin eingerichtet wurden, die aufgrund des ausbleibenden Erfolges schließlich 1911 in selbstständige Hilfsschulen umgewandelt wurden.

Auch in Braunschweig, der Wiege der Hilfsschulbewegung, gab es Kritik. Dabei war jener Umstand zweifellos besonders delikat, dass der Kritiker Louis Esche von 1884 bis 1890 selbst an der Braunschweiger Hilfsschule unterrichtet hatte und zudem ein Schwager Kielhorns war. Dieser wiederum reagierte in äußerst scharfer und verletzender Form auf den Artikel Esches (vgl. Ellger-Rüttgardt 1981, 81 ff. und 257 ff.). Esche veröffentlichte 1902 einen Artikel mit dem Titel „Ein verhängnisvoller Irrtum auf heilpädagogischem Gebiete" in der „Allgemeinen Deutschen Lehrerzeitung". Auch wenn die Motive Esches für seinen Schritt an die Öffentlichkeit im Dunkeln bleiben, so ist doch bemerkenswert, dass dieser ehemalige Hilfsschullehrer Kritikpunkte anführte, die auch von anderen Kritikern ins Feld geführt wurden. So wies Esche darauf hin, dass man sich „über das Wesen des Schwachsinns ... überhaupt noch nicht klar" ist, dass es keinen prinzipiellen, sondern nur einen graduellen Unterschied zwischen der seelischen Entwicklung eines schwachsinnigen und eines normalen Kindes gäbe, und dass vor allem soziale Faktoren für das Versagen zahlreicher Schüler verantwortlich zu machen seien.

Es ist bemerkenswert, dass die in der Vergangenheit geäußerte Kritik an der Hilfsschule ohne Bedeutung blieb. Vielmehr erfuhr diese Schulform in Deutschland eine rasante Ausbreitung und Vermehrung, woraus zu schließen ist, dass sie nicht nur politisch gewollt war, sondern auch der Mehrheit der Volksschullehrerschaft in ihrem Wunsch nach Homogenität der Schülerschaft und eigener beruflicher Entlastung sehr entgegenkam.

1.4 Demokratischer Aufbruch und neue Entwicklungen in der Weimarer Republik

1.4.1 Allgemeine Schule und Sonderschule

Die seit 1848 von den Volksschullehrern und der Arbeiterbewegung erhobene Forderung nach Demokratisierung des deutschen Schulwesens im Sinne einer Einheitsschule war mit der Novemberrevolution in greifbare Nähe gerückt. Ergebnis zäher Verhandlungen war der 1920 erzielte sogenannte Weimarer Schulkompromiss, der schließlich die Einführung der gemeinsamen vierjährigen Grundschule vorsah; die weiterführende Schule hingegen blieb in ihrer durch äußere Differenzierung gekennzeichneten Struktur weitgehend unangetastet. Der Deutsche Lehrerverein, das bedeutendste Sprachrohr der deutschen Volksschullehrerschaft, legte 1919 sein Schulprogramm zur Einführung der Einheitsschule vor, das auch einen besonderen Passus hinsichtlich der pädagogischen Förderung der verschiedenen Gruppen behinderter Schüler enthielt, womit eine besondere schulische Förderung behinderter Schüler, auch der schwach befähigten, anerkannt war. Die Tatsache, dass dieses Programm die Frage der institutionellen Verankerung sonderpädagogischer Förderung allerdings offenließ, wurde zum Hauptkritikpunkt der organisierten Hilfsschullehrerschaft, deren schulpolitisches Ziel nach wie vor die eigenständige Hilfsschule war.

Vor dem Hintergrund einer „drohenden" Vereinheitlichung des deutschen Schulwesens sah sich die Hilfsschullehrerschaft erneut herausgefordert, das Besondere der Hilfsschularbeit herauszustellen. Die Denkschrift des Hilfsschulverbandes von 1920 ist hierfür ein anschauliches Beispiel, denn sie repräsentiert sowohl die Kontinuität der Bestrebungen der Hilfsschullehrer als auch ihr Bemühen, ihre interessengeleitete und damit ideologische Argumentation zu Lasten einer negativen Beurteilung ihrer Schülerschaft den neuen politischen Verhältnissen anzupassen.

Während die Entwicklung der Sonderschulen für Gehörlose und Blinde eher stagnierte, erfuhr die Hilfsschule auch in der Zeit der Weimarer Republik einen kontinuierlichen Ausbau. Waren am Vorabend des Ersten Weltkrieges 43 000 Hilfsschüler registriert, so belief sich ihre Zahl 1928 bereits auf 71 902 (vgl. Myschker 1969, S. 60 ff.). Mit unverkennbarer Genugtuung schreibt der Verbandsfunktionär und Frankfurter Stadtschulrat August Henze im „Enzyklopädischen Handbuch der Heilpädagogik" von 1934: „Hilfsschulen bestehen gegenwärtig in sämtlichen größeren Orten Deutschlands. Die letzte Statistik von 1927 ergab, daß nur noch ganz wenige Städte mit über 20 000 Einwohnern ohne Hilfsschulen waren" (Bd. 2, Sp. 2657). Dieser ungebremste Aufstieg der Hilfsschule auch zur Zeit der ersten deutschen Republik ist unzweifelhaft darauf zurückzuführen, dass es zum einen während dieses Zeitraums nie zu einer Reichsschulgesetzgebung kam, die über die vierjährige Grundschule hinausgegangen wäre und zum anderen, dass die Protagonisten der Einheitsschule unterschiedliche Modelle verfochten. Während etwa ein Paul Natorp in Anlehnung an das 100 Jahre zurückliegende Unterrichtskonzept Johann Wilhelm Süverns ein stärker egalitäres Schulsystem propagierte (vgl. Natorp 1908; 1914), empfahl und praktizierte der Mannheimer Stadtschulrat Anton Sickinger ein nach „natürlicher Begabung" gegliedertes Schulsystem (Sickinger 1913), in dem die Hilfsschulklassen als dritte Säule neben den Haupt- und Förderklassen einen festen Platz einnahmen. Auch wenn die Hilfsschullehrerschaft sich im Interesse der Eigenständigkeit von dem Förderklassensystem deutlich abzugrenzen trachtete (vgl. Ellger-Rüttgardt 1980, S. 321 ff.), so stimmte sie zumindest in theoretischer Hinsicht Sickingers Prinzip der äußeren Differenzierung uneingeschränkt zu. Anlässlich der 25-jährigen Verbandsgeschichte beschrieb August Henze die Hilfsschulbewegung als Vorreiter moderner schulpädagogischer Theorien im Sinne Sickingers: „Die Hilfsschule war die erste Etappe in der Durchführung der Idee von der Differenzierung unserer Schuljugend nach ihrer Leistungsfähigkeit. 1899 bereits trat Sickinger, diese Idee weiterausspinnend, zum ersten Male mit der Forderung der Förderklassen auf den Plan, zunächst von vielen Seiten und nicht selten leidenschaftlich bekämpft. Und doch forderte er nichts prinzipiell Neues, sondern tat nur auf dem durch die Schaffung der Hilfsschulen beschrittenen Weg einen Schritt weiter" (Henze 1923, 63 f.).

Die Anerkennung, die die Heilpädagogik und das Sonderschulwesen seitens der allgemeinen Pädagogik in der Weimarer Republik erfuhren, war weit verbreitet. Als 1927 in Berlin „Die Heilpädagogische Woche" stattfand (Fuchs 1927), die ein eindrucksvolles Zeugnis für den Entwicklungsstand des Berliner Sonderschulwesens der zwanziger Jahre des vergangenen Jahrhunderts war, hielt kein geringerer als der Ordinarius für Pädagogik an der Friedrich-Wilhelms-Universität, Eduard Spranger, den Festvortrag. Spranger kennzeichnete die Heilpädagogik auf der einen Seite als „vertiefte Pädagogik" und betonte damit das Verbindende von allgemeiner Pädagogik und Heilpädagogik, zum anderen aber verwies er auf ihren besonderen Charakter, begründet durch erschwerte Bedingungen bei der Entwicklung und Bildung „anomaler" Kinder.

1.4.2 Heilpädagogik und Reformpädagogik

Nicht selten wird unter Bezug auf die Weimarer Republik von einer „Blüte der Heilpädagogik" gesprochen. Diese Aussage ist sicherlich zu relativieren, denn sie trifft, wie bereits dargelegt, nur für den Bereich der Hilfsschule zu, kaum jedoch für die Einrichtungen für Sinnesbehinderte. Auch die Erziehung und Bildung geistig Behinderter erfuhr keinen wesentlichen Aufschwung, da es nur vereinzelt sogenannte Sammelklassen an Hilfsschulen gab, das Gros dieser Klientel aber weiterhin in Anstalten untergebracht war. Es ist aber berechtigt, von einer „Blüte der Heilpädagogik" zu sprechen, wenn man an die Vielfalt der neu entstandenen Erziehungs- und Bildungseinrichtungen der 1920er und 1930er Jahre denkt, die nicht selten mit ihrem reformpädagogischen Impetus zahlreiche Berührungspunkte zwischen allgemeiner und spezieller Pädagogik aufwiesen.

Diese Berührungspunkte betrafen aber eher die Praxis, nicht die Theorie, denn die Heilpädagogik als wissenschaftliche Disziplin hatte sich noch nicht wirklich etabliert, bekanntlich wurde die erste ordentliche Professur für Heilpädagogik im deutschsprachigen Raum erst 1930 durch Heinrich Hanselmann in Zürich besetzt. Wie sehr die Heilpädagogik als eine pädagogische Spezialdisziplin noch auf der Suche nach einer eigenen Gestalt war, belegt das „Handbuch der Pädagogik" von Nohl und Pallat, in dem das Gebiet der Heilpädagogik in den verschiedenen Bänden abgehandelt wurde, aber kein gemeinsamer Gegenstandsbereich erkennbar wird.

Theoretische Defizite von Reformpädagogik und Heilpädagogik bewirkten ganz offenbar, dass es mehr zu einem Neben- als zu einem Miteinander von Heil- und Reformpädagogik während der 1920er und 1930er Jahre kam, wobei die nicht überwundene Defizitorientierung der Heilpädagogik nach dem Urteil Hillenbrands hierbei zweifelsohne eine wichtige Rolle spielte: „Aufgrund der gegensätzlichen Grundlagen und Zielsetzungen kommt ein Dialog zwischen Heilpädagogik und Reformpädagogik auf dem Höhepunkt ihrer öffentlichen Wirksamkeit nicht zustande" (Hillenbrand 1994, S. 312). Wie fließend allerdings die Grenzen zwischen allgemeiner und Heilpädagogik in der Praxis oftmals geworden waren, belegt etwa das Wirken von Johannes Trüper, dem Leiter der Erziehungsheime „Sophienhöhe" bei Jena (vgl. Hillenbrand 1994; Bettermann/Schotte 2002).

Angesichts der einvernehmlichen Arbeitsteilung zwischen „Normal"- und Sonderschule verwundert es nicht, dass zur Zeit der Weimarer Republik nur vereinzelt eine kritische Haltung gegenüber der Hilfsschule eingenommen wurde. Dies geschah wiederum in Hamburg, das zu Beginn der Weimarer Republik eine Hochburg der Reformpädagogik zur Einführung der Einheitsschule war (vgl. Milberg 1970; Rödler 1987). Dabei war Hamburg das einzige Land, in dem der Versuch unternommen wurde, das Reformkonzept der Einheitsschule auch auf die höhere Schule zu übertragen, und es war Peter Petersen, der ab 1920 bis zu seiner Berufung nach Jena jene höhere Schule leitete, die den programmatischen Namen „Lichtwarkschule" trug. Im Volksschulwesen hatten sich mit Genehmigung der Schulbehörde nach 1919 einige Versuchsschulen etabliert, die, basisdemokratisch organisiert, ein Konzept von Einheitsschule erprobten, das auf jegliche Auslese verzichtete. Um so bemerkenswerter ist die Tatsache, dass unter dem Druck der praktischen Erfahrung an einer der Versuchsschulen eine Abschulung von mehreren Kindern an die Hilfsschule geschah, was zu einem Disput zwischen Elternvertretern und Pädagogen führte (vgl. Ellger-Rüttgardt 2003, S. 219ff.).

Auch Peter Petersen stand im Rahmen seiner Jena-Plan-Schule der Hilfsschule skeptisch gegenüber, wobei jedoch festzuhalten ist, dass Petersen die Hilfsschule keineswegs grundsätzlich ablehnte. Unter Berücksichtigung der Tragfähigkeit der Gruppe wollte er vor allem jene Kinder in der Volksschule behalten, die er als „Spätentwickler" und „schulmäßig wenig begabte" bezeichnete; sogenannte „pathologische Kinder" hingegen sollten der Heilerziehung zugewiesen werden. Auch wenn Petersens Position gegenüber der Hilfsschule in vielen Punkten unklar blieb und er es damit seinen Kritikern aus den Reihen der Hilfsschullehrerschaft einfach machte, so lässt sich doch als Grundlinie erkennen, dass Peter Petersen für die Schule des Jena-Plans eine größere Toleranz gegenüber schulleistungsschwachen Schülern entwickelte (vgl. Petersen 1927).

Aus dem Kreis der Hilfsschullehrerschaft selbst kommt die Hamburgerin Frieda Buchholz (vgl. Ellger-Rüttgardt 1997; Heimlich 2009, S. 118 ff.), die an der Hilfsschule von Hamburg-Bergedorf von 1936 bis 1937 einen Unterrichtsversuch nach dem Jena-Plan durchführte, der Gegenstand einer Dissertation wurde, die 1939 von Peter Petersen angenommen und veröffentlicht wurde. Bei Frieda Buchholz verwischt die Grenze zwischen allgemeiner und besonderer Pädagogik bis zur Unkenntlichkeit, und damit kann sie als eine direkte Vorläuferin der gegenwärtigen bildungspolitischen Reformbewegung gelten. Sie betrachtete die Hilfsschule lediglich als eine „Notlösung", die bei entsprechender Veränderung der Regelschule durchaus überflüssig werden könnte. Dem Hilfsschulkind schrieb sie – im Unterschied zu ihrem Hamburger Kollegen Fritz Rössel – keine besonderen Seins-Qualitäten zu, und in deutlicher Ablehnung der Position von Alfred Krampf (1936) betrachtete sie das Hilfsschulkind als ein „Normalkind", dessen Schulversagen in erster Linie auf soziale und pädagogische Ursachen zurückzuführen sei. Trotz aller grundsätzlichen Kritik am Schulsystem verlor Frieda Buchholz allerdings nicht den Blick für die Realität. In pragmatischer Einschätzung der Tatsache, dass die von Petersen propagierte schulpädagogische Umgestaltung der Regelschule ein nur langfristig zu verwirklichendes Ziel war, konzentrierte sie sich in ihrer praktischen Arbeit darauf, die innere Struktur der Hilfsschule zu verändern. In Anlehnung an den Jena-Plan führte sie den Gruppenunterricht und den Gesprächskreis ein und bemühte sich um eine bewusste Gestaltung des gesamten Schullebens (vgl. Buchholz 1939).

1.4.3 Internationalität

Der weit verbreitete Wunsch nach Frieden und Völkerverständigung beflügelte nach dem Ersten Weltkrieg auch Pädagogik und Heilpädagogik. Sichtbarer Ausdruck hierfür war das Bemühen um Schaffung eines internationalen Publikationsorgans. Bereits 1905 war die Zeitschrift „EOS" in Wien und Leipzig gegründet worden, die sich bis 1920 am Leben erhalten konnte.

1929 nahm der Wiener Salomon Krenberger, Jude und Weltbürger, einen neuen Anlauf und rief die internationale Zeitschrift „Levana" ins Leben, deren hochgesteckte Ziele im Vorwort zum ersten Jahrgang niedergelegt sind: „Die Vierteljahresschrift 'Levana' soll ... die wissenschaftliche und praktische Arbeit an Blinden, Taubstummen, Idioten, Schwachsinnigen, Sehschwachen, Schwerhörigen Sprachgestörten, Psychopaten und Krüppeln fördern. Ärzte und Lehrer aus der ganzen Kulturwelt werden hier zu Worte kommen und bedeutende Gelehrte und Fachmänner sind Mitarbeiter. Die Beiträge sollen ein Bindeglied sein zwischen den Gleichstrebenden aller Nationen. Die Geschichte jedes Zweiges der Heilpädagogik,

Artikel aus der Praxis, wissenschaftliche Erörterungen der Probleme, Besprechungen sind Teile der neuen Zeitschrift" (Krenberger 1929, S. 2).

Diese Zeitschrift kam über den ersten Jahrgang nicht hinaus. Auch sie wurde ein Opfer der sich zuspitzenden politischen und wirtschaftlichen Krisensituation. Ähnlich erging es den Kongressen für Heilpädagogik, die sich auch an ein internationales Publikum wandten und in den folgenden Jahren stattfanden:

1. Kongress für Heilpädagogik, München 1922
2. Kongress für Heilpädagogik, München 1924
3. Kongress für Heilpädagogik, München 1926
4. Kongress für Heilpädagogik, Leipzig 1928
5. Kongress für Heilpädagogik, Köln 1930.

Mit dem Jahre 1930 enden die Kongresse endgültig. Der Versuch, die internationalen Kontakte nicht abbrechen zu lassen, führte zur Einberufung des 1. Internationalen Kongresses für Heilpädagogik, der kurz vor Ausbruch des Zweiten Weltkrieges und nun auf neutralem Boden stattfand, nämlich in Genf (1939).

Auch die Lehrerverbände suchten den internationalen Austausch. 1927 gründete sich in London die „Internationale Vereinigung der Lehrerverbände", die ihre erste Tagung 1928 in Berlin abhielt. Hier präsentierten sich so namhafte Redner wie der Kultusminister Becker, die Hochschullehrer Kerschensteiner, Scheibner, Fischer und Jöde, Schulreformer wie Glöckel (Wien), Köhne (Hamburg), Karsen (Berlin) und schließlich exponierte Vertreter der Schuladministration und der Lehrerverbände. Über das Sonderschulwesen sprach Schulrat Arno Fuchs, und er demonstrierte damit einmal mehr die einvernehmliche Arbeitsteilung zwischen „Normal- und Sonderschule". Fuchs betonte vor dem Hintergrund der großen Erfolge des Sonderschulwesens und seiner Anerkennung durch die pädagogische Zunft nicht zuletzt auch die Gemeinsamkeiten zwischen Normalschulpädagogik und Sonderschulwesen und die unverzichtbare Rolle, die das Sonderschulwesen auch unter dem Aspekt der ökonomischen Erfordernisse der Gegenwart zu spielen habe. Dabei äußerte er zwar vorsichtige, aber unüberhörbare Kritik an zunehmender ökonomischer und rassenbiologischer Argumentation in der Debatte um die pädagogische Förderung Behinderter (vgl. Fuchs 1928).

1.5 Das Sonderschulwesen in der Zeit des Nationalsozialismus

1.5.1 Die Ideologie

Die NS-Behindertenpolitik war Teil der NS-Gesellschaftspolitik, deren ideologische Quellen sich aus Erbbiologie, Sozialdarwinismus und Rassenhygiene speisten.

In deutlicher Abgrenzung vom Weimarer Wohlfahrtsstaat stand nicht mehr das Individuum im Zentrum sozialstaatlicher Politik, sondern das vermeintliche Wohl der sogenannten Volksgemeinschaft, der sich der Einzelne unterzuordnen hatte. Die praktische Folge war, dass eine Reihe „positiver" sozialpolitischer Reformen wie Gesundheitsfürsorge, Schulgesundheitspflege, Ehestandsdarlehen und Kinderbeihilfen durchgeführt wurden, um die Vermehrung des erbgesunden deutschen Menschen zu befördern. Zugleich wurden „negative" Maßnahmen ergriffen, um all jene, die, wie Behinderte, Sinti und Roma, Juden, aber auch „Asoziale" und „Arbeitsscheue", nicht dem Ideal des charakterstarken, erbgesunden und arischen Deutschen entsprachen, aus dem „Volkskörper" auszusondern.

Es waren zwei „negative" Maßnahmen, die von großer Bedeutung für behinderte Menschen im „Dritten Reich" wurden: die Sterilisation und die sogenannte „Euthanasie". Während die Sterilisation bis weit in bürgerliche, nicht nationalsozialistische Kreise hinein Zustimmung fand, war „Euthanasie" selbst unter Rassenhygienikern und überzeugten Nationalsozialisten keineswegs generell akzeptiert, wodurch erklärlich wird, dass Hitler es nicht wagte, die „Euthanasie" – vergleichbar der Sterilisation – auf eine gesetzliche Grundlage zu stellen, sie stattdessen vielmehr als „geheime Reichssache" organisieren und durchführen ließ.

Mit Einsetzen der Kriegsvorbereitungen vollzog sich der Prozess der innenpolitischen Ausgrenzung aller „minderwertigen" und „fremdrassigen" Staatsbürger. Der „völkische Krieg nach innen" (Dörner et. al. 1980; Sachße/Tennstedt 1992) richtete sich nun gegen Behinderte, Sinti und Roma, Juden, – aber auch jene, die als sozial Auffällige nicht mehr als „Gefährdete" bezeichnet wurden, sondern nun mit den Termini „Asoziale", „Arbeitsscheue" belegt wurden. Hitler äußerte sich über diese Menschen in einem Gespräch von 1941 wie folgt: „Verbrecher, asoziale Elemente, die auch nicht durch Erziehung, Belehrung und Gefängnis auf bessere Wege gebracht werden könnten ... seien Schmarotzer an der gesunden Gesellschaft und lebten nur davon, die ordentlichen Menschen auszubeuten. Man könne von ihnen nicht erwarten, dass sie einen Staat, der Ordnung und Disziplin verlangt, bejahten. Hier könne man nur eines: Sie vernichten. Hierzu habe der Staat ein Recht, denn, wenn auf der einen Seite die wertvollen Menschen an der Front ihr Leben einsetzten, sei es verbrecherisch, die Schurken zu schonen. Man müsse sie beseitigen oder – wenn sie nicht gemeingefährlich seien – in Konzentrationslager sperren, aus denen man sie nicht mehr herauslassen dürfe" (Sachße/Tennstedt 1992, S. 269).

Damit praktizierte der völkische Wohlfahrtsstaat eine biologische Politik, wie sie von zahlreichen Erbbiologen und Rassenhygienikern bereits vor Jahrzehnten gefordert worden war. Ihnen allen gemeinsam war die Überzeugung von der Ungleichheit der Menschen. Diese Überzeugung bildete den Widerpart zu der aus der Aufklärung stammenden Idee von der Gleichheit aller Menschen.

Der Wert behinderter Menschen in „Dritten Reich" bemaß sich nach zwei Kriterien:

- nach dem rassischen Wert und
- nach der gesellschaftlichen Brauchbarkeit, d. h. der Arbeitsfähigkeit.

Die Wertigkeit dieser beiden Kriterien variierte durchaus; entsprechend den jeweiligen Zeitumständen kam ihnen im Laufe des „Dritten Reichs“ eine unterschiedliche Bedeutung zu. So gewann in den einsetzenden Kriegsvorbereitungen der Aspekt der Brauchbarkeit zunehmend an Bedeutung, was nicht selten zu einem Zurückdrängen rein rassistischer Überlegungen und Maßnahmen führte. Die durchaus variierenden Wertschätzungen hatten zur Folge, dass Sonderschulen und ihre Schülerschaft keineswegs per se diffamiert und ausgegrenzt wurden, sondern – sofern zumindest eines der beiden Kriterien erfüllt war – als noch nützliche Glieder der Volksgemeinschaft eingestuft werden konnten. Besonders augenfällig ist dies für die Gruppe der Blinden, Gehörlosen und Körperbehinderten, für die in der Hitlerjugend sogar ein eigener Bann – so der damalige Begriff für eine Untergliederung der NS-Jugendorganisation – gebildet wurde.

Die Praxis der NS-Behindertenpolitik ist durch zwei Maßnahmen gekennzeichnet: die Sterilisation und die „Euthanasie“.

Die gesetzliche Grundlage für die im Nationalsozialismus massenhaft vollzogene Sterilisation bildete das „Gesetz zur Verhütung erbkranken Nachwuchses“ vom 14. 7. 1933, das zum 1. 1. 1934 in Kraft trat und in den folgenden Jahren mehrfach durch verschiedene Ausführungsverordnungen verändert wurde. In seiner theoretischen Begründung deckte sich dieses Gesetz voll mit den Positionen jener Rassenhygieniker, die sich bereits zur Zeit der Weimarer Republik geäußert hatten. Es war aber jetzt der Staat, der dieses rassenhygienische Programm auf seine Fahnen schrieb und in praktische Politik umsetzte.

Die Tendenz, den Personenkreis immer weiter auszudehnen, ist bereits in der ersten Fassung erkennbar. Vor allem der Terminus „angeborener Schwachsinn“ stellte sicher, dass der Personenkreis der zu Sterilisierenden äußerst breit gefasst werden konnte. Höck schreibt zutreffend, dass es die Absicht war, „unter dem Begriff ‘angeborener Schwachsinn’ möglichst alle Störungen von intellektuellen, emotionalen und sozialen Funktionen zusammenzufassen“ (Höck 1979, S. 97).

Die ideologischen Grundlagen für die Forderung nach Lebensvernichtung behinderter Menschen waren längst vor der Zeit des „Dritten Reiches“ formuliert worden. Besonderes Aufsehen und großen Einfluss fand das 1920 von dem Strafrechtler Karl Binding (1841–1920) und dem Psychiater Alfred Hoche (1865–1943) veröffentlichte Buch „Die Freigabe der Vernichtung lebensunwerten Lebens“. Darin bezeichneten die Verfasser geistig Behinderte als „geistig Tote“, „Ballastexistenzen“ und „leere Menschenhülsen“, deren Vernichtung „kein Verbrechen, keine unmoralische Handlung, keine gefühlsmäßige Rohheit, sondern einen erlaubten nützlichen Akt darstellt“ (Binding/Hoche 1920, S. 57). Der Begriff „Euthanasie“ selbst war irreführend, denn „Euthanasie“ im ursprünglichen griechischem Sinne bedeutet „leichter Tod, Erleichterung des Sterbens durch besondere Schmerzlinderung“.

Hitler selbst hatte im Oktober 1939 den Auftrag für ein Vernichtungsprogramm gegeben, indem er den Verantwortlichen eine knappe schriftliche Weisung erteilte: „Reichsleiter Bouhler und Dr. med. Brandt sind unter Verantwortung beauftragt, die Befugnisse namentlich zu bestimmender Ärzte so zu erweitern, daß nach menschlichem Ermessen unheilbar Kranken bei kritischster Beurteilung ihres Gesundheitszustandes der Gnadentod gewährt werden kann. Gez. Adolf Hitler" (Sachße/Tennstedt 1992, 269).

Die Tatsache, dass Hitler diese Weisung auf den 1. 9. 1939, also den Tag des Kriegsbeginns, zurückdatierte, symbolisiert augenfällig den inneren Zusammenhang des Krieges „nach innen und außen" – um einen Terminus von Klaus Dörner (1980) aufzugreifen. Es sei daran erinnert, dass es für das „Euthanasie"-Programm niemals eine gesetzliche Grundlage gab. Es lief vielmehr als „geheime Reichssache", da die NS-Führung Beunruhigung und Opposition in der Bevölkerung sowie negative außenpolitische Reaktionen bei Bekanntwerden der Vorgänge erwartete und befürchtete.

Behinderte Menschen fielen ab 1939 hauptsächlich drei verschiedenen Vernichtungsprogrammen zum Opfer:

- der „Kinderaktion", zynischerweise auch als Aktion „Gnadentod" bezeichnet,
- der „Aktion T 4", die ihren Tarnnamen nach der Adresse der Dienststelle in der Tiergartenstr. 4 in Berlin erhielt und
- der „Sonderbehandlung f 13", deren Bezeichnung auf das Aktenzeichen des Inspekteurs der Konzentrationslager beim Reichsführer SS zurückzuführen ist.

Aufgrund von offiziellen Protesten, vor allem seitens der beiden christlichen Kirchen, kam es 1940 zu einem sogenannten „Euthanasie-Stopp". Da die Verantwortlichen aber sehr genau wussten, was die Nazis von ihnen erwarteten, ging das Morden, die sogenannte „wilde Euthanasie", weiter. Sie dauerte bis zum Kriegsende 1945 fort.

1.5.2 Das Sonderschulsystem

Das Sonderschulwesen blieb während des „Dritten Reiches" zwar weitgehend erhalten, erfuhr aber eher Stillstand und Abbau.

Die zentrale Kategorie des Nationalsozialismus, der Rassismus (vgl. Bock 1991), gilt auch für das NS-Erziehungssystem (vgl. Keim 1995; 1997), das sich, neben der Fortführung pädagogischer Traditionen, nun über neue Kategorien ordnete: „Diese Ordnung reguliert sich zunächst über Prinzipien der Inklusion und Exklusion, und im Kontext von Rassismus und Eugenik tritt für das Erziehungssystem an die Stelle des genuin pädagogischen Begriffs der ‚Bildsamkeit' ... die Kategorie der Rasse und des Völkischen und die damit verbundene These von den ‚Grenzen der Erziehbarkeit'" (Tenorth 2006, S. 35).

Diese „Grenzen der Erziehbarkeit" trafen in besonderem Maße die existierenden Sonderschulen, denn in ihnen befanden sich Schüler, deren rassischer Wert generell auf dem Prüfstand war. Entsprechend der weitgehend unveränderten Grundstruktur des Schulaufbaus erkannte das Reichsschulpflichtgesetz von 1938 zwar auch eine „Schulpflicht geistig und körperlich behinderter Kinder" in Sonderschulen an, aber die 1938 erlassene „Allgemeine Anordnung über die Hilfsschulen in

Preußen" zeigte deutlich, wie sehr gerade die Hilfsschule dem Diktat der „rassischen Grenze" folgte, denn von nun an wurden alle geistig behinderten Kinder der Hilfsschule verwiesen. Der entsprechende Passus lautete:

„5. Ausschulung bildungsunfähiger Hilfsschüler

Kinder, die in zweijährigem Besuch der Hilfsschule auf keinem der für ihre Beurteilung besonders in Betracht kommenden Gebiete, ... wesentlich fortgeschritten sind, sollen als bildungsunfähig aus der Hilfsschule entfernt und der öffentlichen Fürsorge oder privater Betreuung überlassen werden" (Allgemeine Anordnung, 1938).

All jene Behinderte, die weder rassischen Mindeststandards entsprachen noch ein Mindestmaß an gesellschaftlich nützlicher Arbeit leisteten, waren von der totalen „Aussonderung" – und hier ist der Begriff angebracht – bedroht. Eine Personengruppe, die sich gewissermaßen an dieser prekären Nahtstelle zwischen „Nochbrauchbarkeit" und „Minderwertigkeit" befand, waren die Hilfsschüler.

Nach der „Machtergreifung" durch den deutschen Faschismus verstärkten sich zunächst die Angriffe auf die Hilfsschule, wobei im Wesentlichen auf das schon in der Weimarer Republik verwendete Argument der Unrentabilität einer Schule für „Minderwertige" zurückgegriffen wurde. Vor dem Hintergrund einer nach wie vor extrem hohen Arbeitslosigkeit und leerer Haushaltskassen in Ländern und Gemeinden konnten sich jene Gehör verschaffen, die den Hilfsschülern aus Gründen einer für notwendig erachteten stärkeren rassischen Selektion und der favorisierten Elitebildung jegliches Anrecht auf Bildung und Erziehung absprachen. In dem 1933 von dem Rassenhygieniker Martin Staemmler vorgelegten Werk „Rassenpflege im völkischen Staat" liest sich das so: „Auslese heißt Förderung der Hochwertigen und Zurücknahme der Minderwertigen. Will man das treiben, so muß man vor allem eins bedenken: Es gibt kein Recht für alle. Der Hochwertige hat das Recht, gefördert zu werden, der Minderwertige hat es nicht" (Staemmler 1933, S. 45).

Offensichtlich fühlten sich in den ersten beiden Jahren des Nationalsozialismus diverse Schulverwaltungsbehörden durch derartige Feststellungen dazu aufgerufen, die in der Weimarer Zeit begonnenen Hilfsschulstellenkürzungen bzw. die Auflösung von Hilfsschulen weiter voranzutreiben.

Die Anfangsphase der Unsicherheit und der Auflösungstendenzen fand allerdings bald ihr Ende. Ab 1935 lässt sich eine veränderte offizielle Schulpolitik und damit ein erneuter Ausbau des Hilfsschulwesens nachweisen. Es hatte sich offenbar die Erkenntnis durchgesetzt, dass als Alternative zur Hilfsschulerziehung nur die vergleichsweise kostenaufwändige Anstaltsbetreuung oder aber eine „Belastung der Volksschule" durch „Minderwertige" infrage kamen. Damit lag die Lösung des Hilfsschulproblems nicht mehr in der Auflösung dieser Institution, sondern in ihrer Beibehaltung, allerdings verbunden mit deutlich verschlechterten Bedingungen für Schüler und Lehrer. Der Forderung von Staemmler nach einer Umverteilung der Bildungsausgaben zu Lasten der Hilfsschulen wurde damit voll entsprochen. Staemmler nahm 1933 theoretisch die Zielsetzung vorweg, die sich zwei Jahre später durchsetzte, als er meinte: „Man soll schon die Hilfsschule behalten ... aber man darf nicht erwarten, daß mehr als das Notdürftigste bei dieser Bildung herauskommt. Die Klassen kleiner zu machen, als die für Vollwertige und dadurch die Kosten der Schulbildung zu erhöhen, ist Verschwendung, die man nicht verantworten kann" (Staemmler 1933, S. 120).

Dieser Art von „Verschwendung" begegneten die Schulverwaltungen, indem die Klassenfrequenzen drastisch erhöht wurden, und zwar offiziell auf 20 Schüler in der Unterstufe und 25 Schüler in der Oberstufe, wobei die Frequenzen in der Praxis sehr häufig noch überschritten wurden (vgl. Synwoldt 1979, S. 223). Im Vergleich zu 1928 wurde die Zahl der Hilfsschulklassen bis 1938 um 776 auf 3190 Klassen gesenkt, wobei allerdings die Einsparungen aus der Weimarer Zeit zu berücksichtigen sind (vgl. Myschker 1969, S. 72 f.). Gleichzeitig stieg der Anteil der Hilfsschüler an der Gesamtschülerzahl schon in den ersten Jahren des Nationalsozialismus kontinuierlich an. Ausdruck offizieller Bildungspolitik war ein Erlass des Ministeriums für Wissenschaft, Erziehung und Volksbildung vom 6. 7. 1935, der sich erstmals ausführlicher mit der Überweisung von Kindern an die Hilfsschule beschäftigte. Dieser Erlass macht deutlich, dass die Hilfsschule im Nationalsozialismus vor allem als ein Sammelbecken für „erbkranke" Schüler betrachtet wurde, das all jene besuchen sollten, die aufgrund ihrer „erblichen" Minderwertigkeit die Erziehung der „normalen Volksschüler" hemmen könnten.

Nach offizieller Lesart sollte die Hilfsschule nunmehr drei Funktionen erfüllen, wobei nur die erste wirklich neu war:

Die Hilfsschule sollte

- als Sammelbecken für erbkranke Schüler rassenhygienische Aufgaben erfüllen,
- die ökonomische und völkische Brauchbarmachung ihrer Schüler anbahnen,
- die Volksschule von „unnötigem" Ballast entlasten.

Der anfänglich erhebliche Legitimationsdruck auf die Hilfsschule wurde vor allem dadurch verringert, dass der nationalsozialistische Staat relativ schnell damit begann, die von Rassenhygienikern und Sozialdarwinisten schon lange zuvor geforderte „biologische" Politik zu praktizieren und rassenhygienische Maßnahmen zu legalisieren. Kernstück dieser Rassenpolitik bildete das bereits erwähnte Gesetz zur Verhütung erbkranken Nachwuchses (GzVeN) vom Juli 1933, in dessen Folge zahlreiche Sonderschüler sterilisiert wurden und das erst am 28. Mai 1998 vom Deutschen Bundestag als „nationalsozialistisches Unrechtsurteil" aufgehoben werden sollte.

Die traditionelle Entlastungsfunktion der Hilfsschule für die Volksschule, die in der „Allgemeinen Anordnung über die Hilfsschulen in Preußen" an erster Stelle genannt wurde, führte dazu, dass in den folgenden Jahren die Zahl der Hilfsschüler kontinuierlich anstieg. Da der starke Zustrom an Schülern nicht allein mit einer nochmaligen Erhöhung der ohnehin hohen Klassenfrequenzen aufgefangen werden konnte, legte die „Allgemeine Anordnung" ein ehrgeiziges Programm zur Errichtung neuer Hilfsschulen fest: „In jeder Gemeinde, die im Durchschnitt der letzten fünf Jahre nach den Feststellungen der Schulaufsichtsbehörde mindestens 25 für die Hilfsschule in Betracht kommende Kinder gehabt hat, ist in der Regel eine Hilfsschule zu errichten."

Auch wenn die Hilfsschule sich als eigenständige Schulform im „Dritten Reich" behaupten und weiter festigen konnte, so besteht doch kein Zweifel, dass sich ihre Existenzberechtigung einzig und allein durch ihre funktionale Bedeutung für das NS-System legitimierte, nicht jedoch – wie zur Zeit der Weimarer Republik – aufgrund eines Bildungsanspruchs des einzelnen Kindes und Jugendlichen. Die grundsätzlich geringe Wertschätzung der Institution Hilfsschule ist ablesbar an ihren schlechten materiellen Bedingungen, wie räumliche Ausstattung, hohe Klassenfrequenzen und fehlende Qualifizierungsmöglichkeiten ihrer Lehrer. Während in der Weimarer Republik die akademische Lehrerbildung auch für Heilpädagogen in greifbare Nähe gerückt war, wurde die Ausbildung für Sonderpädagogen, insbesondere für Hilfsschullehrer, im „Dritten Reich" weit zurückgefahren. Die Ausbildungskurse wurden eingestellt und nur aufgrund des zunehmenden Lehrermangels ab 1935 wurden noch einige wenige Ausbildungskurse für Hilfsschullehrer organisiert: 1935/36 in München und Berlin und erneut 1941/42 in München.

1.5.3 Die Sonderpädagogen

Nicht anders als alle anderen Lehrerverbände wurden auch die Vereinigungen der Sonderpädagogen „gleichgeschaltet", aufgelöst und in den Nationalsozialistischen Lehrerbund (NSLB) überführt. Dies betraf den „Bund Deutscher Taubstummenlehrer", den „Deutschen Blindenlehrerverein" und auch den „Verband der Hilfsschulen Deutschlands" (VdHD), um nur die Wichtigsten zu nennen. Nach bisherigem Forschungsstand ist davon auszugehen, dass es in keinem dieser erwähnten Verbände nennenswerte Widerstände gegen die Gleichschaltung gab, und zumindest für die Gehörlosen- und Hilfsschullehrer ist nachweisbar, dass es in ihren Reihen Mitglieder gab, die bereits vor 1933 Parteigänger der Nazis waren. Für die Gehörlosenpädagogik benennt Horst Biesold als prominentes Beispiel den Direktor der „Staatlichen Taubstummenanstalt zu Berlin-Neukölln", Gotthold Lehmann, der seit 1924 diese Einrichtung leitete und in seiner Doppelfunktion als Leiter der Ausbildungsgänge für Taubstummenpädagogen zweifellos Einfluss auf deren Einstellung hatte. Nach Biesold war Lehmann schon vor Machtantritt der NSDAP Parteimitglied und spätestens seit 1932 enthielt sein Ausbildungsprogramm auch eugenische Themen. Es überrascht somit nicht, dass Lehmann während des „Dritten Reichs" aktiv die Sterilisationspolitik der Nazis unterstützte (vgl. Biesold 1988, S. 104 ff.). Für die Hilfsschullehrer kann als prominentes Beispiel Martin Breitbarth angeführt werden, der im Prozess der „Gleichschaltung" eine Schlüsselrolle inne hatte (vgl. Ellger-Rüttgardt 1998).

Um auch im „Dritten Reich" Hilfsschule und Hilfsschullehrerschaft zu erhalten, zielten die Bemühungen aller aktiven Hilfsschulpädagogen in der Zeit des Umbruchs auf die Schaffung einer „Fachschaft Sonderschulen" im Nationalsozialistischen Lehrerbund (NSLB), deren Untergliederungen – entsprechend den traditionellen Sonderschulformen – nicht nur die Selbstständigkeit von Hilfsschule und Hilfsschullehrerberuf garantieren, sondern sogar einen Fortschritt in der traditionellen Berufspolitik befördern sollte: die Anerkennung als Sonderpädagogen.

Die neue „Reichsfachschaft V Sonderschulen" im NSLB umfasste die folgenden „Untergliederungen":

1. Taubstummenwesen, Schwerhörigen- und Sprachheilwesen
2. Blindenwesen und Sehschwachenschulen
3. Hilfsschulwesen
4. Anstaltswesen, Krüppelanstalten, Waisenhäuser, Heilerziehungsanstalten (Die deutsche Sonderschule 1934, S. 321).

Der Hauptschriftleiter der neuen Zeitschrift „Die deutsche Sonderschule" wurde Pg. Dr. Karl Tornow, Halle. Mit dieser Konstellation hatten die Hilfsschullehrer nicht nur die Anerkennung als Sonderpädagogen erreicht, sondern durch Besetzung des Schriftleiterpostens sogar die Einnahme einer Spitzenposition innerhalb der Hierarchie der Fachschaft Sonderschulen besetzt. Allerdings verfügten sie in ihrem unmittelbaren Tätigkeitsfeld nicht über die Einwirkungsmöglichkeiten wie die Leiter der Blinden- und Taubstummenanstalten, die, sofern sie überzeugte Nazis waren, ihre Freiräume nutzten, um Zöglinge für ein Sterilisationsverfahren anzuzeigen. Aus diesem Mangel an Einfluss und Macht in der Mitwirkung bei rassenhygienischen Aufgaben erklärt sich der wiederholt unternommene Versuch der NS-Hilfsschulfunktionäre, in den Sterilisationsverfahren gegen Hilfsschüler als Gutachter, Sachverständige und Beisitzer hinzugezogen zu werden (vgl. Tornow 1936) – ein Streben, das bei den politisch Verantwortlichen auf keine Gegenliebe stieß und damit erfolglos blieb.

Verlassen wir die Ebene der offiziellen Berufspolitik der Sonderpädagogen, wie sie durch die Verlautbarungen und Handlungsweisen ihrer Funktionäre repräsentiert wird und wenden uns dem Handeln des einzelnen Pädagogen und der einzelnen Pädagogin zu, so entfaltet sich ein sehr viel bunteres und zugleich weniger überschaubares Bild. Denn die Frage, welche tatsächlichen Auswirkungen staatliche Behindertenpolitik und Positionen der Funktionäre der Fachschaft V des NSLB auf das Handeln einzelner Lehrer hatten, kann nur durch eine alltagsgeschichtliche Annäherung beantwortet werden, für die sich durchaus divergierende Beispiele finden lassen (vgl. Ellger-Rüttgardt 2008, 274 ff.).

1.6 Restauration und Reform nach 1945

1.6.1 Wiederaufbau und Expansion in der BRD

Die westdeutsche Sonderpädagogik der Nachkriegszeit vermied zunächst jeden Bezug zum „Dritten Reich" und ignorierte somit auch den Umstand, dass behinderte Menschen mit zu jenen Personengruppen zählten, die in besonderer Weise unter der Politik der Nazis gelitten hatten. Verdrängung und Tabuisierung des Geschehenen waren vorherrschende Reaktionsmuster, die begleitet waren von dem Wunsch nach Restauration vermeintlich bewährter Ideale und Strukturen der Vor-Nazizeit. Symptomatisch hierfür ist der 1. Verbandstag des neu gegründeten Hilfsschulverbandes von 1949, auf dem der aus Deutschland stammende Schweizer Josef Spieler, ein Sympathisant des „Dritten Reiches" (vgl. Haeberlin 1990; Wolfisberg 2002), das Einführungsreferat hielt. Spielers geradezu beschwörende Erinnerungen an bedeutsame Vertreter der deutschsprachigen Heilpädagogik der Vorkriegszeit standen unter dem Motto: „Wir müssen wieder dort anknüpfen, wo wir 1933 aufgehört haben" (Spieler 1949/50, S. 24). Dabei blieb die von Spieler gegen Ende seines Vortrages getroffene Feststellung „wir können vom Ausland lernen, vor allem nicht zuletzt dort, wo die in Emigration Gegangenen bis heute ungestört weiter arbeiten konnten" inhaltlich vage, da mit keinem Wort des Schicksals auch nur eines Verfemten gedacht wurde. Selbst der Freitod des Nestors der deutschsprachigen Heilpädagogik, Theodor Heller, der als österreichischer Jude 1938 aus dem Leben geschieden war, wurde von Spieler nicht beim Namen genannt. Spieler entsprach zweifellos dem Wunsch seiner Zuhörer nach Vergessen der Vergangenheit, als er das „Dritte Reich" mit folgender Aussage kommentierte: „Die Entwicklungshemmungen durch wirtschaftliche Verhältnisse, geistig-philosophische, weltanschauliche und vor allem politische Strömungen erlauben Sie mir mit Stillschweigen zu übergehen" (a.a.O., S. 17).

Die weitgehende Tabuisierung des „Dritten Reichs" durch die westdeutschen Heilpädagogen der Nachkriegsära spiegelt sich nicht zuletzt auch in der personellen Kontinuität ihrer führenden Repräsentanten wider. Eine Personaldebatte wurde nicht geführt; stattdessen bekleideten durchaus belastete Personen sehr bald wieder wichtige Ämter und Funktionen. In der Person Gustav Lesemanns, des letzten Vorsitzenden des Hilfsschulverbandes vor seiner Auflösung im Jahre 1933, manifestiert sich die personelle Kontinuität von der Weimarer Republik über das „Dritte Reich" bis in die Nachkriegszeit in besonders eindrücklicher Weise. In seinen Lebenserinnerungen, in denen sich Lesemann bezeichnenderweise als Opfer, nicht aber als Täter des „Dritten Reichs" darstellte, sucht man vergeblich irgendeinen Hinweis auf das Leid all derer, die ohne persönliche Schuld tatsächlich Opfer geworden waren (vgl. Lesemann 1969).

Die durch das „Dritte Reich" auferlegte Isolation vom Ausland fand ihren Niederschlag auch in der deutschen Heilpädagogik, die sich nach 1945 in dem Bewusstsein ihrer einst führenden internationalen Position konstituierte, ohne wirklich neue Entwicklungen des Auslandes zur Kenntnis zu nehmen. Eine der seltenen Ausnahmen, die allerdings für den internen Diskurs zunächst wirkungslos blieb, war der Bericht des Münchener Schulrates Anton Ederer über das amerikanische Sonderschulwesen aus dem Jahre 1950.

Dieser Bericht, der mit großem Respekt die amerikanische Entwicklung schildert, gibt Aufschluss über die tiefgreifenden Differenzen zwischen der vorherrschenden restaurativen und demokratiefernen deutschen Heilpädagogik der Nachkriegszeit und der von pädagogischem und demokratischem Optimismus geprägten amerikanischen Sonderpädagogik, deren Fundament die Überzeugung von der Personenwürde auch des behinderten und benachteiligten Menschen war. Hieraus resultierte nach Beobachtung des deutschen Besuchers letztlich auch das Bemühen amerikanischer Schulvertreter, ungeachtet aller Besonderung, ein Höchstmaß an gesellschaftlicher Teilhabe für Behinderte – etwa durch eine stärkere Verbindung von allgemeiner Pädagogik und Sonderpädagogik – zu realisieren. Ederer schrieb: „Ein wesentliches Moment ist ... die absichtlich forcierte Verbindung von Spezialerziehung und Normalerziehung ... man (ist) beinahe ängstlich darum besorgt, daß die notwendige Sondererziehung eines Kindes nicht zu einer Absonderung führe, daß es vielmehr schon während der Schul- und Ausbildungszeit in das Milieu und die Personenkreise hineinwachse, die es später einmal umgeben werden. Uns begegnet hier der einnehmende Gedanke im Bereich der Erziehung und der Demokratie: dem Menschen dazu helfen, daß er sich selbst helfen kann, dem Hilfsbedürftigen hilfreich zu Seite zu stehen, aber nichts unversucht lassen, seine Selbstertüchtigung zu fördern, um ihn so von der Hilfe der anderen unabhängiger werden zu lassen" (1950, S. 10 ff.).

Es dürfte kein Zufall sein, dass es ein Ausländer war, nämlich der Holländer Tom Mutters, der die Initiative zur Gründung der Elternvereinigung „Lebenshilfe für das geistig behinderte Kind" ergriff, die sich 1958 in Marburg/L. konstituierte und die zu einer außerordentlich erfolgreichen Interessenvertretung für Menschen mit einer geistigen Behinderung in der Bundesrepublik wurde. In einer Denkschrift erinnerten die Interessenvertreter an erste Bildungseinrichtungen für geistig Behinderte in den zwanziger Jahren in Deutschland, an die „Diskreditierung aller Fürsorge für den sozial schwachen und hilfsbedürftigen Mitmenschen" im „Dritten Reich" (S. 4), und sie monierten einen zu engen, schulrechtlich fixierten Bildungsbegriff. Demzufolge forderten sie eine Revision des immer noch geltenden Reichsschulpflichtgesetzes von 1938, das in den §§ 6 und 7 die Ausschulung „bildungsunfähiger" Schüler vorsah, und plädierten unter Berufung auf neueste Entwicklungen in verschiedenen ausländischen Staaten für die Einrichtung spezieller Schulen für den bislang vernachlässigten Personenkreis der „lebenspraktisch Bildungsfähigen" (Lebenshilfe für geistig Behinderte e. V. 1958).

Der restaurative Charakter der Rekonstruktionsphase der westdeutschen Sonderpädagogik ist belegt durch eine Fortsetzung der Gültigkeit schulrechtlicher Bestimmungen. Dies betrifft das Reichsschulpflichtgesetz vom Juli 1938, das die Stellung eines eigenständigen Sonderschulwesens im Rahmen des Bildungswesens des „Dritten Reiches" festgelegt hatte, das an den Prinzipien von Leistung und Auslese ausgerichtet war und das die Ausschulung „bildungsunfähiger" Schüler festgelegt hatte.

Die „Allgemeine Anordnung über die Hilfsschulen in Preußen", ebenfalls im Jahre 1938 erlassen, war von der Hilfsschullehrerschaft als ein Meilenstein auf dem Weg zur Anerkennung als eigenständige Sonderschule betrachtet worden. Es überrascht nicht, dass auch in der Nachkriegszeit die Berufspolitik des Hilfsschulverbandes, 1955 umbenannt in Verband Deutscher Sonderschulen, darauf bedacht, diese Eigenständigkeit zu erhalten. Im Juli 1954 veröffentlichte der Verband eine „Denkschrift zu einem Gesetz über das heilpädagogische Sonderschulwesen", in dem der Wunsch nach bundeseinheitlicher Regelung des gesetzlichen Status aller Sonderschulen, vor allem der Hilfsschule, unterstrichen wurde. In dieser Denkschrift betonte der Verband den Charakter der Hilfsschule als einer „Heilpädagogischen Sonderschule“ für schulleistungsschwache Schüler, für die aufgrund ihres Leistungscharakters unverändert die Ausschulung der „bildungsunfähigen Kinder“ gefordert wurde (Verband Deutscher Sonderschulen 1955).

Die Lage der Sonderschulen nach 1945 muss im Vergleich zu anderen Bildungseinrichtungen als besonders katastrophal eingeschätzt werden. Aufgrund der negativen Bewertung behinderter Menschen zur Zeit des Nationalsozialismus war an der materiellen Ausstattung insbesondere der Hilfsschulen allerorten gespart worden. Die kriegsbedingten Schäden und Folgen taten dann ein Übriges: Überall mangelte es an Lehrkräften, Unterrichtsräumen sowie geeigneten Unterrichtsmaterialien. Da während des „Dritten Reiches“ kaum noch Sonderpädagogen ausgebildet worden waren, fehlten vor allem heilpädagogisch qualifizierte Lehrer. Infolge des großen Lehrermangels arbeiteten in den Sonderklassen und -schulen nach Kriegsende in erster Linie ältere, weibliche und nicht ausgebildete Lehrkräfte.

Unterschiede im Aufbau des Sonderschulwesens nach Kriegsende bestanden nicht nur in regionaler Hinsicht, sondern auch in Abhängigkeit von der jeweiligen Sonderschulart. Während Bildungseinrichtungen für Kinder mit einer geistigen Behinderung – von den Anstalten abgesehen – auch in den unmittelbaren Nachkriegsjahren so gut wie nicht existierten, setzte beispielsweise der Wiederaufbau der Schulen und Klassen für schwerhörige Kinder rasch und zügig ein. Anfang der 1950er Jahre war der Vorkriegsstand bereits wieder erreicht, zum Teil sogar überschritten. Auch die Bildungseinrichtungen für Körperbehinderte orientierten sich zunächst am vorherrschenden Modell der Heimunterbringung aus der Vorkriegsära; erst gegen Ende der 1950er Jahre gewann aufgrund der wachsenden Einflussnahme von Eltern die familiennahe Erziehung in Form der Tagesschule zunehmend an Bedeutung.

Einen Höhepunkt in dem Streben der westdeutschen Sonderpädagogik nach ideeller und schulorganisatorischer Abgrenzung, Eigenständigkeit und Expansion stellte das von der Kultusministerkonferenz 1960 vorgelegte „Gutachten zur Ordnung des Sonderschulwesens“ dar. „Die vorgelegten Richtlinien sollen zeigen, wie das Sonderschulwesen den Anforderungen der Zeit gerecht werden kann. Es werden keine Fernziele gesetzt ... Die gesunde Weiterentwicklung des Sonderschulwesens setzt voraus, dass die Eigenständigkeit der Arbeit in den Sonderschulen gewährleistet wird und klare Rechtsgrundlagen geschaffen werden“ (KMK 1960).

Der zum damaligen Zeitpunkt in der Sonderpädagogik angestrebte hohe Differenzierungsgrad fand Berücksichtigung in diesem Gutachten, das immerhin zwölf verschiedene, jeweils eigenständige Sonderschulformen vorsah, wobei die spätere Schule für Geistigbehinderte noch nicht berücksichtigt war:

„Blindenschule
Sehbehindertenschule
Gehörlosenschule
Schwerhörigenschule

Sprachheilschule
Körperbehindertenschule
Krankenschule und Hausunterricht
Hilfsschule
Beobachtungsschule
Erziehungsschwierigenschule
Gefängnisschule (Schule im Jugendstrafvollzug)
Sonderberufsschule (als eigene Schule oder in Verbindung mit anderen Sonderschulen)" (KMK 1960).

Der Wunsch nach Abgrenzung und Eigenständigkeit des gesamten Sonderschulwesens wurde auch von der gleichfalls in Expansion befindlichen wissenschaftlichen Sonderpädagogik gestützt. Prototypisch betonte Klauer nicht nur die Einheit einer „unitas multiplex des Sonderschulwesens", sondern erteilte zugleich allen Bemühungen einer engeren Verbindung von allgemeiner und besonderer Pädagogik eine deutliche Abfuhr: „Daß eine Sonderschule, welche sich hinsichtlich des Schülerguts oder des Bildungsplanes oder der Verfahrensweisen stärker an die allgemeine Volksschule (Normalschule) annähern will, in gleichem Maße ihren Charakter als Sonderschule in Frage stellen kann, liegt auf der Hand. Jene Sonderschullehrer – einerlei welcher Fachrichtung –, die nicht genug tun können, um die Nähe zur allgemeinen Volksschule zu betonen, bemerkten allerdings oft selbst nicht die damit unlösbar gekoppelten Konsequenzen" (Klauer 1964, S. 276).

1.6.2 Die Entwicklung in der DDR

Die verheerenden Folgen nationalsozialistischer Politik gerade für den Personenkreis der Behinderten waren offenbar bewusstseinsprägend für jene Sonderpädagogen der „ersten Stunde", die wie Reinhold Dahlmann und Max Staubesand in Berlin sowie Kurt Prautzsch in Halle maßgeblich am Aufbau des Sonderschulwesens in der sowjetischen Besatzungszone und späteren DDR beteiligt waren. Rückblickend schreibt der Sonderpädagoge A. Breitsprecher im Jahre 1971: „Es war kein leichtes Erbe, das die ‚Aktivisten der ersten Stunde' im Sonderschulwesen in den Maitagen des Jahres 1945 antraten. Sie hatten nicht nur die Trümmer aus den Klassenzimmern zu beseitigen, sondern auch eine neue Sonderschule aufzubauen, eine Schule, die ihre Aufgabe darin sah, die Kinder und Jugendlichen für ein Leben in Frieden zu bilden und zu erziehen. Beide Aufgaben waren äußerst schwierig zu lösen. Es fehlte an den einfachsten Dingen, wobei die materiellen Schwierigkeiten noch leichter zu überwinden waren als manche Vorbehalte gegenüber dem Geschädigten, die sich als Folge jahrelanger faschistischer Beeinflussung bei Eltern und Lehrern herausgebildet hatten" (Breitsprecher et. al. 1971, S. 10ff.).

Es waren zweifellos die historischen Erfahrungen der menschenverachtenden Behindertenpolitik des Nationalsozialismus und das damit verbundene Bestreben einer selbstlegitimierenden Abgrenzung gegenüber dieser Epoche deutscher Geschichte, die bewirkten, dass die Interessen behinderter Schüler von Anfang an

Eingang in die allgemeinpädagogische Debatte um den Bildungsaufbau in der Ostzone fand. So enthielt das „Gesetz zur Demokratisierung der deutschen Schule“, das 1946 in allen Ländern der Ostzone in Kraft trat und nach den Grundsätzen von Einheitlichkeit, Staatlichkeit und Weltlichkeit gestaltet war, bereits einen Hinweis auf das Sonderschulwesen, wo es in § 6a im Hinblick auf Schulverwaltung und Schulaufsicht heißt: „Die Leitung und Aufsicht über alle Arten von Schulen und Erziehungsanstalten (Kindergärten, Kinderheime, Sonderschulen für Blinde, Taube, Körperbehinderte, schwer Erziehbare u. a.) wird nach Richtlinien der deutschen Verwaltung für Volksbildung in der Sowjetischen Besatzungszone durch den Präsidenten des Landes ausgeübt“ (Baske/Engelbert 1966, I, S. 26).

Die Verhandlungen auf dem 2. Pädagogischen Kongress in Leipzig 1947 verdeutlichen die Beweggründe für die Aufnahme des Paragrafen 6 in das Schulgesetz von 1946. Es war der Leiter der Deutschen Zentralverwaltung Paul Wandel, der die angemessene Berücksichtigung der Sonderschulen unter historisch-legitimatorischem Aspekt einforderte: „Eine erste Verbesserung gelang uns auf dem Gebiete des Sonder- und Hilfsschulwesens. In der ersten Zeit erwiesen sich die Sonderschulen als stark vernachlässigt. Die Überwindung dieses Rückstandes war sehr schwer, da oft hundertprozentig die Lehrkräfte in der NSDAP organisiert waren. Es fehlte nicht an Hinweisen, daß diese Sonderschulen im Hinblick auf vordringlichere Arbeiten noch etwas zurückgestellt werden müßten. Obwohl es um eine kleinere Gruppe von Kindern ging, konnten wir einen solchen Standpunkt aus grundsätzlichen Erwägungen nicht teilen und hielten es für geboten, möglichst rasch eine nennenswerte Verbesserung herbeizuführen. Diese Erwägungen bestehen darin, daß wir uns nachdrücklich von der nazistischen Mißachtung dieser so schwer vom Schicksal Betroffenen abwenden müssen. Die Meisterung gerade dieser Aufgabe erschien uns insofern auch als ein Beweis für die Aufrichtigkeit und Realität unseres neuen Humanismus“ (Wandel 1947, S. 16 f.). Die Versammlung nahm eine Entschließung an, in der bereits detailliert Aufbau und Weiterentwicklung des Sonderschulwesens festgelegt wurden, wobei der hohe Grad an Differenziertheit an die Entwicklungen der Weimarer Republik erinnert.

Bereits 1947 wurde das Referat für Sonderschulen in der Schulabteilung der Deutschen Verwaltung für Volksbildung gegründet. Ein erstes Arbeitsergebnis dieses Referats waren die Ende 1947 veröffentlichten Ausführungsbestimmungen zum § 6 des Gesetzes zur Demokratisierung der deutschen Schule, die die Arten der Sonderschulen sowie Kriterien und Zeitpunkt für das Aufnahmeverfahren in die jeweiligen Sonderschulen festlegten. In deutlicher Anspielung auf die Verhältnisse der Vergangenheit wurde darauf hingewiesen, dass Kinder nur dann in die Hilfsschule aufzunehmen seien, wenn „die Ursachen in erheblichen Defekten des Kindes selbst liegen“, wodurch man glaubte sicherstellen zu können, dass die Hilfsschule ihren Charakter als Armenschule ablegen werde (Referat für Sonderschulen 1947, S. 18).

Nur zwei Jahre nach Kriegsende wurden Maßnahmen zur Ausbildung von Sonderpädagogen an den Universitäten von Berlin (1947/48) und Halle (1949) eingeleitet, die in Anknüpfung an Reformbestrebungen der Weimarer Republik für alle Gruppen von Sonderpädagogen als akademische Ausbildung konzipiert wurden (vgl. Ellger-Rüttgardt/Wachtel 2010). Damit war in der sowjetischen Besatzungszone in der Tat das lang umkämpfte Ziel einer Gleichstellung der Hilfsschullehrer mit den übrigen Sonderschullehrern gesellschaftliche Praxis geworden. Becker schreibt zu Recht: „Zum ersten Mal in der deutschen Geschichte setzte damit die einheitliche akademische Ausbildung für alle Sonderschullehrer ein“ (Becker u. a. 1984, S. 62); die erste Studienstätte für Sonderpädagogik im westlichen Teil Deutschlands war Marburg, wo im Wintersemester 1955/56 mit der Sonderschullehrerausbildung begonnen wurde (vgl. Heese 1962; Gerber u. a. 1987) – nahezu zeitgleich mit Köln, wo am 14. Januar 1956 das „Heilpädagogische Institut Köln“ den Studienbetrieb aufnahm (vgl. Jussen 2006).

Ungeachtet der geschilderten positiven Momente, repräsentiert durch den raschen Aufbau von Sonderschulen, ihre Einbeziehung in das Bildungswesen sowie die Etablierung der akademischen Lehrerbildung für alle Sonderpädagogen, deuteten sich bereits in den ersten Nachkriegsjahren negative Tendenzen an, die sich zum einen in dem ungebrochenen Ausschluss sogenannter „bildungsunfähiger“ Kinder aus dem allgemeinen Bildungswesen und zum anderen in den zunehmenden Repressalien gegenüber den Traditionen einer „bürgerlichen“ Reformpädagogik manifestierten. Die von der SED diktierte Schulpolitik bekam auch bald die „Sophienhöhe“ zu spüren, die 1955 verstaatlicht wurde und schließlich 1966 endgültig ihre Tore schließen musste (vgl. Bröse 2001; Bettermann/Schotte 2002). Die Zeitzeugin Senta Sergel erwähnt in ihren Erinnerungen das bittere Ende dieser einst international berühmten Erziehungsanstalt: „Ein trauriges Kapitel war allmählich die politische Lage. Wie ein Damoklesschwert schwebte die Schließung des Heimes über uns. Nach jeden Ferien fehlte eine Erzieherin oder ein Erzieher, sie waren im Westen geblieben. Frau Digutsch und ein Gärtnergehilfe wurden verhaftet, ich von der Stasi verhört, weil Frau Digutsch in meinem Haus gearbeitet hatte. Der Chef wurde öfter nach Berlin gerufen und wir bangten jedes Mal, ob er überhaupt wiederkäme. Der Betrieb lief unter großen Schwierigkeiten weiter. Friedmar (der Sohn Trüpers, S. E. R.) konnte uns zeitweise unsere 100 Mark Gehalt nicht auszahlen. Franz Langer fotografierte noch alles im Heim, um es für später festzuhalten. Ihm haben wir dadurch viele schöne Fotos zu verdanken. Wir waren alle davon überzeugt, daß das Heim nicht mehr lange bestehen würde. Und einmal, 1954, kam auch ich nicht wieder“ (Bettermann/Schotte 2002, S. 115 f.).

Der Ausschluss geistig Behinderter wurde gesetzlich verankert im Schulgesetz für Groß-Berlin vom 1. 6. 1948, in dem das eingeschränkte Bildungsrecht für Schwerstbehinderte in den Punkten 6 und 8 festgeschrieben wurde und das in fataler Weise an das Reichsschulpflichtgesetz von 1938 erinnerte. Die entsprechenden Passagen lauten: „Kinder mit geistigen, körperlichen und sittlichen Ausfallerscheinungen und Schwächen, die aber noch bildungs- und erziehungsfähig sind, werden besonderen Schulen und Heimen zugewiesen (Hilfsschulen, Sonderschulen für Schwererziehbare, Blinde, Taubstumme, Krüppel usw.) ... Bildungsunfähige Kinder und Jugendliche sind von der Schulpflicht befreit“ (Köhlitz 1949, S. 20 f.).

Wie bereits an der Periode der sowjetischen Besatzungszone deutlich wurde, können Aufbau und Entwicklung des Bildungswesens für behinderte Kinder und

Jugendliche in der DDR nicht isoliert von Theorie und Struktur des allgemeinen Bildungswesens betrachtet werden, das wiederum durch direkte ideologische Vorgaben von SED und Staatsorganen geprägt war. Diese enge Verbindung zwischen staatlicher Ideologie, allgemeiner Pädagogik und einer Pädagogik der Geschädigten entsprach dem Selbstverständnis führender Repräsentanten, wie sie etwa in den folgenden Ausführungen zum Ausdruck kommt: „Das Bildungswesen Geschädigter ist fester Bestandteil des sozialistischen Bildungswesens. Die allgemeingültigen Grundsätze sind auch für die Bildung, Erziehung und Rehabilitation Geschädigter voll gültig.... Geschädigte sind gleichberechtigte Mitglieder unseres Staates. Die sozialistische Gesellschaft schafft vielfältige Bedingungen, daß Geschädigte ihrem verfassungsmäßigen Recht auf Bildung sowie der Pflicht zur Bildung nachkommen können" (Becker/Greenberg 1987, S. 53).

Im Jahre 1955 gaben Käthe Winde, Klaus-Peter Becker und Lothar Hammer im Auftrag des Ministeriums für Volksbildung das Heft „Organisation des Sonderschulwesens in der Deutschen Demokratischen Republik" heraus, das als Probenummer für die ab 1956 erscheinende Zeitschrift „Die Sonderschule" konzipiert war. Neben der stolzen Bilanzierung bisheriger Erfolge im Bereich des Sonderschulwesens diente diese Schrift vor allem der verstärkten „ideologischen Offensive", wie sie während dieser und der folgenden Jahre in allen gesellschaftlichen Bereichen der DDR gegenüber nichtsozialistischen Ländern, vor allem der alten Bundesrepublik, geführt wurde. So heißt es in dieser Broschüre von 1955 im Hinblick auf das Sonderschulwesen in der Bundesrepublik: „Die Entwicklung des Sonderschulwesens in der Deutschen Demokratischen Republik wird ... nur dann richtig verstanden werden können, wenn der grundlegende qualitative Unterschied erkannt wird, der zwischen dem Sonderschulwesen in einem kapitalistischen Staat und dem in einem Staate der Arbeiter und Bauern besteht. Es ist ein Unterschied, der auf der Grundlage der verschiedenen ökonomischen Strukturen der Gesellschaft, der verschiedenen Produktionsverhältnisse in diesen beiden Staatstypen gesehen werden muß. Betrachten wir... aus dem Zusammenhang dieser gesellschaftswissenschaftlichen Darlegungen heraus das Sonderschulwesen in einem kapitalistischen Staat, so müssen wir erkennen, daß es in diesem Staat für das Sonderschulwesen keine allseitige Entwicklung geben kann. Der kapitalistische Staat besitzt als Ausbeuterstaat keine wirtschaftlich-organisatorische und keine kulturell-erzieherische Funktion" (Winde et. al. 1955, S. 5).

In den 1950er Jahren wurden neben den gesetzlichen und organisatorischen auch die qualifikatorischen Voraussetzungen für den Ausbau und die Differenzierung des Sonderschulwesens geschaffen. Analog der Verordnung über die Neuregelung der Ausbildung der Lehrer und anderer pädagogischer Kräfte für die allgemeinbildende Schule erließ das Ministerium für Volksbildung 1958 eine „Anordnung über die Ausbildung von Lehrern, Erziehern und Kindergärtnerinnen für Sonderschulen", die dem Ziel einer qualitativen Verbesserung des Sonderschulwesens dienen sollte.

In den 1960er Jahren „setzte sich der Differenzierungs- und Konzentrationsprozess" (Becker et. al. 1984, 73) des Sonderschulwesens weiter fort. Das „Gesetz über die sozialistische Entwicklung des Schulwesens in der Deutschen Demokratischen Republik" von 1959, das vor allem die zehnklassige allgemeinbildende polytechnische Oberschule, die Durchsetzung der polytechnischen Bildung sowie die stärkere Berufsvorbereitung auf das Berufsleben beinhaltete, galt gleichermaßen für das Sonderschulwesen. So führte die Einführung der zehnklassigen Oberschule auch in den Sonderschulen zu einer Steigerung der Leistungsanforderung, was sich besonders in den Hilfsschulen niederschlug, die nun – entsprechend der individuellen Leistungsfähigkeit ihrer Schüler – in A-, B- und C-Züge untergliedert wurden.

Mit der „Fünften Durchführungsbestimmung zum Gesetz über das einheitliche sozialistische Bildungssystem" von 1968 erhielt das Sonderschulwesen jene Gestalt, die es – abgesehen von einigen Modifikationen – bis zum Ende der 1980er Jahre beibehielt. Es stellte sich dar – so Becker – „als ein differenziertes, aufeinander abgestimmtes System..., das nach den Kategorien der Geschädigten gegliedert ist und Vorschulteile, allgemeinbildende Schulen und Berufsschulteile bzw. -klassen als notwendige Bestandteile umfaßt" (Becker u.a. 1984, S. 81). Die für die Sonderschulen ebenfalls gültige Bezeichnung „Allgemeinbildende polytechnische Oberschule" galt allerdings nicht für die Hilfsschule und auch nicht für die Gehörlosenschule; ihr Bildungsangebot war auf jeweils acht Schuljahre begrenzt worden.

Eine Umstrukturierung des Hilfsschulwesens geschah 1972, als die bestehende Dreizügigkeit zugunsten einer Zweizügigkeit in A- und B-Kurse zurückgenommen wurde, da sich der hohe Differenzierungsgrad in der Praxis nicht durchsetzen ließ. Außerdem hatten der Ausbau der Hilfsschulen und der Anstieg der Schülerzahlen zu dem Vorwurf geführt, dass die Hilfsschule keinesfalls nur schwachsinnige Kinder aufnehme. Die Konsequenz war, dass mit der „Fünften Durchführungsbestimmung" von 1968 der Richtwert des Hilfsschüleranteils an der Gesamtschülerpopulation von etwa 3 auf 2,5 Prozent gesenkt wurde, wodurch ab den 1970er Jahren ein tatsächlicher Rückgang der Schülerzahlen erreicht wurde.

Die offizielle Linie des Ausschlusses geistig behinderter Kinder aus dem Bildungswesen wurde bis zum Ende der DDR weitgehend beibehalten, auch wenn seit den 1970er Jahren geistig behinderte Kinder und Jugendliche zunehmend in „rehabilitationspädagogischen Förderungseinrichtungen" pädagogisch betreut wurden; ein nicht genau zu bestimmender Prozentsatz „imbeziler und idiotischer Kinder" erhielt allerdings überhaupt keine pädagogische Förderung und wurde in Anstalten sowie in Pflege- und Altenheimen untergebracht. Es waren vor allem die christlichen Kirchen, die sich frühzeitig diesem Personenkreis zuwandten und Bildungseinrichtungen für jene schufen, die der Staat ausgesondert hatte (vgl. Ellger-Rüttgardt/Wachtel 2000). Dabei ist davon auszugehen, dass der Ausschluss geistig Behinderter von Bildungsprozessen seitens der Fachleute zumindest offiziell keine Kritik erfuhr. So liest man noch 1987 in dem Handbuch der Sonderpädagogik, Bd. 11, in dem von Klaus-Peter Becker verfassten Artikel über die DDR Folgendes: „Nach der Ausprägung der physisch-psychischen Schädigung und der daraus resultierenden Bildungsfähigkeit werden Intelligenzgeschädigte in Subkategorien unterteilt: schulbildungsfähige Intelligenzgeschädigte, schulbildungsunfähige förderungsfähige Intelligenzgeschädigte, schulbildungsunfähige förderungsunfähige Intelligenzgeschädigte“ (Becker 1987, S. 123) – hinter diesem letzten Wortungetüm stand der alte Begriff „bildungsunfähig“.

Im Unterschied zur Bundesrepublik Deutschland, in der das System der pädagogischen Förderung für behinderte Kinder und Jugendliche in den 1970er Jahren durch eine nachhaltige Legitimationskrise erschüttert wurde, erfuhr das Sonderschulwesen der DDR seit 1949 weder in seiner ideologischen Begründung und Absicherung noch in seiner organisatorischen Ausgestaltung vergleichbare tiefgreifende Veränderungen. Die Geschichte des sonderpädagogischen Bildungswesens der DDR weist in ihrem vierzigjährigen Verlauf durchaus Veränderungen und partielle Neuorientierungen auf, insgesamt jedoch repräsentiert sie eine hohe Kontinuität und Gleichförmigkeit der sie charakterisierenden Grundstrukturen (vgl. Ellger-Rüttgardt 1998 a; Werner 1999).

1.6.3 Die „Integrationsbewegung“ seit den 1970er Jahren

Der eindrucksvolle Ausbau des Sonderschulwesens in den 1960er und 1970er Jahren erfolgte weitgehend ohne Bezug zur allgemeinbildenden Schule. Es waren erneut Impulse aus dem Ausland, vor allem den skandinavischen Ländern und Italien, die eine Reformbewegung in der westdeutschen Behindertenpädagogik auslösten, die nun die Forderung nach gemeinsamem Unterricht von behinderten und nicht behinderten Schülern auf ihre Fahnen schrieb. Dies alles geschah vor dem Hintergrund gesamtgesellschaftlicher Reformbestrebungen, die auch ihren Niederschlag in der Pädagogik fanden.

Der durch die 1968er Studentenrevolte ausgelöste Ruf nach Demokratisierung der westdeutschen Gesellschaft führte in der Pädagogik erneut zu der Forderung nach Überwindung des dreigliedrigen Schulwesens und zur Einführung von Gesamtschulen, deren Hauptziele die Herstellung von gleichen Bildungschancen vor allem sozial unterprivilegierter Kinder, eine weitgehende Vermeidung früher Ausleseprozesse und Laufbahnentscheidungen, eine Ausschöpfung von Bildungsreserven sowie eine Reformierung von Lerninhalten und -methoden waren. Sozialkritische Argumentation und pädagogische Forderungen fanden ihre theoretische Begründung in einem gewandelten Begabungsbegriff. Das auch im Bereich der Sonderpädagogik viel beachtete Gutachten des Deutschen Bildungsrates „Begabung und Lernen“ bewirkte eine Revolutionierung des bislang vorherrschenden statisch-biologischen Begabungsbegriffes: „Begabung ist nicht nur Voraussetzung für Lernen, sondern auch dessen Ergebnis. Heute erkennt man mehr als je die Bedeutung der kumulativen Wirkung früher Lernerfahrungen, die Bedeutung der sachstrukturell richtigen Abfolge der Lernprozesse, der Entwicklung effektiver Lernstrategien, kurz: die Abhängigkeit der Begabung von Lernprozessen und die Abhängigkeit aller Lernprozesse von Sozialisations- und Lehrprozessen“ (Deutscher Bildungsrat 1969, S. 22).

Der nur ein Jahr später veröffentlichte „Strukturplan für das Bildungswesen" berief sich ausdrücklich auf die „Resultate der modernen Begabungsforschung" sowie auf die bildungspolitische Diskussion um die Gesamtschule. Aber symptomatisch für die seit dem „Dritten Reich" existierende Distanz zwischen allgemeiner Pädagogik und Sonderpädagogik war die fehlende Berücksichtigung der Sonderschule im Strukturplan. Und so waren es Vertreter der Sonderpädagogik, die anmahnten, dass in der Diskussion um eine Bildungsreform, insbesondere in der Frage einer zukünftigen Gesamtschule, die Sonderschule bislang nicht berücksichtigt worden war.

Auch wenn es bereits zum damaligen Zeitpunkt erste Bemühungen um eine integrative Unterrichtung beispielsweise blinder Kinder gab, so konzentrierte sich die einsetzende bildungspolitische Diskussion um das Verhältnis von Sonderschule und Gesamtschule doch zunächst vorrangig auf den Personenkreis der lern- und verhaltensauffälligen Kinder. Die „Entdeckung" der Relativität von Behinderung, der großen Bedeutung sozialer Faktoren bei der Entstehung von Schulversagen und Verhaltensauffälligkeiten ließen besonders jene Schüler in den Mittelpunkt sonderpädagogischer Reformdiskussionen rücken, die als „sozio-kulturell benachteiligte" Schüler (Begemann 1970) bezeichnet wurden und für die durch die Aufnahme in eine Gesamtschule sowohl bessere Lernbedingungen als auch größere soziale Gerechtigkeit verwirklicht werden sollten.

Für diese Phase der Reformdiskussion in der Sonderpädagogik ist charakteristisch, dass sich ihre Protagonisten explizit auf ausländische – vor allem skandinavische – Vorbilder beriefen; damit wurde erstmalig in nennenswerter Weise die weitgehende Abstinenz gegenüber ausländischen Erfahrungen aufgegeben. Zugleich richteten reformorientierte Sonderpädagogen Bedenken und Forderungen an die Adresse einer zukünftigen Gesamtschule, die in der weiteren Debatte um die schulische Integration behinderter Kinder und Jugendlicher nicht immer genügend Beachtung finden sollten. So verwies Eberwein auf den Umstand, dass die mangelnde Integration von Behinderten zuallererst an den Nichtbehinderten liege und dass daher die Gesamtschule aufgerufen sei, durch veränderte Formen der Differenzierung eine drohende Isolierung der Leistungsschwächeren zu vermeiden: „Von seiten der Behindertenpädagogik liegt die entscheidende Forderung an eine soziale Gesamtschule darin, ihre pädagogischen Möglichkeiten zu nutzen, Wege zu eröffnen für das Zugehörigseinkönnen jener Menschen, die im besonderen Maße auf die Rücksicht und mitmenschliche Hilfe anderer angewiesen sind" (Eberwein 1970, S. 317). Aber nicht nur eine „soziale Gesamtschule" wurde gefordert, sondern zugleich auf die Vielfalt noch ungelöster pädagogischer Probleme verwiesen, wie dem fehlenden Unterbau durch eine Vor- und Grundschule, der zu starken Betonung äußerer Differenzierung und schließlich den unübersehbaren Nachteilen einer rein additiven Verbindung von Gesamt- und Sonderschule.

Die Debatte um Demokratisierung der Schule und gleiche Bildungschancen erschütterte Ende der 1960er Jahre auch das auf Eigenständigkeit angelegte Sonderschulwesen. Während die Möglichkeit einer integrativen Beschulung von Kindern mit einer geistigen Behinderung sowie schweren Sinnes- und Körperbehinderungen zu diesem Zeitpunkt entweder verneint wurde oder nur in additiver Form vorstellbar schien, erhoffte eine zunehmende Zahl von Sonderpädagogen für die Gruppe der Lern- und Verhaltensauffälligen eine bessere Förderung im Rahmen der sich neu etablierenden Gesamtschule. Die dabei zugleich geäußerte Skepsis, ob die Gesamtschule aufgrund systemimmanenter Strukturschwächen in der Lage sein werde, unter sozialem und pädagogischem Aspekt dieser besonderen Personengruppe tatsächlich gerecht zu werden, sollte sich durch die Praxis der einsetzenden Schulversuche als durchaus berechtigt erweisen.

Die seit den 1970er Jahren in der Behindertenpädagogik geführte Debatte um eine gemeinsame Erziehung behinderter und nicht behinderter Kinder ist ohne die Bildungsratsempfehlung von 1973 nicht vorstellbar. Diese Empfehlung, die als Nachtrag zum Strukturplan von 1970 als eine „Art Strukturplan für die pädagogische Förderung behinderter und von Behinderung bedrohter Kinder und Jugendlicher" konzipiert wurde, läutete einen Wendepunkt in der westdeutschen Sonderpädagogik ein, indem sie mit der Tradition eines separaten Sonderschulwesens brach und stattdessen als neues Ziel die gemeinsame Erziehung behinderter und nicht behinderter Kinder propagierte. Ausgehend von der zum damaligen Zeitpunkt vorherrschenden Überzeugung, dass behinderten Kindern „in abgeschirmten Einrichtungen am besten geholfen werden könne", stellten die Kommissionsmitglieder demgegenüber fest: „Die Bildungskommission folgt dieser Auffassung nicht. Sie legt in der vorliegenden Empfehlung eine neue Konzeption zur Förderung behinderter und von Behinderung bedrohter Kinder und Jugendlicher vor, die eine weitmögliche gemeinsame Unterrichtung von Behinderten und Nichtbehinderten vorsieht und selbst für behinderte Kinder, für die eine gemeinsame Unterrichtung mit Nichtbehinderten nicht sinnvoll erscheint, soziale Kontakte mit Nichtbehinderten ermöglicht. Damit stellt sie der bisher vorherrschenden schulischen Isolation Behinderter ihre schulische Integration entgegen" (Deutscher Bildungsrat 1973, S. 15 f.).

Begründet wurde die neue bildungspolitische Zielsetzung mit der sozialpolitischen Annahme, dass durch die Vermeidung von Ausleseprozessen im Schulwesen eine bessere gesellschaftliche Eingliederung behinderter Menschen zu erreichen sei, womit am ehesten dem Anspruch eines demokratischen Sozialstaats entsprochen werde. Der Vorsitzende des Ausschusses „Sonderpädagogik" der Bildungskommission, der Nicht-Sonderpädagoge Jacob Muth formulierte die neue Leitidee der schulischen Integration wie folgt: „Vorrangig wird es darauf ankommen, daß die Behinderten von den Gesunden oder Nichtbehinderten human angenommen, akzeptiert werden. Diese humane Annahme ist nur in Lernprozessen für die Nichtbehinderten erreichbar. In ihnen muß zuerst das Informationsdefizit der Nichtbehinderten überwunden werden" (Muth, 1973, S. 264).

Die stark von der Entwicklung in Skandinavien geprägte Empfehlung stellte unter Berufung auf die im Strukturplan benannten zentralen Aspekte der horizontalen Gliederung, der Individualisierung der Lernanforderungen sowie der Bedeutung früher Lernprozesse die Bereiche der Frühförderung und der schulischen Förderung in den Mittelpunkt ihrer Erörterungen. So wurde der Elementarbereich um den Frühbereich ergänzt, um eine drohende bzw. entstehende Behinderung abzuwenden oder zu mildern. Kernstück der schulischen Förderung war das „Kooperative Schulzentrum", das idealtypisch drei unterschiedliche Organisationsformen umfassen sollte:

- den Besuch eines behinderten Kindes in der allgemeinen Schule mit möglichen zusätzlichen behinderungsspezifischen Hilfen (sog. volle Integration),
- die partielle Teilnahme eines behinderten Kindes an ausgewählten Unterrichtsfächern der allgemeinen Schule bei gleichzeitigem separaten Unterricht (sog. Teilintegration),
- den Besuch eines behinderten Kindes in Sonderklassen oder Sonderschulen, die jedoch durch gemeinsame Aktivitäten wie Feste und Freizeitunternehmungen in enger Kooperation mit der allgemeinen Schule arbeiten sollen.

Die durch die Bildungsratempfehlung erzeugte Wirkung fand ihren Niederschlag zum einen in der Initiierung von Modellversuchen zur gemeinsamen Erziehung behinderter und nichtbehinderter Kinder, wobei der Fläming-Grundschule in Berlin als erstem Schulversuch (1975) eine besondere Schlüsselstellung zukam. Gleichzeitig entstand auf der theoretischen Ebene in den 1970er Jahren ein zunehmend ideologischer Streit um die Frage nach der richtigen Organisationsform für die pädagogische Förderung behinderter Schüler. War in der Diskussion um das Verhältnis von Sonderschule und Gesamtschule sowie in der Bildungsratempfehlung noch von flexiblen, auf die jeweiligen individuellen Bedürfnisse des einzelnen Kindes abgestellten Organisationsformen die Rede gewesen, so wurde nun bei der Bestimmung der Leitidee von Integration von einigen Vertretern eine Identität von Weg und Ziel und damit die Abschaffung der Sonderschule gefordert.

Nach mehreren Jahrzehnten praktischer Erprobung neuer Unterrichtsformen war die KMK-Empfehlung von 1994 ein wichtiges Dokument auf dem Weg zu mehr gemeinsamem Unterricht von behinderten und nicht behinderten Schülern, da sie den Blick von der Institution auf die einzelne Person lenkte. Nicht mehr die Zuschreibung der „Sonderschulbedürftigkeit" stand nun im Fokus des Interesses, sondern die Zuweisung eines individuellen Förderbedarfs. Dies hatte auch zur Konsequenz, dass an die Stelle der traditionellen Sonderschule organisatorische Vielfalt trat: „Die wachsende Vielfalt der Organisationsformen und der Vorgehensweisen in der pädagogischen Förderung, die Erfahrungen mit gemeinsamem Unterricht behinderter und nicht behinderter Kinder, erziehungswissenschaftliche Denkanstöße und schulpolitische Schwerpunktsetzungen in den einzelnen Ländern lassen heute vielfältige Übereinstimmungen erkennen; sie sind Zeichen für eine eher personenbezogene, individualisierende und nicht mehr vorrangig institutionsbezogene Sichtweise sonderpädagogischer Förderung" (Drave/Rumpler/Wachtel 2000, S. 26).

Ausblick

Es war ein langer und mühsamer Weg, bis schließlich das errungen wurde, was uns heute fast selbstverständlich erscheint: die Anerkennung der Bildungsfähigkeit eines jeden behinderten Menschen. Dabei hat es Gefährdungen des Rechts auf Bildung und Leben Behinderter zu allen Zeiten gegeben, nicht nur in Zeiten des Faschismus. Auch wenn Geschichte keine direkten Handlungsanweisungen für die Probleme der Gegenwart bereithält, so kann sie doch helfen, „für die Praxis heute und morgen eine schärfere Erkenntnis der Handlungsbedingungen" zu eröffnen, so der Historiker Reinhart Koselleck (1971, S. 1).

Der universellen Gültigkeit von Bildsamkeit ist nur durch Prozesse der Partikularisierung zu genügen – das ist das Paradoxon, das alle Anstrengungen sonderpädagogischer Theorie und Praxis von den Anfängen bis in die Gegenwart prägt. Dieses Paradoxon gilt es auszuhalten und zu akzeptieren und sich stets der Gefährdungen bewusst zu sein, die in dem Spannungsverhältnis von Universalität und Partikulartität, von Allgemeinem und Besonderem, von Gleichheit und Differenz sowie von Inklusion und Exklusion liegen – sei es durch die Entwicklung besonderer Methoden, die Ausbildung von Fachleuten, die Schaffung institutioneller Differenzierungen sowie den Versuchen der theoretischen Begründung einer speziellen Pädagogik.

Für die Handlungsbedingungen der gegenwärtigen und zukünftigen Sonderpädagogik sollte die Erkenntnis Bedeutung haben, dass Sonderpädagogik ein gesellschaftliches Arbeitsfeld darstellt, das eminent politisch ist, denn die Position behinderter Menschen, auch im Bildungsbereich, wird entscheidend bestimmt von den jeweiligen gesellschaftspolitischen Verhältnissen. Daraus folgt, dass alle Reformvorschläge der Gegenwart im Hinblick auf Integration und Inklusion stets die jeweiligen politischen Implikationen mit zu bedenken haben, wenn sie nicht einem etwas blauäugigen „Verlust des Politischen" (Ellger-Rüttgardt 1998) erliegen wollen. Ungeachtet des hohen Standards, den die Rehabilitation Behinderter in der Bundesrepublik erreicht hat, und ungeachtet des 1994 erlassenen Gleichstellungsgesetzes ist zur Kenntnis zu nehmen, dass es im Zuge verschärfter gesellschaftlich-ökonomischer Krisenerscheinungen seit den 1980er Jahren erneut Erfahrungen mit einer ablehnend-feindlichen Haltung gegenüber behinderten Menschen in Deutschland gibt. Diese ist nicht nur Ausdruck dumpfer Ressentiments, sondern wird ideologisch begleitet und gestützt von theoretischen Positionen etwa eines Peter Singer, der schwerstbehinderten Menschen das Lebensrecht abspricht (vgl Singer 1994).

Die neue ethische Debatte in der Behindertenpädagogik ist ein unübersehbarer Hinweis darauf, dass alle Bildungsanstrengungen für behinderte Menschen aufs Engste verknüpft sind mit den jeweiligen nationalen gesellschaftspolitischen Rahmenbedingungen und letztlich von ihnen abhängen. Und die zunehmende Ökonomisierung auch im Behindertensektor in Deutschland verlangt von den Verantwortlichen und den Professionellen eine kritische Analyse und Folgenabschätzung aller neuen sozialpolitischen Parolen, wie etwa der nach Inklusion, deren Unterstützung sich möglicherweise auch dem Wunsch der Finanzminister nach Kostenersparnis verdankt.

Vor der Folie historischer Erfahrungen und der gegenwärtigen Debatten ist sehr eindringlich daran zu erinnern, dass die Frage nach der „richtigen Institution“ und der Ruf nach Reformen „heute mehr denn je nur denk- und machbar innerhalb einer Reform des gesamten Bildungs- und Erziehungswesens“ zu beantworten ist (Kanter 1991, S. 103). Angesichts unverminderter Exklusionsprozesse auch im Bildungswesen erscheint es daher gefährlich, wenn nicht fahrlässig, die bestehenden institutionellen Strukturen sonderpädagogischer Bildungsangebote zugunsten einer immer weniger qualitativ abgesicherten schulischen Integration bzw. Inklusion vorschnell aufzugeben. Wie die Geschichte zeigt, kann mühsam Erreichtes schnell verspielt werden, und insofern beinhaltet historisches Bewusstsein immer auch ein konservatives, nämlich bewahrendes Moment.

Literatur

Armack, H.-E.: Über Errichtung von Schulen resp. Klassen für Schwachbefähigte. In: Pädagogische Reform 1890, S. 44 u. 49

Baske, Siegfried/Engelbert, Martha (Hrsg.): Zwei Jahrzehnte Bildungspolitik in der Sowjetzone Deutschlands. Dokumente. 2 Bde. Berlin, 1966

Becker, Klaus-Peter u. Autorenkollektiv: Rehabilitationspädagogik. 2. Aufl. Berlin: VEB Volk und Gesundheit, 1984

Becker, Klaus-Peter/Greenberg, R. A. (Hrsg.): Pädagogische Rehabilitation Geschädigter in der Deutschen Demokratischen Republik und in den Vereinigten Staaten von Amerika. Ein Überblick. Berlin: VEB Verlag Volk und Gesundheit, 1987

Begemann, Ernst: Die Erziehung der soziokulturell benachteiligten Schüler. Hannover: Hermann Schroedel, 1970

Beschel, Erich: Der Eigencharakter der Hilfsschule. Weinheim: Julius Beltz, 3. Aufl. 1965

Bettermann, Christel/Schotte, Alexandra: „Heraus aus den Schulstuben, fort von den schlafraubenden Hausaufgaben in die freie Natur.“ Das Lebenswerk von Johannes Trüper: Die Sophienhöhe bei Jena. Jena: Städtische Museen Jena, 2002

Biesold, Horst: Klagende Hände. Betroffenheit und Spätfolgen in bezug auf das Gesetz zur Verhütung erbkranken Nachwuchses am Beispiel der „Taubstummen“. Solms-Oberbiel: Jarick Oberbiel, 1988

Bleidick, Ulrich: Pädagogik der Behinderten. Grundzüge einer Theorie der Erziehung behinderter Kinder und Jugendlicher. Berlin: Marhold, 3. Aufl. 1978

Böttger, Rudolf: Über Erziehung und Unterricht schwachsinniger Kinder in der Leipziger Schwachsinnigenschule. In: Aus der Schule – für die Schule 9, (1897), S. 57–81

Breitbarth, Martin: Die Wechselbeziehungen zwischen geistiger Minderwertigkeit und sozialem Elend. Die Hilfsschule 8 (1915) S. 236–246 u. S. 259–264

Breitsprecher, Adalbert u. a. (Hrsg.) Welches Kind muß sonderpädagogisch betreut werden? Berlin: Volk und Wissen, 3. Aufl. 1982

Bröse, Bodo: Johannes Trüper auf der Sophienhöhe in Jena – Ursprung deutscher Heilpädagogik? In: Wachtel, Grit/Dietze, Sigrid (Hrsg): Heil- und Sonderpädagogik – auch im 21. Jahrhundert eine Herausforderung. Weinheim/Basel: Beltz/Deutscher Studien Verlag, 2001, S. 102–117

Buchholz, Frieda: Das brauchbare Hilfsschulkind – ein Normalkind. Weimar: Hermann Böhlaus Nachf. 1939

Deutscher Bildungsrat (Hrsg.): Gutachten und Studien der Bildungskommission Bd. 4: Begabung und Lernen. Ergebnisse und Folgerungen neuer Forschungen. Stuttgart: Ernst Klett, 1969

Deutscher Bildungsrat (Hrsg.): Empfehlungen der Bildungskommission: Strukturplan für das Bildungswesen. Stuttgart: Ernst Klett, 1970

Dörner, Klaus/Haerlin, Christiane/Rau, Veronika/Schernus, Renate/Schwendy, Arnd (1980): Der Krieg gegen die psychisch Kranken. Nach „Holocaust“: Erkennen, Trauern, Begegnen. Rehburg-Loccum: Mabuse-Verlag, 2. Aufl. Frankfurt a. M. u. Bonn 1989

Drave, Wolfgang/Rumpler, Franz/Wachtel, Peter: Empfehlungen zur sonderpädagogischen Förderung. Allgemeine Grundlagen und Förderschwerpunkte (KMK) mit Kommentaren. Würzburg: edition bentheim, 2000

Drewek, Peter/Tenorth, Heinz-Elmar: Das deutsche Bildungswesen im 19. und 20. Jahrhundert. Systemdynamik und Systemreflexion. In: Apel, Hans Jürgen/Kemnitz, Heidemarie/Sandfuchs, Uwe (Hrsg.): Das öffentliche Bildungswesen. Historische Entwicklung, gesellschaftliche Funktionen, pädagogischer Streit. Bad Heilbrunn: Klinkhardt, 2001, S. 49–83

Eberwein, Hans: Die Sonderschule als Integrationsfaktor der Gesamtschule – ein pädagogisch-sozialogisches Problem. In: Zeitschrift für Heilpädagogik 21 (1970), S. 311–327

Ederer, Anton: Vom amerikanischen Sonderschulwesen. In: Schule und Gegenwart 2 (1950), S. 10–12

Ellger-Rüttgardt, Sieglind: Der Hilfsschullehrer. Sozialgeschichte einer Lehrergruppe (1880–1933) Weinheim u. Basel: Beltz, 1980

Ellger-Rüttgardt, Sieglind: Widerstände gegen die Braunschweiger Hilfsschule. In: Bleidick, Ulrich (Hrsg.): Heinrich Kielhorn und der Weg der Sonderschulen. Braunschweig: Waisenhaus-Buchdruckerei, 1981, S. 69–91 u. S. 235–266

Ellger-Rüttgardt, Sieglind: Frieda Stoppenbrink-Buchholz (1897–1933): Hilfsschulpädagogin, Anwältin der Schwachen, soziale Demokratin, Weinheim: Beltz Deutscher StudienVerlag, 2. Aufl. 1997

Ellger-Rüttgardt, Sieglind: Der Verband der Hilfsschulen Deutschlands auf dem Weg von der Weimarer Republik in das Dritte Reich. In: Möckel, A. (Hrsg.): Erfolg, Niedergang, Neuanfang. 100 Jahre Verband Deutscher Sonderschulen. Fachverband für Behindertenpädagogik. München u. Basel: Reinhardt, 1998 a, S. 50–95

Ellger-Rüttgardt, Sieglind: Der Verlust des Politischen – Kritische Anfragen an die deutsche Debatte um schulische Integration. In: Die neue Sonderschule 43 (1998 b) Heft 1, S. 2–10

Ellger-Rüttgardt, Sieglind (Hrsg.): Lernbehindertenpädagogik. Studientexte zur Geschichte der Behindertenpädagogik. 5. Bd. Weinheim u. Basel: Beltz, 2003

Ellger-Rüttgardt, Sieglind: Geschichte der Sonderpädagogik. Eine Einführung. München u. Basel: Reinhardt, 2008

Ellger-Rüttgardt, Sieglind/Tenorth, Heinz-Elmar: Die Erweiterung von Idee und Praxis der Bildsamkeit durch die Entdeckung der Bildbarkeit Behinderter – Anmerkungen zu einem Forschungsprojekt. In: Zeitschrift für Heilpädagogik 49 (1998), S. 438–441

Ellger-Rüttgardt, Sieglind/Wachtel, Grit: Zehn Jahre Sonderpädagogik und Rehabilitation im vereinten Deutschland. Neuwied: Luchterhand, 2000

Ellger-Rüttgardt, Sieglind/Wachtel, Grit: Pädagogische Professionalität und Behinderung. Herausforderungen aus historischer, nationaler und internationaler Perspektive. Stuttgart: Kohlhammer, 2010

Fuchs, Arno: Schwachsinnige Kinder, ihre sittlich-religiöse, intellektuelle und wirtschaftliche Rettung. Versuch einer Hilfsschulpädagogik. Gütersloh: Bertelsmann, 3. Aufl. 1899

Fuchs, Arno: Die Heilpädagogische Woche in Berlin vom 15.–22. Mai 1927. Berlin: Wiegandt u. Grieben, 1927

Fuchs, Arno: Das Sonderschulwesen. In: Kongreßleitung des Lehrerverbandes Berlin (Hrsg.): Die neuzeitliche deutsche Volksschule. Bericht über den Kongreß, Berlin 1928, S. 404–415

Gerber, Gisela, Bach, Heinz: Universitäre Sonder- und Heilpädagogik. Vergangenheit – Gegenwart – Zukunft. Eine Darstellung der Institutionen. München u. Basel: Reinhardt, 1987

Hammerstein, Notker/Herrmann, Ulrich (Hrsg.): Handbuch der deutschen Bildungsgeschichte. Band II, 18. Jahrhundert. Vom späten 17. Jahrhundert bis zur Neuordnung Deutschlands um 1800. München: C.H. Beck, 2005, S. 97–133

Heese, Gerhard (Hrsg.): Das sonderpädagogische Studium. Eine Übersicht über die Studienstätten und Studienprogramme für die sonderpädagogischen Fachrichtungen im deutschen Sprachgebiet. Berlin: Carl Marhold Verlagsbuchhandlung, 1962

Heimlich, Ulrich: Lernschwierigkeiten. Sonderpädagogische Förderung im Förderschwerpunkt Lernen. Bad Heilbrunn: Julius Klinkhardt, 2009

Henze, August: Statistisches. In: Enzyklopädisches Handbuch der Heilpädagogik. Halle a.S.: Carl Marhold Verlagsbuchhandlung, 1934, 2. Bd., Sp. 2654–2682

Henze, August: Vor fünfundzwanzig Jahren. In: Die Hilfsschule 16 (1923), S. 60–64

Herrmann, Ulrich (Hrsg.): „Das pädagogische Jahrhundert". Volksaufklärung und Erziehung zur Armut im 18. Jahrhundert in Deutschland. Weinheim u. Basel: Beltz, 1981

Herrmann, Ulrich: Aufklärung und Erziehung. Studien zur Funktion der Erziehung im Konstitutionsprozeß der bürgerlichen Gesellschaft im 18. und frühen 19. Jahrhundert in Deutschland. Weinheim u. Basel: Beltz, 1993

Hillenbrand, Clemens: Reformpädagogik und Heilpädagogik unter besonderer Berücksichtigung der Hilfsschule. Bad Heilbrunn: Julius Klinkhardt, 1994

Hillenbrand, Clemens: Lernförderung in Reformschulen – Zur Geschichte der „Integration". In: Wachtel, Grit/Dietze, Sigrid (Hrsg.): Heil- und Sonderpädagogik – auch im 21. Jahrhundert eine Herausforderung. Aktuelle Denkansätze in der Heilpädagogik und ihre historischen Wurzeln. Weinheim u. Basel: Beltz/Deutscher Studien Verlag 2001, S. 118–141

Hintz, Otto: Welche pädagogischen Maßnahmen eignen sich für den Unterricht und die Erziehung solcher Kinder, welche durch die Volksschule nicht genügende Förderung erfahren? In: Pädagogische Zeitung 26, (1897) S. 783–786, 798–802, 821–824

Höck, Manfred: Die Hilfsschule im Dritten Reich. Berlin: Carl Marhold Verlagsbuchhandlung 1979

Hofer, Ursula: Sonderpädagogik. In: Benner, Dietrich/Oelkers, Jürgen (Hrsg.): Historisches Wörterbuch der Pädagogik. Weinheim u. Basel: Beltz, 2004, S. 887–902

Hofer-Sieber, Ursula: Bildbar und verwertbar. Utilitätsdenken und Vorstellungen der Bildbarkeit behinderter Menschen Ende 18. und Anfang 19. Jahrhundert in Frankreich. Würzburg: edition bentheim, 2000

Jussen, Heribert (Hrsg.: Die Heilpädagogische Fakultät zu Köln. Geschichte, Gegenwartsprobleme, Perspektiven. Bonn: Bouvier Verlag, 1991

Kanter, Gustav Otto: Kennzeichnungen der aktuellen Situation des Bildungswesens und Zukunftsperspektiven der Behindertenpädagogik. In: Zeitschrift für Heilpädagogik 42 (1991), S. 92–103

Keim, Wolfgang: Erziehung unter der Nazi-Diktatur. 1. Teil: Antidemokratische Potentiale, Machtantritt und Machtdurchsetzung. Darmstadt: Wissenschaftliche Buchgesellschaft, 1995

Keim, Wolfgang: Erziehung unter der Nazi-Diktatur. 2. Teil: Kriegsvorbereitung, Krieg und Holocaust. Darmstadt: Wissenschaftliche Buchgesellschaft, 1997

Kielhorn, Heinrich: Schule für schwachbefähigte Kinder (Hilfsschule, Hilfsklasse). Vortrag auf der 27. Allgemeinen Deutschen Lehrerversammlung zu Gotha. In: Allgemeine Deutsche Lehrerzeitung, 32, 1887, S. 307–312

Klauer, Karl Josef: Über den Begriff der Sonderschule. In: Zeitschrift für Heilpädagogik 15 (1964), S. 261–280

Köhlitz, Fritz: Was das Berliner Schulgesetz wirklich bedeutet. Berlin: Berliner Druckhaus, 1949

Koselleck, Reinhart: Wozu noch Historie? In: Historische Zeitschrift 212 (1971), S. 1–18

Krampf, Alfred: Hilfsschule im neuen Staat. Herausgegeben von der Reichsfachschaft V Sonderschulen im NS-Lehrerbund. Leipzig: Armanen-Verlag, 1936

Krenberger, Salomon (1929): Vorwort. In: Levana 1, 1929, S. 2–3

Lebenshilfe für geistig Behinderte e. V.: Denkschrift zur Lage der geistig behinderten Kinder, die noch bildungsfähig sind, aber nicht durch öffentliche Bildungseinrichtungen erfaßt werden. Marburg, 1958

Lesemann, Gustav: Wege, Wandlungen, Begegnungen in der Pädagogik, Sonder- und Sozialpädagogik. Rückschau, Analysen, Ausblicke, dargestellt an Ausschnitten aus meinem Leben. Berlin: Marhold, 1969

Löwe, Armin: Hörgeschädigtenpädagogik international. Geschichte – Länder– Personen – Kongresse. Heidelberg: Universitätsverlag Winter GmbH, 1992

Michael, Berthold/Schepp, Heinz-Herrmann: Die Schule in Staat und Gesellschaft. Dokumente zur deutschen Schulgeschichte im 19. und 20. Jahrhundert. Göttingen/Zürich: Muster-Schmidt, 1993

Milberg, Hildegard: Schulpolitik in der pluralistischen Gesellschaft. Die politischen und sozialen Aspekte der Schulreform in Hamburg 1890–1935. Hamburg: Leibnitz-Verlag, 1970

Möckel, Andreas: Erfolg – Niedergang – Neuanfang. 100 Jahre Verband deutscher Sonderschulen-Fachverband für Behindertenpädagogik. München u. Basel: Reinhardt, 1998

Möckel, Andreas: Anmerkungen zu Denis Diderot „Über die Blinden" oder: Die Bedeutung der Blindenpädagogik für die Heilpädagogik. In: Drave, Wolfgang/Mehls, Hartmut (Hrsg.): 200 Jahre Blindenbildung in Deutschland (1806–2006). Würzburg: edition bentheim, 2006, S. 13–24

Möckel, Andreas: Geschichte der Heilpädagogik. Oder: Macht und Ohnmacht der Erziehung. Stuttgart: Klett-Cotta, 2007

Muth, Jakob: Möglichkeiten und Grenzen schulischer Integration behinderter Kinder. In: Zeitschrift für Heilpädagogik 24 (1973), S. 262–272

Myschker, Norbert: Der Verband der Hilfsschulen Deutschlands und seine Bedeutung für das deutsche Sonderschulwesen. Beiheft der Zeitschrift für Heilpädagogik 8 (1969)

Natorp, Paul: Volk und Schule Preußens vor hundert Jahren und heute (1908) und die Einheitsschule (1914). Abgedruckt in: Plickat, Hans-Heinrich (Hrsg.): Schulaufbau und Schulorganisation. Pläne und Empfehlungen zur Reform und Neugestaltung der Volksschule im 19. und 20. Jahrhundert. Klinkhardts Pädagogische Quellentexte. Bad Heilbrunn: Klinkhardt, 1968, S. 43–49

Oelkers, Jürgen: Aufklärung. In: Benner, Dietrich/Oelkers, Jürgen (Hrsg): Historisches Wörterbuch der Pädagogik. Weinheim u. Basel: Beltz, 2004, S. 75–105

Petersen, Peter: Der Jena-Plan einer freien allgemeinen Volksschule. Langensalza: Beltz, 1927

Polenghi, Simonetta: Educating the cripples. The Pious Institute for rickets sufferers of Milan and its transformations (1874–1937). Macerata: eum edizioni università di macerata, 2009

Pritchard, David Gwyn: Education and the handicapped. 1760–1960. London/New York: Routledge & K. Paul, 1963

Rödler, Klaus: Vergessene Alternativschulen. Geschichte und Praxis der Hamburger Gemeinschaftsschulen 1919–1933. Weinheim u. Basel: Beltz, 1987

Sachße, Christoph/Tennstedt, Florian: Der Wohlfahrtsstaat im Nationalsozialismus. Geschichte der Armenfürsorge in Deutschland. Bd. 3. Stuttgart: Kolhammer, 1992

Schümann, Bodo: Heinrich Matthias Sengelmann als Stifter und Anstifter der Behindertenarbeit. Münster: LIT-Verlag, 2001

Sickinger, Anton: Über naturgemäße Organisation des großstädtischen Volksschulwesens im allgemeinen und über das Mannheimer Volksschulsystem im besonderen. Frankfurt a. M. 1913

Singer, Peter: Praktische Ethik. Stuttgardt: Reclam, Ditzingen, 2. Aufl. 1994

Spieler, Josef: Wesen und Stand der Heilpädagogik. In: Heilpädagogische Blätter 1 (1949/50), S. 9–25

Staemmler, Martin: Rassenpflege im völkischen Staat. München: Lehmann, 1933

Ständige Konferenz der Kultusminister der Länder in der Bundesrepublik Deutschland: Gutachten zur Ordnung des Sonderschulwesens. Bonn, 1960

Stötzner, Heinrich: Schulen für schwachbefähigte Kinder. Erster Entwurf zur Begründung derselben. Leipzig/Heidelberg 1864. Vollständiger Nachdr. der Originalausgabe, hrsg. v. Gerhard Heese. Berlin: Marhold, 1963

Tenorth, Heinz-Elmar: Geschichte der Erziehung. Einführung in die Grundzüge ihrer neuzeitlichen Entwicklung. Weinheim u. München: Juventa, 2. Aufl., 1992

Tenorth, Heinz-Elmar: Bildsamkeit und Behinderung – Anspruch, Wirksamkeit und Selbstdestruktion einer Idee. In: Raphael, Lutz/Tenorth, Heinz-Elmar: (Hrsg.): Ideen als gesellschaftliche Gestaltungskraft im Europa der Neuzeit. Beiträge für eine erneuerte Geistesgeschichte. München: Oldenbourg Verlag, 2006, S. 497–520

Tenorth, Heinz-Elmar: Eugenik im pädagogischen Denken des nationalsozialistischen Deutschland – oder: Rassismus als Grenzbegriff der Pädagogik. In: Horn, Klaus-Peter u. a. (Hrsg.): Pädagogik im Militarismus und im Nationalsozialismus. Japan und Deutschland im Vergleich. Bad Heilbrunn: Klinkhardt, 2006, S. 33–44

Tenorth, Heinz-Elmar: Sonderpädagogische Professionalität – zur Geschichte ihrer Entwicklung. In: Ellger-Rüttgardt, Sieglind Luise/Wachtel, Grit (Hrsg.): Pädagogische Professionalität und Behinderung. Herausforderungen aus historischer, nationaler und internationaler Perspektive. Stuttgart: Kohlhammer, 2010, S. 13–27

Tornow, Karl: Die Mitarbeit des Sonderschullehrers bei der Verwirklichung des Gesetzes zur Verhütung erbkranken Nachwuchses 1936 (Abgedr. in Ellger-Rüttgardt, Sieglind (Hrsg.): Lernbehindertenpädagogik. Studientexte zur Geschichte der Behindertenpädagogik. Band 5. Weinheim u. Basel: Beltz, 2003, S. 281–286

Verband Deutscher Hilfsschulen: Denkschrift zu dem Ausbau des heilpädagogischen Sonderschulwesens. In: Zeitschrift für Heilpädagogik 6 (1955), S. 3–9

Wandel, Paul: Die demokratische Einheitsschule – Rückblick und Ausblick. Rede, gehalten auf dem Pädagogischen Kongreß Leipzig, September 1942. Berlin/Leipzig: Volk und Wissen, 1947

Weise, Traugott: Betrachtung über geistesschwache Kinder in Hinsicht der Verschiedenheit, Grundursachen, Kennzeichen und der Mittel ihnen auf leichte Art durch Unterricht beizukommen (1820). Neu herausgegeben und kommentiert von Max Kirmsse in „Beiträge zur Kinderforschung und Heilerziehung." 97. Beiheft zur „Zeitschrift für Kinderforschung". Langensalza: Beyer, 1911, S. 29–40

Werner, Birgit: Sonderpädagogik im Spannungsfeld zwischen Ideologie und Tradition. Zur Geschichte der Sonderpädagogik unter besonderer Berücksichtigung der Hilfsschulpädagogik in der SBZ und der DDR zwischen 1945 und 1952. Hamburg: Dr. Kovac, 1999

Winde, Käthe/Becker, Klaus-Peter/Hammer, Lothar: Organisation des Sonderschulwesens in der Deutschen Demokratischen Republik. Berlin: Volk und Wissen, 1955

2 Schulische Organisationsformen sonderpädagogischer Förderung auf dem Weg zur Inklusion

Ulrich Heimlich

Vorbemerkung

Sonderpädagogische Förderung benötigt zur optimalen Entfaltung spezifische räumliche Bedingungen. Sonderpädagogische Lehrkräfte stehen neben ihren Aufgaben im Bereich Unterricht, Erziehung, Diagnose und Förderung auch vor der Aufgabe, sonderpädagogische Förderung zu organisieren. Dazu zählt insbesondere die Gestaltung von solchen Förderorten, die den spezifischen Förderbedürfnissen von Schülern/-innen mit sonderpädagogischem Förderbedarf entsprechen. Neben den spezifischen Diagnose- und Fördermaterialien, die zur Verfügung stehen sollten, gilt es dabei vor allem, möglichst viele Sinne in die Gestaltung der Förderorte einzubeziehen. Vor dem Hintergrund des Leitbildes einer inklusiven Schule sind zukünftig nicht mehr nur die stationären Angebotsformen sonderpädagogischer Förderung gemeint. Vielmehr können sonderpädagogische Förderorte in vielen unterschiedlichen Schulformen gestaltet werden. Welche Erfahrungen dazu in den vielfältigen sonderpädagogischen Organisationsformen in Deutschland derzeit vorliegen, soll nun im Einzelnen vorgestellt werden. Dazu erfolgt zunächst eine Klärung der wichtigsten Grundbegriffe (2.1), bevor eine Bestandsaufnahme zu den Orten sonderpädagogischer Förderung zwischen stationären, ambulanten und inklusiven Angeboten versucht wird (2.2). Vor diesem Hintergrund soll der durchaus offenen Frage nach den theoretischen Grundlagen schulpädagogischer Reflexionen im Rahmen einer modernen Sonderpädagogik mit inklusiver Zielsetzung nachgegangen werden (2.3). Zweifellos müssen im sonderpädagogischen Fördersystem Deutschlands viele Hindernisse auf dem Weg zur Inklusion konstatiert werden. Ebenso unzweifelhaft stellt jedoch die VN-Behindertenrechtskonvention (VN-BRK) die Aufgabe, die sonderpädagogische Förderung in die Entwicklung eines inklusiven Bildungssystems auf allen Ebenen einzubeziehen.

2.1 Organisation sonderpädagogischer Förderung – begriffliche Klärung

Sonderpädagogische Förderung muss unter dem Leitbild der inklusiven Bildung neu organisiert werden. Die schulpädagogischen Implikationen dieser Aufgabenstellung beinhalten zunächst einmal die Notwendigkeit einer Klärung der Grundbegriffe. Dabei darf das Grundproblem von vornherein nicht verschwiegen werden: Die eigenständige Förderschule ist nicht mit dem Gedanken der inklusiven Bildung vereinbar. Die VN-BRK verbietet zwar nicht ausdrücklich Förderschulen. Förderschulen sind allerdings kein Bestandteil eines inklusiven Bildungssystems mehr, weil sie genau im Gegensatz zur Inklusion stehen: Sie sondern aus, sie separieren und tragen über ein negatives Image als Institution zur sozialen Diskriminierung von Schülern/-innen mit sonderpädagogischem Förderbedarf bei. Der Ort der sonderpädagogischen Förderung ist im Rahmen eines inklusiven Bildungssystems die allgemeine Schule. Dies wirft sofort die Frage auf, ob es einer eigenständigen schulpädagogischen Reflexion oder gar sonderpädagogischen Schultheorie überhaupt noch bedarf. Eine Annäherung an diese Problematik soll deshalb nun über die schulpädagogischen Grundbegriffe der Organisation und Institution erfolgen.

2.1.1 Begriff „Organisation"

Es wird hier davon ausgegangen, dass sonderpädagogische Förderung in einem inklusiven Bildungssystem ebenfalls organisiert werden muss. Schulpädagogische Reflexionen richten sich innerhalb einer modernen Sonderpädagogik auf die allgemeine Schule als Förderort und beinhalten Überlegungen zur Gestaltung des Förderortes allgemeine Schule. Sonderpädagogisches Denken wird so zu einem Teilaspekt der Allgemeinen Schulpädagogik.

Organisation [lat. *organum* = Werkzeug und griech. *órganon* = Körperteil] meint eine „planmäßige Zusammensetzung, Struktur, Beschaffenheit", im organisationssoziologischen Sinne auch einen „einheitlich aufgebauten Verband, Zusammenschluss von Menschen zur Durchsetzung bestimmter Interessen, Zielsetzungen". Im schulpädagogischen Sinne hat Hans-Günter Rolff (1993) Schule als soziale Organisation bezeichnet:

„Die Schule ist Organisation und nicht nur Gemeinschaft auch in dem Sinne, daß sie bestimmte Zwecke oder Aufgaben in kontinuierlicher und möglichst effektiver Weise zu erfüllen genötigt ist" (Rolff 1993, S. 121).

Sie unterscheidet sich von anderen sozialen Organisationen allerdings durch den Bildungsauftrag und den pädagogischen Bezug zwischen Lehrkräften auf der einen sowie Kindern und Jugendlichen auf der anderen Seite. Zugleich wird Schule durch eine Fülle an rechtlichen Vorgaben und verwaltungstechnischen Regelungen seitens der Schulaufsicht und politisch Verantwortlichen in eine formale Organisationsstruktur gepresst, die enge Rahmenbedingungen für pädagogisches Handeln vorgibt. Das zeigt sich z. B. daran, dass Schüler/-innen der Schulpflicht unterliegen und insofern zum Schulbesuch gezwungen werden können. Ebenso wird daran deutlich, dass das pädagogische Personal bestimmte Qualifikationen und entsprechende Zertifikate vorweisen muss, bevor die staatliche Erlaubnis zum Unterricht erteilt werden kann (Einstellung, Verbeamtung usf.). Mitglieder der sozialen Organisation „Schule" sind also genau definiert und ihre Teilhabe an der Organisation „Schule" ebenfalls. Inwieweit eine Schule als Organisation auch lernen kann und wer dann lernt, wie die Organisationsentwickler von Schulen behaupten, ist besonders bei Praktikerinnen und Praktikern umstritten. Unumstritten ist hingegen, dass diese regelhaften Strukturen wiederum Voraussetzung für die Zuweisung von staatlichen Mitteln für die Ausstattung von Schulen mit Personal, Räumen und Material sind. Nachdem die allgemeine Schulpädagogik sich lange Zeit in der Hauptsache mit dem pädagogischen Bezug zwischen Erzieher und Zögling beschäftigt hat, war dies eine neue Dimension schulpädagogischen Denkens und Handelns.

Auch für die Sonderpädagogik gilt seit den Empfehlungen der Kultusministerkonferenz (KMK) von 1994 (vgl. Drave/Rumpler/Wachtel 2000) verstärkt die Aufforderung, über die organisatorischen Strukturen sonderpädagogischer Förderung neu nachzudenken, da die Förderschule als eigenständige sonderpädagogische Organisationsform immer mehr infrage gestellt worden ist. Die monopolartige Zuständigkeit der Förderschulen für sonderpädagogische Förderung wird bereits seit Beginn der 1970er Jahre in Deutschland durch eine zunehmende Zahl integrativer Förderangebote besonders in Grundschulen aufgelöst. Neben den Förderschulen entstehen seinerzeit rasch neue Organisationsstrukturen wie Förderklassen in der allgemeinen Schule oder Förderzentren mit stundenweisen sonderpädagogischen Förderangeboten in allgemeinen Schulen (mobile sonderpädagogische Förderung) sowie Integrationsklassen und integrative Regelklassen mit gemeinsamem Unterricht in der allgemeinen Schule und ständiger Anwesenheit von sonderpädagogischen Lehrkräften. Es kommt zu einer Pluralisierung der sonderpädagogischen Organisationsformen im Übergangsbereich zwischen Förderschulen und allgemeinen Schulen mit intensiven Kooperationsbeziehungen.

2.1.2 Begriff „Institution"

In diesem Zusammenhang werden auch kritische Stimmen laut, die nach der Bedeutung der eigenständigen Institutionen für die sonderpädagogischen Förderung fragen. So wird gerade die sonderpädagogische Fachkompetenz stets an den besonderen Förderort „Förderschule“ gebunden und behauptet, dass diese sich nur so aufrechterhalten ließe. Nun ist sicher zunächst einmal von der Notwendigkeit der Institutionalisierung von Schulen – und auch Förderschulen – in der Geschichte auszugehen (vgl. den Beitrag von Ellger-Rüttgardt in diesem Band). Die Gründung von Schulen als Institutionen ist historisch gesehen insofern sinnvoll, als die Gesellschaft spätestens im Zeitalter der Aufklärung ein vitales Interesse daran entwickelt, ihre Kultur an die nachfolgenden Generationen weiterzugeben, um so die erforderlichen Qualifikationen im Prozess der Industrialisierung zu schaffen (vgl. Konrad 2007, S. 7f. sowie Kap. 1.0 in dem vorliegenden Band). Eine *Institution* [lat. *institutio* = Einrichtung] meint im soziologischen Sinne eine „bestimmten stabilen Mustern folgende Form menschlichen Zusammenlebens“, womit z. B. auch Familien gemeint sind. Hilbert Meyer macht bei der schulpädagogischen Fassung des Institutionsbegriffs darauf aufmerksam, dass die Schule als Institution sich nicht in dem zu Stein gewordenen Gebäude mit seiner Ausstattung erschöpft. Vielmehr plädiert er dafür, den Institutionsbegriff als theoretisches Konstrukt zu verwenden. Institutionen sind letztlich *„geistige Gebilde“* (Meyer 1997, S. 71), in denen sich die Erwartungshaltungen der Gesellschaft widerspiegeln. Aus diesen Erwartungshaltungen der Gesellschaft entstehen bestimmte Zielsetzungen der Schule (z. B. im Lehrplan), Regeln des Miteinanders, die Ausbildung einer internen Organisationsstruktur und die genaue Definition ihrer Mitglieder (Schüler/-innen, Lehrkräfte, Eltern, nicht pädagogisches Personal, Schulleitung). Insofern kann stets genau angegeben werden, was Bestandteil der Institution „Schule“ ist und was nicht. Schulen grenzen sich gegenüber der Gesellschaft ab, es entsteht eine Unterscheidung zwischen innen und außen.

Das gilt auch für die Förderschulen. Einmal geschaffen, entwickeln sie eine Eigendynamik, die auf ihre Selbsterhaltung ausgerichtet ist, eine Tendenz, die sie mit anderen Schulformen durchaus gemein hat, wie beim Gymnasium unschwer zu erkennen ist, das ja bis in die gegenwärtige Debatte um eine Veränderung des mehrgliedrigen Schulsystems durch Zusammenführung von Schulformen stets außen vor bleibt. In der Sonderpädagogik kann nun seit Beginn der 1990er Jahre beobachtet werden, was passiert, wenn sich die Erwartungshaltung der Gesellschaft an eine Institution wie die Förderschule ändert. Viele Eltern, Bildungspolitiker/-innen und Wissenschaftler/-innen haben sich gegen die Institution Förderschule ausgesprochen und integrative Alternativen gefordert. Die Institution „Förderschule“ hat sich daraufhin gewandelt, insofern, als sie seither vermehrt den Kontakt und die Kooperation zu allgemeinen Schulen sucht. Sonderpädagogische Lehrkräfte sind nun eher präsent in allgemeinen Schulen und stellen ihre Fachkompetenz dort zur Verfügung. Kommt das nun einer Auflösung der Sonderpädagogik gleich? Unter der Voraussetzung, dass Institutionen geistige Gebilde und Ergebnis von Erwartungshaltungen sind, ist dies nicht der Fall. Die Einrichtungen der Sonderpädagogik verändern sich vielmehr. Das gilt im Übrigen für alle Institutionen, auch für schulische. Sie sind keine starren Gebilde, die sich nur durch ihre Beharrungstendenzen auszeichnen. Schulen werden stets gesellschaftlichen Einflüssen ausgesetzt und versuchen ständig, sich auf die damit einhergehenden neuen Anforderungen einzustellen. Möglicherweise ist die Sonderpädagogik in ihrer Geschichte einmal darauf angewiesen gewesen, eigenständige Schulen zum „Schutze bewährter Methoden“ zu gründen, wie Andreas Möckel das treffend ausgedrückt hat (vgl. Möckel 1988, S. 27). In der Zukunft werden wir wohl die sonderpädagogischen Institutionen neu denken müssen, wobei nicht ausgeschlossen ist, dass dabei neue Gebilde zutage treten.

2.1.3 Begriff „Netzwerk“

Ein solches neues Gebilde ist beispielsweise das *Netzwerk*. Sonderpädagogische Förderung beginnt bereits jetzt, sich intensiv regional zu vernetzen und zahlreiche nachhaltige Kooperationsbeziehungen zu den Schulen und weiteren sozialen Diensten einer Region aufzubauen. Mit Netzwerk [engl. *network* = Netz von Kollegen, Schaltungen, Computern] ist dabei zunächst einmal allgemein eine „... abgegrenzte Menge von Knoten oder Elementen und der Menge der zwischen ihnen verlaufenden sogenannten Kanten“ (Jansen 2006, S. 58, zit. n. Graser 2009, S. 41) gemeint. Aus der Informatik ist das Netzwerkkonzept zwischenzeitlich in die

Sozialwissenschaften übernommen worden und hat eine eigene Forschungstradition etabliert (vgl. a.a.O., S. 43). Auch in der Erziehungswissenschaft gewinnt das Netzwerkkonzept an Konturen, da Kooperation und Vernetzung in vielen pädagogischen (und auch sonderpädagogischen) Arbeitsfeldern zur Lösung praktischer Probleme beitragen.

„Vernetzung zielt auf eine verbesserte Kommunikation zwischen den Akteuren und dient gemeinsamen Planungsprozessen zur Sicherstellung und Abstimmung von Angeboten" (Jütte 2002, S. 1, zit. n. a.a.O., S. 42).

Damit sollen Netzwerke im pädagogischen Raum auch zu mehr Effektivität und Sicherung von Qualität beitragen. Neue Formen pädagogischer Institutionalisierung werden überdies auch in der beruflichen Benachteiligtenförderung erprobt. In diesem Bereich entstehen seit kurzem „Bildungsnetzwerke", die zu mehr regionaler Koordination und Kooperation der vielfältigen Maßnahmen im Übergangsbereich zwischen Schule und Beruf führen sollen. Auch in der Schulpädagogik ist die Bedeutung der Vernetzung unterschiedlicher Lernorte und damit die Überschreitung der Grenzen des Schulgebäudes bewusst (vgl. Meyer 1997, S. 169). Für die sonderpädagogische Förderung kann die regionale Vernetzung längst als pädagogischer Alltag betrachtet werden. Besonders Förderzentren unterhalten vielfältige Kontakte zu anderen Akteuren im Umfeld und bilden so lediglich einen Knotenpunkt in einem weit verzweigten Netz von sozialen Beziehungen im Umfeld sonderpädagogischer Förderangebote. Gleichwohl zeichnet sich derzeit bereits ab, dass die Idee der regionalen Vernetzung unter dem Leitbild der Inklusion noch einmal an Schubkraft gewinnen wird.

Fazit Nr. 1: Die sonderpädagogische Förderung der Zukunft steht vor der Aufgabe, ihre institutionelle Seite neu zu entwickeln, da sie nicht mehr vom Förderort „Förderschule" abhängig ist. Unter der Voraussetzung, dass Institutionen nicht Gebäude aus Stein, sondern vielmehr „geistige Gebilde" sind, gilt es, eine neue institutionelle Gestalt der sonderpädagogischen Förderung zu entwickeln. Zur Zukunftsaufgabe wird es deshalb zählen, sonderpädagogische Förderung als Netzwerkstruktur mit dem Ziel der Unterstützung der Inklusion in der allgemeinen Schule neu zu denken.

In Sinne einer Bestandsaufnahme sollen nun zunächst jene sonderpädagogischen Förderorte vorgestellt werden, die sich bis heute in Deutschland herausgebildet haben.

2.2 Orte sonderpädagogischer Förderung – Bestandsaufnahme

Das Angebot der sonderpädagogischen Förderung hat sich seit den KMK-Empfehlungen von 1994 über die stationäre Form hinaus um mobile und integrative Formen erweitert. Dabei konnten sich zahlreiche Übergangsformen und kooperative Modelle zwischen den Förderschulen und den allgemeinen Schulen etablieren. Die inklusive Schule tritt als neue Zielsetzung und Weiterentwicklung der Integration hinzu.

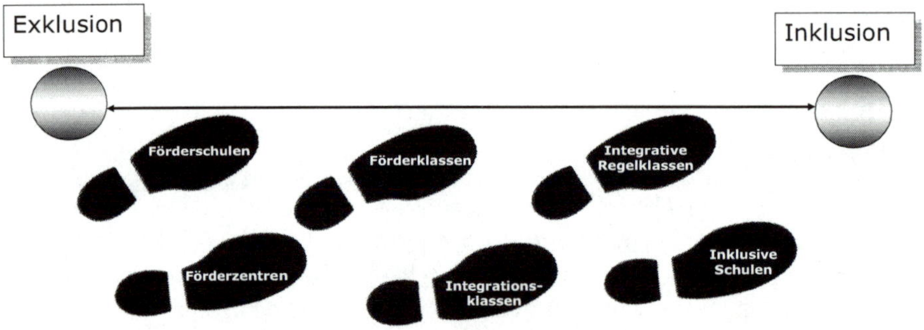

Abb. 2.1: Schritte auf dem Weg zum inklusiven Bildungssystem

Historisch betrachtet sind die „Hilfsschulen" bzw. „Sonderschulen" der erste Schritt zur Integration von Kindern und Jugendlichen mit sonderpädagogischem Förderbedarf in das Bildungssystem gewesen (vgl. Sander 2004). Die Alternative ist zunächst der vollkommene Ausschluss von Bildungsangeboten allgemein (also die Exklusion). Förderschulen sind also nicht von vornherein mit Exklusion aus dem Bildungssystem gleichzusetzen. Für die Gruppe der Schüler/-innen mit dem Förderschwerpunkt geistige Entwicklung gilt dies bekanntlich bis in die 1950er Jahre in Deutschland. Erst dann entstehen aus den Tagesheimen erste Schulen mit einem expliziten Bildungsauftrag auch für diese Schülergruppe. Demgegenüber ist der Pol der Inklusion gegenwärtig noch Zukunftsmusik, da kein Staat der Welt derzeit ein inklusives Bildungssystem vorweisen kann, allenfalls unterschiedliche Entwicklungsstände auf dem Weg zur inklusiven Schule zu konstatieren sind. Ein inklusives Bildungssystem macht von der Zielsetzung her Förderschulen überflüssig, da alle Schüler/-innen in die inklusiven Schulen aufgenommen werden. Da Förderschulen gleichwohl der Ausgangspunkt für die Einbeziehung von Schülerinnen und Schülern mit sonderpädagogischem Förderbedarf in das Bildungssystem sind, wird nun ausgehend von deren Konzeption ein Gang durch die verschiedenen Organisationsformen sonderpädagogischer Förderung auf dem Weg zur Inklusion unternommen.

2.2.1 Stationäre Angebote sonderpädagogischer Förderung

Seit Anfang des 20. Jahrhunderts hat sich im deutschen Sprachraum die Tendenz zum Ausbau eines eigenständigen Sonderschulsystems verstärkt. Nach 1945 kommt es nun in Deutschland zum Aufbau eines differenzierten Sonderschulsystems mit eigenständigen Schulen für nahezu alle Behinderungsarten, wie es im „Gutachten zur Ordnung des Sonderschulwesens" der KMK von 1960 niedergelegt ist (vgl. den Überblick bei Wittmann 2007, S. 155). Diese Konzeption ist europaweit einmalig und auch gegenwärtig noch eine der zentralen Voraussetzungen für den anstehenden Entwicklungsprozess hin zu einem inklusiven Bildungssystem. Etwa ab 1973 kann dieser Entwurf als praktisch durchgesetzt gelten. Selbst die in den 1960er Jahren noch vorhandenen Förderklassen in der allgemeinen Schule sind nun aufgelöst. Die „Empfehlungen zur Ordnung des Sonderschulwesen" (vgl. Wittmann 2007, S. 155) von 1972 konsolidieren diese Entwicklung und geben Hinweise auf den internen Ausbau der einzelnen Sonderschulformen (vgl. ebd.). Auf dieser Basis entstehen in den Bundesländern entsprechende Richtlinien und Curricula für die Sonderschulen. Fast zeitgleich liefert der Deutsche Bildungsrat unter Vorsitz von Jakob Muth den Gegenentwurf mit der Forderung „... eine weitmögliche gemeinsame Unterrichtung von Behinderten und Nichtbehinderten" anzustreben (vgl. Deutscher Bildungsrat 1974, S. 15 f.). Seither verstärken sich zwar die Integrationsbemühungen. Nach wie vor ist allerdings die Mehrheit der Schüler/-innen mit sonderpädagogischem Förderbedarf in Förderschulen untergebracht. Doch trotz der Umbenennung der Sonderschulen in Förderschulen hat sich an dem stationären Charakter sonderpädagogischer Förderung bezogen auf diesen Förderort nichts Grundlegendes geändert.

- **Förderschulen**

Die Erwartungen an die Institution „Förderschule" sind nach wie vor bei Bildungspolitikern/-innen hoch. Konzeptionell lassen sich folgende Merkmale der Förderschulen unterscheiden:

Auf der Ebene der Zielsetzung ist mit den Förderschulen die Hoffnung verbunden, dass Schüler/-innen mit ähnlichen Problemlagen und Förderbedürfnissen in einer Lerngruppe zusammengefasst werden. Durch die angestrebte Homogenität der Lerngruppe wird versucht, den Spielraum für die innere Differenzierung und Individualisierung zu erhöhen. Zusätzlich wurden die Klassenfrequenzen (Zahl der Schüler/-innen pro Lehrkaft) im Vergleich zur allgemeinen Schule gesenkt. Auf der Seite der Lehrkräfte sollen die Ziele der Förderschulen durch eine qualitativ hochstehende sonderpädagogische Lehrerbildung gewährleistet werden. Der Anteil der Absolventinnen und Absolventen mit grundständigem Studium der Sonderpädagogik an einer Universität wird dabei im Vergleich zu Aufbaustudiengängen und Nachqualifikationen kontinuierlich erhöht. Außerdem wird in den Förderschulen in der Regel auf das Klassenlehrerprinzip gesetzt, d.h. eine Lehrkraft behält eine Lerngruppe über mehrere Schuljahre hinweg. Von den inhaltlichen Anforderungen her ergibt sich in den verschiedenen Förderschularten ein differenziertes Bild. Während Förderschulen für die Förderschwerpunkte emotionale und soziale Entwicklung, Hören, körperliche und motorische Entwicklung, Sehen und Sprache auch nach den Richtlinien der allgemeinen Schulen arbeiten und eine grundsätzliche Durchlässigkeit mit der Möglichkeit zur Rückführung anstreben, arbeiten die Förderschulen für die Förderschwerpunkte geistige Entwicklung und Lernen nach eigenständigen Richtlinien. Diese beinhalten abgesenkte Anforderungen im Vergleich zu den Curricula der allgemeinen Schulen, haben sich jedoch stets auf grundlegende Strukturelemente der allgemeinen Curricula bezogen. Letztlich vermitteln auch diese Curricula eine Allgemeinbildung im Unterschied zur beruflichen Bildung. Es ist also nicht angestrebt, Förderschulen vom allgemeinbildenden Schulwesen zu trennen. Letztlich zielt diese Konzeption allerdings auf die Bildung eines „Schonraums" ab. Dieser – so wird behauptet – sei notwendig, weil die Schüler/-innen mit sonderpädagogischem Förderbedarf in diesem geschützten Raum auf die Integration in die Gesellschaft vorbereitet werden und die damit verbundenen Herausforderungen, gestärkt durch ein entsprechendes Bildungsangebot, besser bewältigen können sollen. Voraussetzung dafür sind wiederum bessere Schulleistungen im Vergleich zur Förderung in allgemeinen Schulen.

Es stellt sich allerdings nun die Frage, ob die Förderschulen das so postulierte Konzept auch in die Tat umsetzen. Alle vorhandenen Erfahrungen und empirischen Studien sprechen dagegen. Die kleineren Lerngruppen und die Homogenität führen in Förderschulen nicht zu einem höheren Maß an innerer Differenzierung und Individualisierung (vgl. Kniel 1979, S. 83f.). Der Anteil des Frontalunterrichts unterscheidet sich in Förderschulen nicht von dem in allgemeinen Schulen. Überdies hat sich die angestrebte Homogenität der Lerngruppen als Illusion erwiesen. Die Lernvoraussetzungen der Schüler/-innen in einer Lerngruppe sind teils höchst unterschiedlich. Die Altersspanne der Lerngruppe reicht häufig über mehrere Schuljahre hinweg. Hinzu kommt der hohe Migrantenanteil in Förderschulen, insbesondere für den Förderschwerpunkt Lernen (vgl. Kornmann 2003), mit teils extrem unterschiedlichen kulturellen Kontexten. Jungen sind überdies vergleichsweise häufig von einer Überweisung in die Förderschule betroffen, was sicher auch nicht nur durch ihre Lernprobleme zu erklären ist. Die Schulleistungsentwicklung von Schülern/-innen mit dem Förderschwerpunkt Lernen (die größte Gruppe der Schüler/-innen mit sonderpädagogischem Förderbedarf) ist in Förderschulen nicht besser als in allgemeinen Schulen, trotz der vergleichsweise günstigen Voraussetzungen. Der einzige Vorteil, den Förderschulen für sich verbuchen können, ist die bessere Leistungsmotivation der Schüler/-innen in den ersten Schuljahren im Vergleich zu allgemeinen Schulen, die dann jedoch wieder etwa ab der 7. Klasse absinkt. Zu erklären ist das insbesondere durch die reduzierten curricularen Anforderungen und die Fähigkeit der sonderpädagogischen Lehrkräfte, die Schülerinnen und Schüler auf der Basis ihrer je individuellen Lern- und Entwicklungsvoraussetzungen zu fördern. Allerdings können die Förderschulen diesen Vorteil offenbar nicht in bessere Schulleistungen umsetzen. Untersuchungen aus Förderschulen für den Förderschwerpunkt Lernen zeigen sogar, dass es zu einem Absinken des Intelligenzquotienten kommt, je länger die Schüler/-innen in der Förderschule sind. Es steht zu vermuten, dass hier eine klare Unterforderung der Schüler/-innen erfolgt (vgl. Hildeschmidt/Sander 1996).

Insgesamt wird der Charakter der Förderschulen als „Schonraum" zunehmend infrage gestellt. So können Studien zur Gewalt in Schulen zeigen, dass sich der Anteil von Gewalt und Aggression nicht von dem Anteil in Hauptschulen unterscheidet (vgl. Kusche 2000). Förderschulen liegen gemeinsam mit Hauptschulen deutlich über dem Anteil von Gewalt und Aggression von Schülerinnen und Schülern an Realschulen und Gymnasien. Es ist allerdings durchaus fragwürdig, daraus den Schluss zu ziehen, dass die Förderschule auch die Ursache für die Gewalt und Aggression bei ihren Schülerinnen und Schülern darstellt. Hier ist deren schwierige Lebenssituation sicher ebenso mitzuberücksichtigen. Das Beibehalten von Notenzeugnissen und die Nichtversetzungspraxis in Förderschulen deuten überdies auch nicht gerade auf einen besonders geschützten Raum hin. Nun sind Schulen im Vergleich zu gesellschaftlichen Änderungsprozessen in der Regel „Schonräume", da sie gesellschaftliche Einflüsse nicht ungefiltert an Schüler/-innen weitergeben, wie etwa in der pädagogischen Diskussion um den Einfluss neuer Medien auf Schüler/-innen abzulesen ist. Prinzipiell ist somit gegen Schonräume im Bildungssystem nichts einzuwenden. Es macht sich jedoch die Erkenntnis breit, dass es gar nicht so einfach ist, Schulen zu Schonräumen umzugestalten. Überdies stellt sich die Frage, warum nicht alle Schüler/-innen im Bildungssystem ein Recht auf ihren Schonraum haben dürfen, so wie jeder Mensch für sich in Anspruch nimmt, einen Schonraum fernab von gesellschaftlichen Anforderungen aufsuchen zu dürfen (z. B. die eigene Wohnung).[2]

Festzuhalten bleibt, dass die Förderschulen Probleme haben, ihr eigenes Programm umzusetzen. Damit ist im Übrigen eine Kritik der Institution „Förderschule" und keineswegs eine Kritik der dort tätigen sonderpädagogischen Lehrkräfte gemeint. Ihre Fachkompetenz und ihr Engagement für Schüler/-innen mit sonderpädagogischem Förderbedarf sind weiterhin unverzichtbar. Unter dem Leitbild einer inklusiven Bildung findet ihre Tätigkeit nur nicht am optimalen Förderort statt. Der systemische Zusammenhang ihres professionellen Handelns ist nicht mehr geeignet, die selbst gesetzten Ziele umzusetzen. Von daher ist die organisatorische Struktur sonderpädagogischer Förderung zu verändern. Infrage gestellt wird insbesondere die Förderschulüberweisung, wenn beispielsweise die Wahrscheinlichkeit, in eine Förderschule zu kommen, zwischen den Bundesländern Deutschlands teils erheblich variiert. Offensichtlich kann diese große Varianz nicht mit den Problemen der Schüler/-innen erklärt werden. Damit zeigt sich, dass die

2 Ich verdanke diesen Gedanken zum Schonraum Prof. Dr. Heiner Bielefeldt von der Universität Erlangen-Nürnberg (Lehrstuhl für Menschenrechte), der die Entstehung der VN-BRK und die Umsetzung in Deutschland seit geraumer Zeit mit begleitet.

Überweisung in Förderschulen letztlich von bildungspolitischen Vorgaben abhängt und nicht mit den Förderbedürfnissen von Schülerinnen und Schülern legitimiert werden kann. Unter dem Eindruck der VN-BRK ändern sich die bildungspolitischen Vorgaben in Deutschland derzeit in gravierender Weise. Das wird sicher nicht ohne Folgen für das ausgebaute und differenzierte System der Förderschulen bleiben können.

• Sonderpädagogische Förderzentren

Ein solcher Umgestaltungsprozess findet seit geraumer Zeit in Richtung auf die Förderzentren statt. Nachdem zunächst eine große Vielfalt an internen Organisationsstrukturen von Förderzentren bekannt wurden (vgl. Schor 2001), lassen sich gegenwärtig zwei Grundtypen unterscheiden: Förderzentren mit Schülerinnen und Schülern und Förderzentren ohne Schüler/-innen. Die Förderzentren mit Schülerinnen und Schülern nehmen eine Doppelfunktion wahr. Sie unterhalten sowohl stationäre als auch ambulante Angebote sonderpädagogischer Förderung. Der Bereich der stationären Förderung ist in der Regel aus einer oder mehreren ehemaligen Förderschulen hervorgegangen. Er kann wie bisher die Jahrgangsklassen der Förderschulen von eins bis neun enthalten. Hinzu kommt eine verstärkte Kooperation mit allgemeinen Schulen in der Region. Sonderpädagogische Lehrkräfte gehen nun sowohl zur Diagnostik wie auch zur Beratung und zur Förderung stundenweise in die allgemeinen Schulen. Damit ist der entscheidende Unterschied zur Förderschule benannt. Viele Förderschulen unterhalten ebenfalls Kooperationsbeziehungen zu anderen Schulformen. Beim Förderzentrum ist die sonderpädagogische Förderung in der allgemeinen Schule allerdings verpflichtender Bestandteil (*Integration*). Andernfalls könnten die Förderzentren schwerlich dem Vorwurf des „Etikettenschwindels“ entgehen. Sie blieben Förderschulen, bei denen lediglich das Türschild ausgetauscht worden ist. Auch eine Zusammenführung mehrerer Förderschwerpunkte (in Bayern z. B. emotionale und soziale Entwicklung, Lernen, Sprache) reicht als Grundlage für die Bezeichnung Förderzentren noch nicht aus, da sich lediglich die Zusammensetzung der Schülerschaft mit sonderpädagogischem Förderbedarf ändert, nicht aber der Förderort. Entscheidend bleibt also die Frage, welche Schulentwicklungsprozesse in Förderschulen erforderlich sind, damit sie sich zu Förderzentren umwandeln können. Neben dem Ausbau der ambulanten Förderung ist hier sicher auch an die Intensivierung der Frühförderung und *Prävention* zu denken. Durch die Kooperation mit Kindertageseinrichtungen, Frühförderstellen und Kinderärztinnen und Kinderärzten können Förderzentren rechtzeitig auf entstehende Lern- und Entwicklungsprobleme aufmerksam gemacht werden und so frühzeitig entsprechende förderdiagnostische Maßnahmen entwickeln sowie gezielte Angebote der präventiven Förderung bereithalten. Im Sinne des Gedankens der *Inklusion* sollten dabei Primäraufnahmen in die Förderzentren der Vergangenheit angehören. Vielfach werden Schulkindergärten an Förderzentren (in Bayern: schulvorbereitende Einrichtungen) dazu genutzt, Kinder mit Lern- und Entwicklungsproblemen unmittelbar in das

Förderzentrum aufzunehmen. Der Förderort „allgemeine Schule" sollte hier allerdings gerade unter dem Aspekt der Subsidiarität sonderpädagogischer Förderung unbedingt Priorität haben. Der Ausbau externer Kooperationsbeziehungen wird ebenso im Zusammenhang mit der Berufsvorbereitung im Förderzentrum und in Bezug auf die berufliche *Rehabilitation* nach Verlassen des Förderzentrums erforderlich. Zu denken ist dabei an die Berufsberatung der Arbeitsagenturen, Kontakte zu Betrieben zur rechtzeitigen Vermittlung von Praktikumsstellen und die enge Zusammenarbeit mit Institutionen, die berufsvorbereitende Maßnahmen zum Einstieg in ein Ausbildungsverhältnis wie Förderberufsschulen und Berufsbildungswerke anbieten. In jüngster Zeit sind einige Förderzentren dazu übergegangen, die sonderpädagogischen *Beratungsstellen* stärker auszubauen. Es zeigt sich nach vorliegenden Erfahrungen, dass Eltern dieses Angebot im Vorfeld der Feststellung eines sonderpädagogischen Förderbedarfs gern nutzen, da es weniger stigmatisierend erscheint und nicht unmittelbar mit der Frage der Zuordnung zu einem bestimmten Förderort verbunden ist. Sonderpädagogik kann über das Feld der Beratung hier den Eindruck einer einseitig auf den Selbsterhalt der eigenen Institution ausgerichteten Profession korrigieren. Beratungsangebote der Förderzentren werden freiwillig von Eltern aufgesucht und stellen die konkreten Möglichkeiten der Förderung in den Mittelpunkt, während die Frage des Förderortes dahinter zurücksteht. Erste Förderzentren haben für die Arbeit in der Institution, aber v. a. für die ambulanten Dienste, sonderpädagogische *Förderwerkstätten* gegründet. Es handelt sich dabei um Räume mit einer Grundausstattung an Diagnose- und Fördermaterialien für den jeweiligen Förderschwerpunkt und bezogen auf die verschiedenen Entwicklungsbereiche. Außerdem werden Materialien für den Unterricht in den verschiedenen Lernbereichen bereitgehalten, die flexibel an unterschiedlichen Förderorten außerhalb des Unterrichts, aber auch im Unterricht an Förderzentren eingesetzt werden können.

Förderzentren ohne Schüler/-innen, wie sie in den Förderschwerpunkten Sehen und Sprache bekannt geworden sind (z. B. Landesschule für Sehgeschädigte Schleswig-Holstein), haben keine stationären Angebote sonderpädagogischer Förderung. Die Schüler/-innen sind komplett an allgemeinen Schulen untergebracht und werden dort von sonderpädagogischen Lehrkräften betreut. Das Förderzentrum besteht in diesem Fall lediglich als Anlauf- und Kontaktstelle für die sonderpädagogischen Lehrkräfte weiter. Es finden hier die Zusammenkünfte im Lehrerkollegium des Förderzentrums statt bzw. in Arbeitskreisen mit spezifischen Themenstellungen im Sinne gegenseitiger schulinterner Fortbildung (SCHILF) und Koordination der alltäglichen Anforderungen in der sonderpädagogischen Förderung. Außerdem kann hier ein Medienpool eingerichtet werden, ähnlich wie die bereits genannte sonderpädagogische Förderwerkstatt, um die ambulante Tätigkeit an unterschiedlichen Förderorten mit entsprechenden Diagnose-, Förder- und Unterrichtsmaterialien unterstützen zu können. Ebenfalls am Standort des Förderzentrums angesiedelt ist die Schulleitung als zentrale koordinierende Instanz mit Verantwortung für die komplexen Kooperationsbeziehungen in der Region.

Förderzentren ohne Schüler/-innen können sicher als Unterstützung für weitgehende Formen der integrativen Förderung in der allgemeinen Schule angesehen werden. Auch inklusive Schulen werden vermutlich weiterhin auf ein solches Unterstützungssystem angewiesen bleiben, weil sich die Förderbedürfnisse von Schülerinnen und Schülern ständig verändern und somit von dort auch unterschiedliche professionelle sonderpädagogische Kompetenzen sowie flexible Ausstattungen mit Diagnose-, Förder- und Unterrichtsmaterialien nachgefragt werden. Förderzentren könnten hier immer wieder neu als Beratungs- und Serviceleistung in Anspruch genommen werden.

Offen bleibt beim gegenwärtigen Stand der Entwicklung von sonderpädagogischen Förderzentren in Deutschland noch, inwieweit ehemalige Förderschulen, die sich zu Förderzentren weiterentwickelt haben, bereit sind, alle ihre Schüler/-innen an die allgemeine Schule zu geben und die eigene professionelle Tätigkeit und somit auch die damit verbundenen Lehrerstunden komplett dorthin zu verlagern. In einem inklusiven Bildungssystem auf allen Ebenen, wie es die VN-BRK fordert, wäre dies allerdings die notwendige Folge.

2.2.2 Ambulante Angebote sonderpädagogischer Förderung

Während stationäre Angebote sonderpädagogischer Förderung überwiegend an den eigenständigen Förderort gebunden bleiben, findet ambulante sonderpädagogische Förderung ausschließlich in der allgemeinen Schule statt. Sonderpädagogische Lehrkräfte arbeiten dazu mit der überwiegenden Stundenzahl in allgemeinen Schulen. Neben den allgemeinen Formen der Kooperation zwischen Förderschulen und allgemeinen Schulen, die bereits seit Jahrzehnten gepflegt werden, gehen die Anfänge hier auf die mobile sonderpädagogische Förderung zurück.

- **Mobile sonderpädagogische Förderung**

Erste Schritte in die allgemeinen Schulen unternehmen sonderpädagogische Lehrkräfte schon seit geraumer Zeit, um Aufgaben der Förderdiagnostik bei Schülerinnen und Schülern mit gravierenden Lernproblemen zu realisieren (vgl. Schor 2002). Dabei steht zunächst noch die Frage nach der Überweisung in die Förderschulen im Vordergrund. Es macht sich zusehends Unzufriedenheit bei den beteiligten Lehrkräften breit, weil diese Aufforderung zur Diagnostik in der allgemeinen Schule häufig zu spät an die Förderschulen weitergeleitet wird. In der Regel hat sich das umschriebene Lernproblem zu diesem Zeitpunkt schon durch Versagenserlebnisse oder gar Ausgrenzungsprozesse in der allgemeinen Schule verstärkt. Auch die eigentlich vorgesehenen Fördermaßnahmen der allgemeinen Schule lassen sich vielfach organisatorisch aufgrund von Ressourcenknappheit (zu wenig Lehrerstunden, räumliche Probleme, Probleme in der Ausstattung mit

Fördermaterialien) nicht optimal durchführen. Vonseiten der sonderpädagogischen Lehrkräfte entsteht in diesem Zusammenhang zusehends das Bedürfnis, rechtzeitiger informiert zu werden. Außerdem ergibt sich durch die weitere Verbreitung förderdiagnostischer Methoden eher die Möglichkeit, die notwendigen Fördermaßnahmen zu entwickeln. Hier wäre der für alle Beteiligten nächste Schritt auch die Durchführung der sonderpädagogischen Förderung in der allgemeinen Schule gewesen. Dies scheiterte jedoch seinerzeit vielfach an den klaren Grenzziehungen zwischen Förderschulen und allgemeinen Schulen – verbunden mit der strikten Trennung zwischen den personellen und materiellen Ressourcen der jeweiligen Schulformen. Erst als ein weiteres Praxisproblem hinzukommt, öffnet sich die Tür für eine Verstärkung der mobilen sonderpädagogischen Förderung. Gerade bei den kleineren Gruppen von Kindern und Jugendlichen mit sonderpädagogischem Förderbedarf in den Förderschwerpunkten Sehen, Hören sowie körperliche und motorische Entwicklung ergeben sich teils sehr große Einzugsbereiche für die Förderschulen bzw. Förderzentren, was zu langen Anfahrtswegen führt. Die wohnortnahe Unterbringung dieser Schüler/-innen wird von Elternseite immer deutlicher gefordert, auch um die soziale Einbindung der Kinder und Jugendlichen außerhalb von Schule und Unterricht möglich zu machen. Ganztagsangebote mit langen Fahrzeiten führen hier teilweise dazu, dass Schüler/-innen mit sonderpädagogischem Förderbedarf Schwierigkeiten haben, Gleichaltrige außerhalb der Schule zu treffen bzw. sich mit Mitschüler/-innen außerhalb der Schule zu verabreden. Durch die mobile sonderpädagogische Förderung können Schüler/-innen mit sonderpädagogischem Förderbedarf in der wohnortnahen allgemeinen Schule bleiben. Die sonderpädagogische Lehrkraft kommt wöchentlich stundenweise in die Schule und bietet dort Diagnostik, Beratung sowie Förderung an. Der Grundgedanke ist dabei, die Lern- und Entwicklungsprobleme der Kinder und Jugendlichen möglichst rechtzeitig zu erkennen, um bereits in einem Frühstadium intervenieren zu können. Inzwischen werden alle Förderschwerpunkte (auch geistige Entwicklung und Lernen) von diesem Angebot erfasst. Während lange Zeit die zielgleiche Förderung bezogen auf Schüler/-innen mit sonderpädagogischem Förderbedarf dominiert, die nach den Lehrplänen der allgemeinen Schulen unterrichtet werden (Förderschwerpunkte emotionale und soziale Entwicklung, Hören, körperliche und motorische Entwicklung, Sehen, Sprache), wird zunehmend die zieldifferente Förderung als Aufgabe der mobilen sonderpädagogischen Förderung erkannt. Für die Förderschwerpunkte geistige Entwicklung und Lernen liegen zwar inzwischen auch Lehrpläne vor, die sich an den Richtlinien der allgemeinen Schulen orientieren. Eine Differenzierung der Anspruchsniveaus ist hier jedoch gleichwohl Voraussetzung für erfolgreiche Lernprozesse. Damit sind im Übrigen nicht stets unterschiedliche Themen gemeint. Wer die Richtlinien in einer Synopse nebeneinander betrachtet, wird in allen vorliegenden Lehrplänen bei den Themen und Inhalten einen großen Überschneidungsbereich entdecken. Mobile sonderpädagogische Förderung zielt letztlich darauf ab, dass die Schüler/-innen wieder selbstständig am Unterricht der allgemeinen Schule teilnehmen können und dabei nach Möglichkeit deren Bildungsziele erreichen.

Einer Lehrerbefragung in Bayern zufolge (vgl. Heimlich/Röbe 2005), an der sich über 450 sonderpädagogische Lehrkräfte beteiligten, ist der Spielraum für die mobile sonderpädagogische Förderung in der Förderpraxis allerdings denkbar gering. In Bayern steht den sonderpädagogischen Lehrkräften für die mobile Förderung im Landesdurchschnitt weniger als eine Unterrichtsstunde pro Woche zur Verfügung. Nun ist sicher zu bedenken, dass in einigen Förderschwerpunkten (Sehen, Hören, körperliche und motorische Entwicklung) die sonderpädagogische Lehrkraft nicht in jeder Woche in der allgemeinen Schule sein muss, da es teilweise nur um die Kontrolle von entsprechenden Fördermaterialien oder Unterrichtsmedien geht, die Schüler/-innen mit diesen Förderschwerpunkten ansonsten jedoch ohne zusätzliche personelle Hilfe am Unterricht der allgemeinen Schule teilnehmen können. Das gilt besonders für die überregional organisierte mobile sonderpädagogische Förderung mit einem großen Einzugsbereich (beispielsweise in ländlichen Regionen), die teilweise mehr als 50 Kinder und Jugendliche mit sonderpädagogischem Förderbedarf in der allgemeinen Schule betreuen. Bei Schülern/-innen mit Verhaltensproblemen (Förderschwerpunkt emotionale und soziale Entwicklung) zeigt sich überdies immer wieder, dass eine intensive Beratung der Klassenlehrkraft der allgemeinen Schule schon entsprechende Fördererfolge zu erzielen vermag. Auch dabei ist die ständige Präsenz der mobilen sonderpädagogischen Lehrkraft nicht erforderlich. Bezogen auf die Förderschwerpunkte geistige Entwicklung und Lernen ist allerdings festzuhalten, dass hier ein deutlicher Bedarf im Bereich der individualisierten Förderung besteht. Um diesen Anspruch zu realisieren, ist ein erheblich höheres Stundenkontingent erforderlich. Auch wenn sich der Versuch, sonderpädagogische Förderung als „Nachhilfe" für den Unterricht in der allgemeinen Schule zu nutzen (im Sinne einer Nachbereitung des Unterrichtsstoffes oder Hilfe bei der Erledigung von Hausaufgaben), bereits in der Geschichte der Sonderpädagogik als nicht effektiv erwiesen hat, so besteht doch ein hoher Bedarf an gezielter Förderung in diesen Förderschwerpunkten. Diese sollte sich allerdings nach vorliegenden Erfahrungen eher auf basale Entwicklungsbereiche (wie Wahrnehmung, Konzentration, Lernstrategien usf.) beziehen. Weitgehend ungeklärt ist gegenwärtig noch das Verhältnis zwischen mobiler sonderpädagogischer Förderung und gemeinsamem Unterricht. In Bayern vollzieht sich mobile sonderpädagogische Förderung bislang als stundenweise Einzelförderung außerhalb des Klassenverbandes. Dies mag auch einem Bedürfnis der Lehrkräfte in allgemeinen Schulen nach Entlastung geschuldet sein. Die „sozialen Folgekosten" wie Diskriminierung und Ausgrenzung einer solchen separierenden Förderung in der allgemeinen Schule dürfen allerdings nicht vernachlässigt werden. Insofern entsteht aus der Praxis heraus von den beteiligten sonderpädagogischen Lehrkräften her das wachsende Bedürfnis, stärker in den Unterricht der allgemeinen Schule einbezogen zu werden und mehr Zeit für die gemeinsame Vor- und Nachbereitung von Unterricht zu erhalten. So unverzichtbar das Angebot mobiler sonderpädagogischer Förderung besonders in ländlichen Regionen derzeit erscheint, so deutlich ist auch die Tendenz, die Anwesenheit sonderpädagogischer Lehrkräfte in der allgemeinen Schule nachhaltig auszuweiten.

Gerade unter dem Aspekt der höchst unterschiedlichen Einzugsbereiche von allgemeinen Schulen und Förderschulen in ländlichen Regionen im Vergleich zu städtischen Lebensräumen ist die mobile sonderpädagogische Förderung auch in einem inklusiven Bildungssystem unverzichtbar.

- **Förderklassen**

Ein weiterer Schritt im Hinblick auf die Präsenz sonderpädagogischer Lehrkräfte in allgemeinen Schulen wird mit den Förderklassen angestrebt. Der Begriff soll hier als zusammenfassende Kategorie für all jene Schulklassen gelten, die zwar am Förderort „allgemeine Schule" organisatorisch angebunden werden, zugleich aber weiterhin Bestandteil der Förderschulen bzw. des Förderzentrums bleiben. Die Schüler/-innen in Förderklassen sind demnach weiterhin den Förderzentren zugeordnet, die Lehrerstunden ebenfalls. Zur Kategorie gehören folglich auch die Kooperationsklassen (in Bayern Außen- bzw. Partnerklassen). Unklar ist jedoch derzeit bundesweit der Status der Diagnose-Förderklassen. In Bayern und Mecklenburg-Vorpommern sind sie Bestandteil der Förderzentren, müssten also der stationären Förderung zugeordnet werden. Es gibt jedoch seit Bestehen dieser Organisationsform eine Diskussion darüber, warum diese Klassen nicht Bestandteil der allgemeinen Schulen sein können. Begründet wird diese Fragestellung mit dem Hinweis auf die Zielsetzung, die Schüler/-innen der Diagnose-Förderklassen an die allgemeine Schule zurückzuführen. Wenn dies die Zielsetzung ist, dann wäre es folglich organisatorisch wesentlich einfacher und zudem für die betroffenen Schüler/-innen mit weniger Ausgrenzung und Diskriminierung verbunden, wenn sie an der allgemeinen Schule verbleiben könnten.

– Diagnose-Förderklassen

Der Grundgedanke von Diagnose-Förderklassen in allgemeinen Schulen besteht nun darin, dass hier durch gezielte Diagnostik und intensive Förderung wieder Anschluss an die curricularen Anforderungen der allgemeinen Schule erreicht werden soll. Zu diesem Zweck werden die curricularen Inhalte der ersten zwei Schuljahre auf drei Schuljahre ausgedehnt. Die Schüler/-innen dieser Klassen haben also ein Schuljahr länger die Gelegenheit, Lernerfolge zu erzielen. Nach dem dritten Schuljahr in der Diagnose-Förderklasse soll dann die Rückführung in die dritte Klasse der Grundschule erfolgen. Die Hauptverantwortung für den Unterricht liegt bei den sonderpädagogischen Lehrkräften. Durch eine umfassende Diagnostik beim Einstieg in die Diagnose-Förderklasse soll die Grundlage für eine gezielte individuelle Förderung gelegt werden. In Bayern ist das Förderkonzept maßgeblich von den Gedanken Jean Ayres (1992) geprägt, obwohl das Teilleistungskonzept vor dem Hintergrund der modernen Hirnforschung (vgl. Spitzer 2002) inzwischen als zu undifferenziert gekennzeichnet werden muss. Leider liegen keine dezidierten Erfolgskontrollen zu den Diagnose-Förderklassen vor. Schätzungen zufolge hat sich die Erfolgsquote (Rücküberweisung von der Diagnose-Förderklasse in die Grundschule) von anfangs ca. 50 Prozent auf derzeit maximal 30 Prozent reduziert. Gleichwohl erfreut sich die Diagnose-Förderklasse beispielsweise in Bayern großer Beliebtheit bei den Eltern (vgl. Biewer 2001), da sie die Möglichkeit der Rücküberweisung auf jeden Fall als Chance empfinden. Für die sonderpädagogische Diagnostik insgesamt enthält die Einführung der Diagnose-Förderklassen seinerzeit eine sehr kritische Rückmeldung: Wenn zu Anfang (bei entsprechend optimaler personeller Ausstattung der Klassen) die Hälfte der Schüler/-innen wieder zurücküberwiesen werden können, dann ist die sonderpädagogische Überweisungsdiagnostik in der Vergangenheit offenbar wenig exakt gewesen.

Zukünftige Entwicklungen im Rahmen eines inklusiven Bildungssystems sollten, mit einer gehörigen Portion Pragmatismus versehen, Diagnose-Förderklassen als Bestandteil der allgemeinen Schule einbeziehen, um Schülerinnen und Schülern mit gravierenden Lernproblemen die Möglichkeit zu geben, gezielt individuell gefördert zu werden und nach erfolgreicher Förderung wieder in den Klassenverband zurückgeführt zu werden. Diese Klassen müssen nicht zwangsläufig völlig getrennt von den Klassen der allgemeinen Schulen geführt werden, sie können auch ein stundenweises Angebot umfassen. Überdies hätte die Schule dann die Möglichkeit, diese Maßnahme in eine Fülle weiterer zusätzlicher Bildungsangebote einzufügen, die auch z. B. hochbegabte Kinder und Jugendliche ansprechen (musikalische, künstlerische Förderung usf.).

– Kooperationsklassen

Kooperationsklassen (in Bayern: Außenklassen bzw. Partnerklassen) sind Bestandteil der allgemeinen Schule, auch wenn Schüler/-innen und Lehrkräfte weiterhin den Förderzentren zugeordnet bleiben. Eine komplette Schulklasse des Förderzentrums wird hier in die allgemeine Schule verlegt. Eine sonderpädagogische Lehrkraft ist für den Unterricht in der Kooperationsklasse verantwortlich. Dieser erfolgt weiterhin nach den Anforderungen des Förderzentrums für den jeweiligen Förderschwerpunkt (häufig: geistige Entwicklung). Allerdings werden stundenweise gezielt Kontakte zu mehreren Klassen oder einer speziellen Klassen der allgemeinen Schule hergestellt. Das kann bis zu einem entfalteten gemeinsamen Unterricht führen, in dem beide Klassen in einem Raum zusammen lernen. Die Kooperationsklasse erhält in der allgemeinen Schule weiterhin einen eigenen Klassenraum, der auch entsprechend den Förderbedürfnissen der Schüler/-innen mit sonderpädagogischem Förderbedarf eingerichtet ist. Dieser Klassenraum kann ebenfalls von anderen Klassen und auch von Schülerinnen und Schülern ohne Förderbedarf genutzt werden. Viele Unterrichts- und Fördermaterialien sprechen auch Schüler/-innen der allgemeinen Schule sehr stark an. Kontakte zwischen den Schülerinnen und Schülern der unterschiedlichen Schulformen werden über den Unterricht hinaus im gesamten Schulleben (Pause, Feste usf.) ermöglicht. Auch gemeinsame Unterrichtsprojekte werden nicht selten realisiert. Auf der individuellen Ebene des Kontakts zu einzelnen Schülerinnen und Schülern hat sich überdies ein sogenanntes Patenmodell bewährt. Schüler/-innen der allgemeinen Schule sind hier einer Schülerin bzw. einem Schüler mit sonderpädagogischem Förderbedarf direkt zugeordnet und helfen sowohl im Unterricht als auch bei der Integration in das Schulleben. Effektivitätsstudien zur Arbeit in Kooperationsklassen sind derzeit nicht bekannt. Da die Eltern der allgemeinen Schulen und der Förderzentren mit dieser Organisationsform ausdrücklich einverstanden sein müssen, kann davon ausgegangen werden, dass die Kooperationsklassen durch Elternwünsche bestätigt worden sind, auch wenn sicher manche Eltern in den Kooperationsklassen eher einen Kompromiss im Vergleich zu integrativen Förderangeboten sehen. Bekannt geworden ist der engagierte Einsatz von Bremer Eltern und Schüler/-innen für den Fortbestand der Kooperationsklassen in der allgemeinen Schule bis in den Sekundarbereich hinein, der von vielen Prominenten mit Beiträgen zur schuleigenen Schülerzeitung „Nashorn“ unterstützt wurde. Auch hier überzeugen letztlich besonders die gemeinsamen Unterrichtsprojekte (z. B. das Gänseprojekt, vgl. Vaudlet 2001).

Umstritten ist derzeit noch die Integrationswirkung und der Begegnungseffekt von Kooperationsklassen. Erfahrungsgemäß bleiben die Schüler/-innen der Kooperationsklassen als besondere Lerngruppe für die anderen Schüler/-innen der allgemeinen Schule wahrnehmbar. Es besteht die Gefahr, dass die Schüler/-innen der Förderzentren lediglich einen Gaststatus an der allgemeinen Schule erhalten. Fraglich ist überdies, ob tatsächlich enge und selbst gewählte Kontakte zwischen Schüler/-innen entstehen können, da die Begegnung zwischen den Kooperationsklassen und anderen Schulklassen der allgemeinen Schule einen sehr von den Lehrkräften inszenierten Charakter hat. Im Sinne der Kontakt-Hypothese von Cloerkes (1997, S. 120 ff.) hat sich gezeigt, dass oberflächliche Kontakte zwischen Kindern und Jugendlichen mit und ohne sonderpädagogischem Förderbedarf möglicherweise sogar das Gegenteil bewirken. Sicher ist es stets zu begrüßen, wenn Begegnungen zwischen Schülerinnen und Schülern unterschiedlicher Schulformen ermöglicht werden. Offenbar dürfen diese Begegnungen in ihren Wirkungsmöglichkeiten allerdings nicht überschätzt werden. Im Einzelfall könnte es sogar von entscheidender Bedeutung sein, wie die Schüler/-innen auf die Begegnung vorbereitet und dabei pädagogisch begleitet werden. Spontane, selbst gewählte Kontakte zwischen Schülerinnen und Schülern mit und ohne sonderpädagogischem Förderbedarf, die bedeutsam für den Abbau von gegenseitigen Vorurteilen sind, können allerdings auf diesem Wege nicht erreicht werden. Dazu ist ein weiterer Schritt in Richtung auf die feste Verankerung von sonderpädagogischen Lehrkräften in allgemeinen Schulen erforderlich, wie er mit den integrativen Förderangeboten gegangen wird.

2.2.3 Integrative Angebote sonderpädagogischer Förderung

Vollends angekommen in der allgemeinen Schule ist die sonderpädagogische Förderung erst mit der Einrichtung von Integrationsklassen und integrativen Regelklassen. Begonnen hatte diese Entwicklung mit der Aufnahme einzelner Kinder mit sonderpädagogischem Förderbedarf.

- **Einzelintegration**

Am Beginn der Integrationsbewegung in Deutschland stehen in den 1970er Jahren Eltern, Leitungen von Kindertageseinrichtungen, Erzieherinnen, Schulleitungen und Lehrkräfte aus Förderschulen und allgemeinen Schulen, die bereit sind, sich auf das Wagnis der Aufnahme eines einzelnen Kindes mit sonderpädagogischem Förderbedarf in eine allgemeine Bildungseinrichtung ohne entsprechende Rahmenbedingungen oder konzeptionelle Grundlagen einzulassen. Insofern müssen zunächst eigene Erfahrungen gesammelt werden, da auch der Blick über die Grenzen in andere Länder seinerzeit nur bedingt übertragbare Modelle zutage fördert. Zu speziell erscheint der bundesdeutsche Sonderweg in der sonderpädagogischen Förderung mit dem klaren Schwerpunkt bei den Förderschulen. Gerade die ersten Versuche mit Einzelintegration in der Schule sind zu diesem Zeitpunkt sehr stark von der Bereitschaft und dem Engagement einzelner Lehrkräfte abhängig. Sonderpädagogische Förderung kann allenfalls stundenweise hinzugenommen werden. Es fällt schwer, die erforderlichen Rahmenbedingungen für die Einzelintegration in der allgemeinen Schule zur Verfügung zu stellen (z. B. therapeutische Angebote). Mit diesem Problem ist seinerzeit besonders das Saarland konfrontiert. Es entsteht hier unter Leitung von Alfred Sander ein ökologisches Modell der Einzelintegration, mit dem versucht wird, die Probleme dieses Organisationsmodells zu bewältigen (vgl. Sander 1999b). In diesem Zusammenhang wird beispielsweise auch die Kind-Umfeld-Analyse als Versuch entwickelt, Ressourcen im Umfeld eines Kindes mit sonderpädagogischem Förderbedarf und auch im Kind selbst auszumachen, die unterstützend in die Förderung einbezogen werden können (vgl. Sander 2002). Es erfolgt eine genauere Analyse der Lebens- und Lernsituation des Kindes mit dem Ziel, die Einzelintegration in der allgemeinen Schule so optimal wie möglich zu gestalten. Im Rahmen eines Förderausschusses kommen alle Beteiligten (Lehrkräfte der betreffenden Schulen, Eltern, weitere pädagogische Fachkräfte usf.) zusammen und beraten über die bestmögliche Förderung. Es hat sich dabei gezeigt, dass es für eine gelingende Einzelintegration unabdingbar ist, alle vorhandenen Ressourcen im Kind und im Umfeld möglichst umfassend auszuschöpfen.

Gerade unter der Zielperspektive einer flächendeckenden Versorgung mit integrativen Förderangeboten kann auf die Möglichkeit der Einzelintegration nicht verzichtet werden. Zu bedenken ist dabei allerdings stets, dass die Sicherstellung optimaler Rahmenbedingungen (Personal, Material, Räume usf.) in diesem integrativen Förderangebot am prekärsten sein wird. Aus diesem Grunde entwickeln sich vermutlich auch viele Einzelintegrationen über kurz oder lang zu dauerhafteren Strukturen.

• Integrationsklassen

Ausgehend von den Stadtstaaten Berlin, Bremen und Hamburg entstehen ab 1973 die ersten Integrationsklassen in Grundschulen. Es handelt sich dabei um Klassen der allgemeinen Schule, deren Schülerzahl in der Regel auf maximal 20 herabgesenkt wird bei gleichzeitiger Aufnahme von drei bis fünf Kindern mit sonderpädagogischem Förderbedarf (z. B. Berliner Flämingschule und Uckermarkschule). Außerdem unterrichten in der Regel zwei Lehrkräfte mit voller Stundenzahl in Integrationsklassen. Dies hat den Vorteil, dass sonderpädagogische Lehrkräfte während aller Unterrichtsstunden des Stundenplans in den Integrationsklassen anwesend sein können. Diese sicher sehr optimalen personellen Rahmenbedingungen können allerdings allenfalls bis in die 1980er Jahre in der Modellversuchsphase in einigen wenigen beteiligten Bundesländern (Saarland, Schleswig-Holstein, Hessen, Nordrhein-Westfalen) aufrechterhalten bleiben. Gegenwärtig ist eine sonderpädagogische Lehrkraft eher für zwei und mehr Klassen zuständig, sodass sie zwar auch mit der vollen Stundenzahl in der allgemeinen Schule tätig ist, jedoch eher weniger mit eigenem Klassenunterricht in einzelnen Unterrichtsfächern für die gesamte Klasse beauftragt werden kann. Dies ist insofern eine starke Einschränkung der Tätigkeit von sonderpädagogischen Lehrkräften in allgemeinen Schulen, da sie durchweg fachdidaktische Qualifikationen in den zentralen Lernbereichen wie Deutsch, Mathematik usf. erworben haben und in diesen Fächern auch Unterricht für die gesamte Integrationsklasse erteilen könnten. Aufgeteilt auf mehrere Integrationsklassen richtet sich ihre Tätigkeit doch eher auf Beratung, Diagnose und Einzelförderung aus, die aber gleichwohl im Klassenverband integriert angeboten werden können. In Integrationsklassen ist es aufgrund der Rahmenbedingungen möglich, durchweg zieldifferent zu unterrichten. Alle Schüler/-innen lernen hier am gemeinsamen Lerngegenstand auf ihrem jeweiligen Entwicklungsniveau. Hier sind also auch Schüler/-innen mit den Förderschwerpunkten geistige Entwicklung und Lernen willkommen. Als Unterrichtskonzept haben sich der offene Unterricht und der Projektunterricht in Integrationsklassen sehr bewährt (vgl. Heimlich 1999; 2003). Von Bedeutung ist in Integrationsklassen ebenfalls eine angemessene Raumausstattung. Ein Raum zur differenzierenden Gruppenarbeit – möglichst nur mit Fenster vom Klassenraum getrennt – sollte stets vorhanden sein. Außerdem sollte der Klassenraum ausreichend Platz für eine umfangreiche Ausstattung mit differenzierenden Lernmaterialien (beispielsweise für freie Arbeit und Wochenplanunterricht) vorhalten. Von daher kommen die Integrationsklassen konzeptionell dem Leitbild einer inklusiven Schule am nächsten und sind sicher auf dem Weg zur Inklusion im Bildungssystem am weitesten fortgeschritten.

Die Integrationsforschung hat seit Beginn der 1980er Jahre für Integrationsklassen durchweg positive Bestätigungen erbracht. Viele Befürchtungen vonseiten der Eltern und der Schulaufsicht haben sich nicht bestätigt. Die Schulleistungen in Integrationsklassen sind weder für die Schüler/-innen *mit* noch für die Schüler/-innen *ohne* sonderpädagogischem Förderbedarf schlechter im Vergleich zur getrennten Unterrichtung (vgl. Wocken/Antor 1987). Im Gegenteil: Schüler/-innen mit sonderpädagogischem Förderbedarf im Förderschwerpunkt Lernen haben im Lernbereich Mathematik in Integrationsklassen sogar bessere Schulleistungen als in Förderschulen (vgl. Haeberlin u. a. 1991). Dabei sollte grundsätzlich berücksichtigt werden, dass die Integrationsklassen konzeptionell nicht bessere Schulleistungen erbringen müssen als herkömmliche Formen von Unterricht. Bei gleich guten Schulleistungen kommt letztlich noch der Vorteil hinzu, dass grundlegende Erziehungsziele wie Toleranz im Umgang miteinander, soziale Kompetenzen und die Fähigkeit, anderen zu helfen und sich gegenseitig zu unterstützen, für beide Seiten erreicht werden. Erschwert ist die soziale Integration nachweislich bei Kindern und Jugendlichen mit massiven Verhaltensproblemen, weil hier zugleich die sozialen Beziehungen zu anderen Schülerinnen und Schülern und auch zu den Lehrkräften belastet sind. Hier sind in der Regel unterstützende Strukturen (wie Schulstationen) mit Rückzugsmöglichkeiten für diese Schüler/-innen erforderlich. Ein ungelöstes Problem – auch der Integrationsklassen – stellt bis heute die geringere Leistungsmotivation im Vergleich zu den Förderschülerinnen und -schüler dar. Dieser von mehreren – auch internationalen – Studien immer wieder replizierte Befund scheint gleichsam eine sozialpsychologische Gesetzmäßigkeit in Lerngruppen zu spiegeln: Kommen Schüler/-innen mit unterschiedlichen Lernvoraussetzungen in heterogenen Lerngruppen zusammen, so vergleichen sie sich unmittelbar mit anderen und sind sich der vorhandenen Leistungsunterschiede rasch bewusst. Das darf übrigens keineswegs mit einem mangelnden Wohlbefinden der Schüler/-innen mit sonderpädagogischem Förderbedarf verwechselt werden. Diese Schüler/-innen können ihre Schulleistungen im Vergleich zu anderen negativer einschätzen und sich gleichwohl angenommen und akzeptiert fühlen in der Lerngruppe. Dieser Nachteil der Integrationsklassen wirkt sich offenbar auch nicht negativ auf die Schulleistungen aus. Von Vorteil ist dieser Effekt insofern, als Schüler/-innen mit sonderpädagogischem Förderbedarf bereits in der Schulzeit und unter pädagogischer Begleitung ein realistisches Bild von ihren eigenen Fähigkeiten und ihren zukünftigen beruflichen Möglichkeiten entwerfen. Sie verabschieden sich also in Integrationsklassen bereits sehr frühzeitig von Berufswünschen wie „Ich möchte Wissenschaftler [oder Astronaut, Popstar, Model usf.] werden.“ Integrationsklassen bieten insofern im Gegensatz zu Förderschulen einen „Erfahrungsraum“ an, in dem gesellschaftliche Einflüsse in der Schule in dosierter Form präsent sind und ein Ausbalancieren zwischen eigenen Wünschen und gesellschaftlichen Ansprüchen stattfinden kann. Problematisch am Modell der Integrationsklassen ist besonders in den Flächenstaaten (wie Bayern, Baden-Württemberg, Niedersachsen), dass die Ressourcen für eine konsequente Doppelbesetzung in Integrationsklassen bislang nicht zur Verfügung gestellt werden konnten.

Erschwerend kommt hinzu, dass die Lehrkräfte sowohl in den allgemeinen Schulen als auch im sonderpädagogischen Bereich bislang nur unzureichend auf die Arbeit in Integrationsklassen vorbereitet worden sind. In der Lehrerausbildung für die Lehrämter der allgemeinen Schulen (Grundschule, Hauptschule, Realschule, Gymnasium) und die Fachdidaktiken kommen die Didaktik des gemeinsamen Unterrichts und die Arbeit in Integrationsklassen bislang als Studieninhalt kaum vor. Fortbildungen zur Thematik werden häufig zu spät oder überhaupt nicht angeboten. In den sonderpädagogischen Studiengängen hat die Didaktik des gemeinsamen Unterrichts und die Arbeit in Integrationsklassen inzwischen wohl einen festen Stellenwert. Es ist jedoch immer noch nicht gelungen, die unterrichtspraktische Ausbildung in der ersten und in der zweiten Phase mindestens in einem Schwerpunkt konsequent auf die Tätigkeit in Integrationsklassen auszurichten. Damit sind zugleich einige Gründe angeführt, die zur Stagnation in der bundesdeutschen Integrationsentwicklung bezogen auf die Schule geführt haben könnten. Es lag von daher nahe, die „exklusiven" Bedingungen der Integrationsklassen zu lockern und zu überprüfen, ob trotzdem gute Effekte erzielt werden könnten.

• Integrative Regelklassen

Gegenüber den Integrationsklassen sind in integrativen Regelklassen (in Bayern: Kooperationsklassen) die Klassenfrequenzen nicht abgesenkt. Es handelt sich demnach um ganz normale Klassen der allgemeinen Schulen, die auch Schüler/-innen mit sonderpädagogischem Förderbedarf aufnehmen. Das können einzelne Schüler/-innen sein, wie bei der Einzelintegration, oder auch Gruppen von bis zu fünf Kindern. Sonderpädagogische Lehrkräfte kommen nur noch stundenweise hinzu, während die Hauptverantwortung für den Unterricht in den Händen der Lehrkraft der allgemeinen Schule liegt. Unterrichtet wird überwiegend nach den Richtlinien der allgemeinen Schule, wobei besonders auf Schüler/-innen mit dem Förderschwerpunkt Lernen und deren Förderbedürfnisse Rücksicht genommen wird. Aufgrund der schlechteren Rahmenbedingungen für die Arbeit in integrativen Regelklassen können auch die erprobten konzeptionellen Bestandteile des gemeinsamen Unterrichts hier nur in Ansätzen realisiert werden. Bezogen auf die vorhandenen Ressourcen für integrative Förderangebote in der allgemeinen Schule handelt es sich allerdings bei den integrativen Regelklassen zweifellos um eine realistischere Variante.

In einer begleitenden Untersuchung der integrativen Regelklassen in Hamburg, die in einem sozialen Brennpunkt angesiedelt sind, kommen Hinz u. a. (1998) allerdings zu dem Schluss, dass sich die guten Ergebnisse der Integrationsklassen nicht replizieren ließen. Die Schulleistungen sind hier nicht besser als in Förderschulen. Dies bestätigt noch einmal, dass auch durch integrative Förderangebote nicht gleichsam „über Nacht" die Lern- und Entwicklungsprobleme von Schülerinnen und Schülern verschwinden. Gerade gravierende Lern- und Verhaltensprobleme erfordern längerfristige und gezielte Interventionen, deren Effekte sich vermutlich nur in mehrjährigen Längsschnittstudien abbilden lassen. Der Befund zeigt allerdings auch, dass eine erfolgreiche integrative Förderung unweigerlich auf gute Rahmenbedingungen angewiesen ist. Dazu zählen nicht nur die zur Verfügung stehenden Lehrerstunden, sondern insbesondere die rechtzeitige Vorbereitung und kompetente Begleitung und Unterstützung der beteiligten Lehrkräfte. Dabei ist nicht nur an die Lehrerausbildung zu denken, sondern besonders an Fortbildungsangebote und praxisbegleitende Formen der Beratung und Supervision. Dieser „teacher support" ist auch in anderen Ländern mit ausgebauten integrativen Strukturen im Schulsystem die entscheidende Voraussetzung für die Weiterentwicklung und flächendeckende Versorgung mit integrativen Förderangeboten. An der mangelnden Bereitschaft der beteiligten Lehrkräfte scheitern die bisherigen Versuche zur Ausweitung integrativer Strukturen im bundesdeutschen Schulsystem jedenfalls nicht. Vielmehr fühlen sich viele Lehrkräfte mit dieser neuen Herausforderung alleingelassen. Gerade in Bezug auf die nunmehr anstehende neue Aufgabe der Entwicklung eines inklusiven Bildungssystems sollte diese Erfahrung aus den letzten knapp 40 Jahren Integrationsentwicklung im bundesdeutschen Schulsystem nicht außer Acht gelassen werden.

2.2.4 Sonderpädagogische Förderung in inklusiven Schulen

Bislang ist rückblickend auf die vorliegenden Bemühungen um eine Verlagerung des sonderpädagogischen Förderangebotes überwiegend der Begriff der Integration verwendet worden. „Integration" bedeutet bekanntlich so viel wie „Wiederherstellung eines Ganzen". Offenbar setzt Integration also die Separation im Bildungssystem bereits voraus. „Inklusion" ist demgegenüber auch deshalb der weiterführende Begriff, als hier von vornherein auf eine Separation verzichtet wird und die Schüler/-innen aufgrund unterschiedlicher Fähigkeiten und Bedürfnisse nicht getrennt werden, sondern von der ersten Klasse der Grundschule an zusammenbleiben. Um den Unterschied zu integrativen Förderangeboten abschließend noch einmal deutlich zu machen, soll nun umrissen werden, welche Merkmale eine inklusive Schule der Zukunft auszeichnet.

Eine inklusive Schule ist eine Schule für alle Schüler/-innen eines Stadtteils, in der die Lerngruppen gewollt heterogen zusammengesetzt sind. Der Unterricht wird zieldifferent ausgerichtet und basiert auf einem Curriculum für alle. Die pädagogischen Fachkräfte (Lehrkräfte der allgemeinen Schulen, Lehrkräfte für Sonderpädagogik und weitere Fachkräfte) arbeiten in interdisziplinären Teams zusammen und sorgen für eine enge Vernetzung mit dem sozialen Umfeld. Voraussetzungen für eine inklusive Schule liegen ebenfalls im Bereich der barrierefreien Ausstattung und kommunikationsförderlichen Gestaltung, die Begegnungen zwischen Schülerinnen und Schülern auch außerhalb des Unterrichts fördert. Und auch wenn es in Deutschland derzeit noch eine Utopie sein mag, so gilt doch für die inklusive Schule, dass Notengebung und Sitzenbleiben mit den

Grundsätzen inklusiver Bildung nicht zu vereinbaren sind. Finnland hat überdies gezeigt, dass international beachtete Spitzenleistungen von Schülerinnen und Schülern (vgl. PISA 2001) auch ohne Notengebung und Sitzenbleiben möglich sind. Sonderpädagogische Lehrkräfte zählen in einer inklusiven Schule zum festen Bestandteil des Kollegiums, d. h., sie sind nicht nur stundenweise präsent, sondern mit ihrer gesamten Stundenzahl. Sonderpädagogische Förderung findet in der allgemeinen Schule im inklusiven Unterricht statt. Dazu zählen individuelle Förderangebote im Rahmen der Freiarbeit auf der Basis spezifisch aufbereiteter Fördermaterialien. Ebenso können die Wochenpläne für alle Schüler/-innen individuell angepasst werden. Förderdiagnostische Aufgaben stellen sich ebenfalls bei allen Schülerinnen und Schülern und werden prozessorientiert in den Unterricht einbezogen. Zur größten Herausforderung der Zukunft wird allerdings gehören, dass alle Unterrichtsinhalte so didaktisch-methodisch aufbereitet werden, dass sie von allen Schülerinnen und Schülern auch angeeignet werden können. Damit ist allerdings nicht gemeint, dass es besondere Lernwege geben soll, die nur für die Schüler/-innen mit sonderpädagogischem Förderbedarf vorgehalten werden. Vielmehr sollen alle Schüler/-innen alle Lernwege beschreiten können. Dahinter steht die Überlegung, dass Schüler/-innen ohne sonderpädagogischem Förderbedarf beispielsweise von lebenspraktischen Aufgaben durchaus profitieren können und bei handlungsorientierten Lernangeboten in der Regel auch hoch motiviert sind (vgl. Seitz 2005).

Da sich inklusive Schulen vielerorts noch im Entwicklungsstadium befinden, lassen sich derzeit nur wenig Aussagen zur Effektivität dieser Konzeption machen. Ein aktueller Überblick über inklusive Schulen in den Commonwealth-Staaten von Richard Rieser (2008) zeigt jedoch, dass weltweit zahlreiche Staaten bereits an der Umsetzung der VN-BRK arbeiten und Erfahrungen mit der Gestaltung inklusiver Schulen sammeln. Dabei sind nicht nur Staaten wie Kanada und Australien beteiligt, sondern ebenso Indien, Pakistan und auch afrikanische Staaten wie Sambia, Mosambik oder Kenia.

2.2.5 Regionale sonderpädagogische Fördernetzwerke

In diesem Prozess der Weiterentwicklung sonderpädagogischer Organisationsformen werden sich zukünftig mehr und mehr regionale Fördernetzwerke herausbilden. Ausgehend von den Förderzentren, die nach gegenwärtigem Stand noch der Förderort mit der größten Anzahl von Schülerinnen und Schülern mit sonderpädagogischem Förderbedarf ist, entsteht eine Vielfalt von Kooperationsbeziehungen im Umfeld. Als Initialzündung fungieren dabei häufig die mobilen sonderpädagogischen Förderangebote in allgemeinen Schulen. Die dort tätigen sonderpädagogischen Lehrkräfte sind in der Regel die ersten Netzwerker/-innen, die zusätzlich zu ihren Diagnose-, Förder- und Beratungsangeboten mit einer Fülle von regionalen Koordinierungsaufgaben konfrontiert werden. Sie müssen soziale Kontakte zu Eltern und Familien, Betrieben und Berufsschulen, Kindertageseinrichtungen und Frühförderstellen, sozialpädagogischen und medizinischen Diensten aufbauen. Durch integrative Förderangebote im Rahmen von Integrationsklassen bzw. integrativen Regelklassen wird ihr Einsatzort zunehmend in die allgemeine Schule verlagert. Dort, wo inklusive Kindertageseinrichtungen und inklusive Schulen entstehen sollen, können sonderpädagogische Lehrkräfte mit ihren Vernetzungs- und Kooperationserfahrungen zum Gelingen inklusiver Bildung entscheidend beitragen.

Auch über die Arbeit regionaler sonderpädagogischer Fördernetzwerke kann derzeit noch nicht empirisch fundiert berichtet werden. Es bedarf eigenständiger Projekte der empirischen Bildungsforschung, um zu erfahren, inwieweit solche Netzwerke sonderpädagogischer Förderung inklusive Prozesse in der allgemeinen Schule wirksam unterstützen können.

Fazit Nr. 2: Auch unter dem Leitbild einer inklusiven Schule bleibt die sonderpädagogische Förderung ein unverzichtbarer Bestandteil des Bildungsangebotes. Förderzentren und mobile sonderpädagogische Förderung können die Arbeit in der inklusiven Schule im Rahmen eines flächendeckenden Modells wirksam unterstützen. Gemeinsam mit den festen sonderpädagogischen Förderangeboten in der inklusiven Schule bilden sie regionale Fördernetzwerke, die als Unterstützungssystem für ein inklusives Bildungssystem auf allen Ebenen wirken. Im Rahmen inklusiver Schulen wird sonderpädagogische Förderung zum integralen Merkmal des Bildungsangebotes und steht als Serviceleistung allen Schülerinnen und Schülern und Lehrkräften zur Verfügung. Damit stehen sonderpädagogische Lehrkräfte vor der Aufgabe, ihr Arbeitsfeld komplett in die inklusive Schule zu verlegen. Förderzentren ohne Schüler/-innen können in diesem Fall weiterhin als Anlauf- und Koordinierungsstelle für den regionalen sonderpädagogischen Förderauftrag fungieren.

Abschließend soll nun nach den grundlegenden Begründungszusammenhängen für eine veränderte Institutionalisierung sonderpädagogischer Förderung gefragt werden.

2.3 Schulpädagogische Aspekte sonderpädagogischer Förderung in inklusiven Schulen – theoretische Grundlegung

Auch wenn eine eigenständige „sonderpädagogische Schultheorie" vor dem Hintergrund der Entstehung inklusiver Schulen sicher nicht mehr angestrebt wird, so ist es doch unumgänglich, die grundlegende schulpädagogische Dimension einer modernen Sonderpädagogik aufzuzeigen. Gerade in Zeiten des organisatorischen und institutionellen Umbruchs in einem pädagogischen Arbeitsfeld empfiehlt es sich, sorgfältig nach den Begründungszusammenhängen zu forschen und auch eine gewisse analytische Distanz zur teilweise stürmischen Entwicklung der sonderpädagogischen Förderpraxis einzunehmen, um den Überblick nicht ganz zu verlieren.

Angesichts der vielfältigen Entwicklungen in der Praxis kann auch die theoretische Grundlegung nicht ohne eine flexible Betrachtungsweise geleistet werden. Insofern soll nun das Problem der schulpädagogischen Grundlegung sonderpädagogischer Förderung vor dem Hintergrund der Zielperspektiven eines inklusiven Bildungssystems bewusst aus unterschiedlichen Theorieperspektiven angegangen werden.

2.3.1 Systemtheoretische Aspekte sonderpädagogischer Förderung

Im Unterschied zu anderen europäischen Ländern verläuft der Prozess der Entwicklung eines inklusiven Bildungssystems in Deutschland vergleichsweise zögernd. Wie ist das zu erklären? Deutschland hat mit dem Aufbau eines differenzierten Förderschulsystems im internationalen Vergleich einen Sonderweg beschritten. Auch in der Gegenwart besucht noch der überwiegende Teil der Schüler/-innen mit sonderpädagogischem Förderbedarf die Förderschule. Trotz nahezu 40-jähriger Bemühungen im Rahmen der Integrationsentwicklung in Kindertageseinrichtungen und Schulen ist es bislang nicht gelungen, diesen Anteil substanziell auszuweiten. Vielfach wird sogar von einer Stagnation der Integrationsentwicklung in Deutschland gesprochen. Die Systemtheorie bietet dazu eine vordergründig schlüssige Beschreibung an. Förderschulen sind demnach historisch gesehen aus der zu hohen Komplexität in den Volksschulen Mitte des 19. Jahrhunderts entstanden. Nicht nur die Klassengrößen von 100 und mehr Schülerinnen und Schülern in den Volksschulklassen, auch die mangelnde Vorbereitung der Volksschullehrkräfte auf die Berücksichtigung individueller Förderbedürfnisse führten seinerzeit dazu, dass dringend Entlastung gewünscht wird. Förderschulen stellen in dieser Situation die Möglichkeit einer Komplexitätsreduktion dar, die dazu führen soll, dass Schüler/-innen mit Lernproblemen besser gefördert werden können. Zunächst als Förderklassen in der allgemeinen Schule gegründet, wird zunehmend deutlich, dass nur ein eigenes Förderschulsystem mit aufsteigenden Jahrgangsklassen geeignet ist, diese Problemstellung zu bewältigen. Im systemtheoretischen Sinne wären Förderschulen dann nichts weiter als ein Ergebnis der funktionalen Differenzierung im Bildungssystem.

„Sonderpädagogik ist also das Produkt einer Systemgliederung im Bildungswesen ... Es war deshalb historisch zwingend, daß die Entstehung der Sonderschulen für behinderte Kinder mit der Durchsetzung der Schulpflicht im 18. und 19. Jahrhundert einherging“ (Bleidick 1999, S. 56).

Behinderung ist folglich, systemtheoretisch betrachtet, Ausdruck des Systems „Förderschule“. Aus zahlreichen Datensammlungen ist beispielsweise bekannt, dass die Zahl der (erfassten) Schüler/-innen mit Behinderungen dann ansteigt, wenn eine Förderschule gegründet wird.

Damit das System „Volksschule“ seine Funktionalität aufrechterhalten kann, werden also Teilfunktionen (Förderung von Schülerinnen und Schülern mit Lernproblemen) an Subsysteme abgegeben. Volksschullehrkräfte, die sich bereits in den Volksschulklassen gegen eine Diskriminierung und soziale Isolierung von Schülerinnen und Schülern mit sonderpädagogischem Förderbedarf gewendet haben, übernehmen diese Aufgabe und entwickeln ihre professionelle Kompetenz zur individuellen Förderung in diesem neuen Arbeitszusammenhang weiter. Auch mit der ursprünglichen Bezeichnung „Hilfsschule" bzw. „Nachhilfeschule" wird diese durchaus humanitäre Absicht der Gründung von eigenständigen Schulen noch einmal nach außen hin bekräftigt (vgl. den Beitrag von Ellger-Rüttgardt in diesem Band). Es muss allerdings wohl von Beginn der Förderschulentwicklung an bekannt gewesen sein, dass separierende Institutionen und deren Bezeichnungen aufgrund ihrer gesellschaftlichen Randstellung einen diskriminierenden und ausgrenzenden Charakter erhalten. Die Bezeichnung „Hilfsschüler/-in" verliert so auch rasch ihre positive Konnotation und wird regelrecht zum Schimpfwort, eine Karriere, die sie zweifellos auch mit dem späteren Begriff „Sonderschüler/-in" gemein hat. Sicher ist dieser Prozess nicht nur durch eine Umbenennung der Schulform in „Förderschulen" zu umgehen. Vielmehr müssen wir feststellen, dass das Subsystem „Förderschule", wenn es erst einmal errichtet ist, eine Eigendynamik entwickelt. Systeme streben danach, sich selbst zu erhalten. Nichts anderes geschieht im Förderschulsystem. Ist die sonderpädagogische Förderung erst einmal ausschließlich in Förderschulen als Kompetenz- und Ressourcenzentren institutionalisiert, entwickeln diese Schulen eine außerordentliche Beharrungstendenz. Dieser Antrieb zur Selbsterhaltung und ständigen Reproduktion wird in der neuen Systemtheorie mit dem Begriff „Autopoiese" bezeichnet (vgl. Luhmann 1988; 2004). Systeme sind in der Lage, sich selbst zu erneuern und sich selbst zu steuern. Sie bringen sich ständig selbst neu hervor. Dabei lösen sie sich teilweise sogar von bewusst intendierten Handlungen der Akteure in ihnen ab. Gut gemeinte Absichten einer Intensivierung der Kooperation in Schulklassen und Lehrerkollegien oder zwischen unterschiedlichen Schulformen scheitern beispielsweise immer wieder an den Grenzen institutionalisierter Prozesse, die die notwendigen Rahmenbedingungen in räumlicher und zeitlicher Hinsicht nicht bereitstellen. Eindrucksvoll bestätigt wird diese Tendenz zur Autonomie von Schulen durch die neuere Schulentwicklungsforschung. Hier hat sich gezeigt, dass die Grundeinheit der Schulentwicklung nicht die Bildungspolitik oder die Schulaufsicht ist, sondern vielmehr sich die einzelne Schule gesteuert von Schulleitung und Kollegium entwickelt (vgl. Fend 1998). Ein solcher Schulentwicklungsprozess steht etwa bei der Umwandlung von Förderschulen in Förderzentren an (vgl. den Beitrag von Biewer & Fasching in diesem Band).

Die Systemtheorie ist also durchaus in der Lage, Schulentwicklungsprozesse im Bereich der sonderpädagogischen Förderung zu beschreiben und zu erklären. Welche Konsequenzen lassen sich jedoch für die zukünftige Entwicklung hin zu einem inklusiven Bildungssystem daraus ziehen? Bei der Suche nach normativen Setzungen bzw. bei der Entwicklung von Zielperspektiven für die Zukunft lässt die Systemtheorie uns zunächst einmal im Stich. Als soziologische Theorie eignet sie sich hervorragend zur Beschreibung von Entwicklungen in hoch organisierten Systemen wie öffentlichen Verwaltungen oder auch Schulen. Hinweise auf Änderungsmöglichkeiten wird man hingegen vergeblich suchen. Zumindest ist aus systemtheoretischer Sicht eine gewisse Skepsis gegenüber den Effekten sonderpädagogischer Förderung in Bezug auf die Veränderungen vorhandener institutioneller Strukturen angezeigt. Auch die Beschreibung der Gegenbewegung zum separierenden Förderschulsystem kommt nicht über die Registrierung schon ablaufender Prozesse hinaus. Die Integrationsbemühungen in Deutschland bezogen auf die letzten vier Jahrzehnte sind zwar nicht verborgen geblieben. Unterstützend wirkt bei der Integrationsentwicklung in allgemeinen Schulen allerdings ebenso eine wachsende Zahl von Kindern und Jugendlichen mit Lern-, Sprach- und Verhaltensproblemen, die einen hohen Bedarf an individueller Förderung signalisieren. Doch im Gegensatz zur erneuten Herausbildung von Teilsystemen für die Berücksichtigung dieser Förderbedürfnisse werden nun verstärkt sonderpädagogische Fachkompetenzen zurück in die allgemeine Schule geholt. Die erhöhte Komplexität in der allgemeinen Schule soll also dadurch aufgefangen werden, dass die Problemlösekompetenz in diesem System erhöht wird. Sonderpädagogische Fachkompetenz ist nun wieder auf allen Ebenen des Bildungssystems gefragt (vgl. Heimlich 1999). So erweist sich die systemtheoretische Perspektive einmal als erstaunlich flexibel, auch wenn sicher der Anspruch Luhmanns, eine Universaltheorie vorgelegt zu haben, mit Zurückhaltung gesehen werden muss (vgl. Luhmann 1991).

Die systemtheoretische Betrachtung sonderpädagogischer Förderung lehrt, dass unter dem Aspekt der Inklusion besonders auf die unbeabsichtigten Nebenwirkungen des Aufbaus veränderter organisatorischer Strukturen geachtet werden muss. Beste inklusive Absichten können sich aufgrund systemischer Prozesse in ihr Gegenteil verkehren und die Ziele inklusiver Bildung gefährden, indem sie neue Ausgrenzungspotenziale kreieren, teilweise sogar in der inklusiven Schule selbst, wenn z. B. nicht alle Beteiligten in den inklusiven Prozess einbezogen werden. Zugleich zeigt die Systemtheorie, dass die bundesdeutsche Adaption des Konzeptes der inklusiven Bildung fast ausschließlich normativ besetzt ist. Inklusion wird nur im Sinne einer neuen bildungspolitischen Zielsetzung diskutiert. Demgegenüber könnte eine soziologische Herangehensweise an den Begriff der Inklusion zeigen, dass Gesellschaften ständig unterschiedliche Formen der Inklusion praktizieren und vielfach auch Tendenzen zur Exklusion ausprägen, wie die wachsende Zahl von Kindern in Armut in einem reichen Land wie Deutschland eindrucksvoll unter Beweis stellt (vgl. Heimlich 2008). Insofern ist gerade die Debatte über die Umsetzung der VN-BRK und die Entwicklung eines inklusiven Bildungssystems in Deutschland auf eine systemtheoretische Beschreibung der tatsächlich ablaufenden Prozesse in der Gesellschaft angewiesen.

Sonderpädagogische Förderung trägt aus systemischer Sicht in der inklusiven Schule zur Erhöhung der Problemlösekompetenz im System „allgemeine Schule“ bei, um durch die Reintegration sonderpädagogischer Fachkompetenz individuelle Diagnose- und Förderangebote für alle Schüler/-innen bereithalten zu können.

Das Subsystem „Förderschule“ hat allerdings in einem inklusiven Bildungssystem keine Zukunft mehr und wird mehr und mehr durch Förderzentren abgelöst.

2.3.2 Materialistische Aspekte sonderpädagogischer Förderung

Während die Systemtheorie sich zur Entwicklung der Förderschulen eher neutral verhält, erwächst aus der materialistischen Behindertenpädagogik (vgl. Jantzen 1985) eine beträchtliche Kritik an Förderschulen. Verbunden mit der sozialwissenschaftlichen Wende in der Sonderpädagogik Mitte der 1970er Jahre wird auch die Förderschule infrage gestellt. Besonders bedeutsam ist dabei die Frage nach der gesellschaftlichen Funktion von Förderschulen. Ausgehend von der Tatsache, dass die Förderschulen überwiegend von sozial benachteiligten Schülerinnen und Schülern besucht werden, wird die Bildungsbenachteiligung von Unterschichtkindern analysiert. Der Ausschluss aus der allgemeinen Schule und die Überweisung in eine Förderschule erscheinen als Akt der sozialen Ausgrenzung. Die Probleme bei der beruflichen Integration von Absolventinnen und Absolventen der Förderschulen zeigen klar, dass diese Bildungseinrichtungen häufig zu einer Sackgasse für die „Modernisierungsverlierer“ werden. Behinderung wird hier erstmals in der Geschichte der Sonderpädagogik als Begriff sozialwissenschaftlich gefasst und mit der Isolation von Aneignungsmöglichkeiten gleichgesetzt. Behinderung ist damit keine Eigenschaft der Person, sondern vielmehr Ausdruck eines eingeschränkten Zugangs zum kulturellen Erbe einer Gesellschaft. Behindert ist man also nicht, sondern man wird behindert. Von daher hat sich die materialistische Behindertenpädagogik frühzeitig für eine konsequente Abkehr vom Förderschulsystem ausgesprochen und die Integration von Kindern und Jugendlichen mit sonderpädagogischem Förderbedarf in die allgemeine Schule gefordert. Nur auf diesem Wege – so wird argumentiert – ließen sich gesellschaftliche Benachteiligungen, die durch die Institution Förderschule entstehen, vermeiden. Bei der Entwicklung einer basalen, allgemeinen und integrativen Pädagogik (vgl. Feuser 1995) wird folglich auch auf eine Trennung zwischen allgemeiner Schule und Förderschule verzichtet und ein integratives Bildungssystem gefordert. Eine eigenständige sonderpädagogische Schultheorie ist also vonseiten der materialistischen Behindertenpädagogik nicht zu erwarten.

Im Mittelpunkt der sonderpädagogischen Förderung steht aus materialistischer Sicht vielmehr die Unterstützung bei der kooperativen Lerntätigkeit (vgl. Feuser 1995, S. 174) in der allgemeinen Schule. Im gemeinsamen Unterricht sind die Themen so aufzubereiten, dass gemeinsame Lerngegenstände entstehen, zu denen alle Schüler/-innen einen Zugang haben. Dahinter steht eine entwicklungsorientierte Sicht der Schüler/-innen mit sonderpädagogischem Förderbedarf. Zurückgehend auf den russischen Psychologen Lev S. Vygotskij (1896–1934) distanziert sich die materialistische Behindertenpädagogik von einem defizitorientierten

Menschenbild. Vielmehr liegt auch bezogen auf Menschen mit Behinderungen der Schwerpunkt in der Suche nach ihren Fähigkeiten. Unterschieden wird im Anschluss lediglich zwischen dem, was Schüler/-innen schon können (Zone der aktuellen Entwicklung), und dem, was sie noch nicht können (Zone der nächsten Entwicklung). Entwicklungsorientierte Förderangebote bauen auf den erreichten Fähigkeiten von Schülerinnen und Schülern auf und enthalten Fördermaßnahmen in der Zone der nächsten Entwicklung. Besonders in der sonderpädagogischen Förderdiagnostik hat sich diese kompetenzorientierte Sichtweise als förderlich erwiesen, da jede Fördermaßnahme auf vorhandenen Fähigkeiten von Schülerinnen und Schülern aufbauen muss – und wenn es die Kompetenz ist zu atmen (z. B. bei Schülerinnen und Schülern mit schweren Mehrfachbehinderungen). Zur Entwicklung ihrer Fähigkeiten sind Schüler/-innen auf ein Gegenüber angewiesen, da schon die Entwicklung selbst kein isolierter Akt ist, sondern vielmehr nur in Kooperation mit anderen bewältigt werden kann. Eine inklusive Schule im Sinne der materialistischen Behindertenpädagogik wäre dann eine Schule, in der das Prinzip der Kooperation realisiert ist.

Sonderpädagogische Förderung trägt aus materialistischer Sicht in inklusiven Schulen zur Kooperation aller Beteiligten bei und unterstützt das gemeinsame Lernen am gemeinsamen Gegenstand als Kern jeglicher schulischer Integration.

Während die materialistische Behindertenpädagogik besonders sozialstrukturelle Faktoren bei der Entstehung von Behinderung und den daraus abzuleitenden Förderangeboten heranzieht, steht der Beziehungsaspekt sonderpädagogischer Förderung hier nicht so stark im Vordergrund.

2.3.3 Interaktionistische Aspekte sonderpädagogischer Förderung

Aus der Perspektive des symbolischen Interaktionismus wechselt die Betrachtungsweise nun von der Makroperspektive der gesellschaftlichen Einbettung von Schulen zur Mikroperspektive der in ihnen ablaufenden zwischenmenschlichen Prozesse. Dabei ist ebenso an die Lehrer-Schüler-Interaktion wie auch an die Interaktion der Schüler/-innen untereinander oder mit anderen Beteiligten zu denken. Letztlich münden alle schulischen Prozesse, seien es systemische oder sozialstrukturelle, in menschliche Beziehungen und werden von diesen getragen. Erziehung, Bildung, Entwicklung und Lernen in der Schule sind nicht denkbar ohne den intensiven wechselseitigen Austausch zwischen unterschiedlichen Personen. Der symbolische Interaktionismus als soziologische Theorie geht im Anschluss an Georg Herbert Mead (1863–1931) sogar davon aus, dass der Einzelne sich ohne ein Gegenüber nicht entwickeln kann. Wer wir sind, können wir erst in den Augen des Anderen entdecken. Kinder und Jugendliche stehen somit vor der Aufgabe im Kontakt mit Gleichaltrigen und Erwachsenen ihre Selbstwahrnehmung (Wie sehe ich mich selbst?) und ihre Fremdwahrnehmung (Wie sehen mich die anderen?) auszudifferenzieren. Dabei bildet sich die unverwechselbare Einzigartigkeit jedes Einzelnen (personale Identität oder das „I") heraus, die wiederum von der sozialen Identität (das „Me") zu unterscheiden ist und gleichzeitig mit dieser eng zusammenhängt. Diese Prozesse der Identitätskonstruktion (vgl. Keupp 1999) sind allerdings in besonderem Maße störanfällig. Weicht das Verhalten eines Einzelnen in unerwünschter Weise von den Erwartungen der Gesellschaft ab, so wird das nicht selten mit einem entsprechenden Etikett (behindert, verhaltensgestört usf.) belegt. Dieser Prozess der Etikettierung bleibt bei der betroffenen Person allerdings nicht äußerlich. In der Regel führt dieses Label zu einer sozialen Ausgrenzung aus der Gesellschaft: Es werden besondere Orte der Fürsorge oder der Förderung eingerichtet, zum einen mit der Begründung eines spezifischen Hilfebedarfs, zum anderen allerdings auch als Abgrenzungsversuch der Gesellschaft im Sinne einer sozialen Distanzierung von dem abweichenden Verhalten. Etikettierung und soziale Ausgrenzung haben gemeinsam zur Folge, dass die betroffene Person die gesellschaftlichen Erwartungshaltungen in das Selbstbild übernimmt und sich dann nicht nur vorübergehend, sondern dauerhaft anders verhält. Erving Goffman (1974) hat diesen Teufelskreis der Stigmatisierung erstmals ausführlich beschrieben. Auch für Kinder und Jugendliche mit sonderpädagogischem Förderbedarf trifft dieser Teufelskreis zu. Deshalb müssen wir bei dieser Schülergruppe in der Regel von „beschädigten Identitäten" ausgehen. Es gelingt ihnen nicht, ihre personale und soziale Identität angemessen auszubilden.

Interessant ist nun, dass Förderschulen in diesem Prozess eine wichtige Rolle einnehmen. Gesellschaftliche Institutionen entstehen nach Mead (1973, S. 307 ff.) aus regelhaften sozialen Interaktionsverläufen im Sinne von Gewohnheiten. Die Entstehung von Förderschulen ist also Ausdruck einer solchen Interaktionsstruktur, die sich im 19. Jahrhundert zunächst in dem Versuch der individuellen Förderung als Nachhilfe in der Volksschule etabliert, um dann als eigene Organisationsform („Hilfsschulklasse" und später als „Hilfsschule") ausgeprägt zu werden. Damit ist sie jedoch ebenfalls Bestandteil des Prozesses der Stigmatisierung. Das Etikett „Hilfsschüler/-in" führt zur Ausgrenzung in eigenständige „Hilfsschulen" und verstärkt so die ohnehin schon spürbaren Formen der sozialen Diskriminierung von Schülerinnen und Schülern, die in der Volksschule nicht mithalten können. Es lassen sich zwar bis in die jüngste Zeit immer wieder intensive Bemühungen konstatieren, um zur Entstigmatisierung der Förderschulen beizutragen (z. B. durch Öffnung der Schulen, Schulfeste und Öffentlichkeitsarbeit). Zugleich wird vergeblich versucht, durch eine Namensänderung der Institution (von der Hilfsschule zur Sonderschule und zur Förderschule) dem Prozess der Stigmatisierung zu entgehen. So wie der „Hilfsschüler" zum Schimpfwort in der Öffentlichkeit geworden ist, so gilt es zwischenzeitlich in gleicher Weise für den „Sonderschüler" und in jüngster Zeit auch für den „Förderschüler". Damit ist zugleich deutlich, dass der Austausch eines Etiketts in der sonderpädagogischen Förderpraxis kein leichtes Unterfangen darstellt.

Auch die interaktionistische Sichtweise führt letztlich zu einer substanziellen Schulkritik der Förderschule und zur Forderung nach Alternativen. So setzen sich Vertreter/-innen einer interaktionistischen Sonderpädagogik (vgl. Eberwein 1987; Schmetz 1986; Wocken 1983) seit geraumer Zeit für einen Ausbau der integrativen Förderung in allgemeinen Schulen ein – und zwar mit der Begründung, dass die Schule die sozialen Prozesse der Stigmatisierung nicht noch verstärken dürfe. Insofern ergibt sich aus der interaktionistischen Kritik an Förderschulen ebenfalls ein deutliches Plädoyer für die Entwicklung inklusiver Schulen. Zugleich stellen sonderpädagogische Lehrkräfte stabile und belastbare Beziehungen auf allen Ebenen des Bildungssystems als Basis jeglicher Unterstützung von Lernen und Entwicklung bereit.

Sonderpädagogische Förderung trägt aus interaktionistischer Sicht dann zur Entwicklung inklusiver Schulen bei, wenn sie in allgemeinen Schulen für intensive soziale Beziehungen zwischen allen Schülerinnen und Schülern sorgt und gleichzeitig versucht, jede Form von Etikettierung und Stigmatisierung von vornherein zu verhindern.

Makro- und Mikroperspektive der Schulpädagogik werfen unmittelbar die Frage nach der möglichen Vermittlung dieser beiden Betrachtungsweisen auf. Offensichtlich umfasst die Institution Schule mehrere Ebenen, die für ihr Selbstverständnis und die darauf bezogenen Änderungsmöglichkeiten unabdingbar sind.

2.3.4 Ökologische Aspekte sonderpädagogischer Förderung

Spätestens durch die Community-Schools-Bewegung und den Versuchen zur Öffnung der Schulen ist bewusst geworden, dass Schulen keine Inseln sind, die unabhängig von ihrem gesellschaftlichen Umfeld fortbestehen. Bei allen Versuchen, Schulen zu „Schonräumen" auszugestalten, sind gleichwohl gesellschaftliche Einflüsse an jedem Schulmorgen präsent, wenn die Schüler/-innen mit ihren außerschulischen Erfahrungen und Erlebnissen in Familie und Freizeit in den Unterricht kommen. Schule war immer schon darauf angewiesen, zeitgemäße Antworten auf gesellschaftliche Veränderungsprozesse zu geben. Unter ökologischem Aspekt wird die isolierte Perspektive auf die Schule als Institution in jüngster Zeit zunehmend aufgebrochen und um eine Umfeldperspektive erweitert. Auch in der Sonderpädagogik hat sich ökologisches Denken bereits seit längerer Zeit grundlegend ausgewirkt. So schlägt beispielsweise Sander vor, Behinderung als gestörte Integration in das Umfeld zu definieren (vgl. Sander 1999). Behinderung entsteht somit nur dann, wenn die gesellschaftliche Teilhabe misslingt. Sonderpädagogik kann in dieser Perspektive nicht umhin, sich für integrative Zielsetzungen stark zu machen, um dazu beizutragen, dass Behinderungen gar nicht erst entstehen.

Bei dem Versuch, dieses anspruchsvolle Programm in die Tat umzusetzen, hat sich in den letzten vier Jahrzehnten jedoch auch gezeigt, dass eine misslingende gesellschaftliche Teilhabe nicht nur durch individuelle Hilfeleistungen überwunden werden kann. Vielmehr sind zahlreiche unterschiedliche Entwicklungsebenen in der Gesellschaft verantwortlich dafür, dass es weiter zu Behinderungen kommt. Gerade zu dieser Mehrebenenperspektive liefert das ökologische Denken weiterreichende Anregungen. Zurückgehend auf den amerikanischen Entwicklungspsychologen Urie Bronfenbrenner (1917–2005) können im Sinne unterschiedlicher Raumzonen verschiedene Umfeldebenen unterschieden werden, die für die menschliche Entwicklung von Bedeutung sind. Ausgehend von dem Bereich der unmittelbaren sozialen Interaktionen zwischen Menschen in Zweierbeziehungen (Lehrkräfte – Schüler/-innen) oder Familien (Mikrosystem) stellt Bronfenbrenner das soziale Umfeld von Menschen als Struktur ineinander verschachtelter Ebenen vor. Kommen mehrere Menschen, die in unmittelbarer Beziehung zueinander stehen, zusammen, entstehen Mesosysteme als miteinander kommunizierende Mikrosysteme (z. B. bei der Begegnung von Schule und Elternhaus). Während Menschen an diesen Umfeldebenen noch direkt beteiligt sind, nimmt die Einflussmöglichkeit in den weiteren Umweltbereichen immer mehr ab. Auf der Ebene des Exosystems (z. B. Behörden, Medien, Arbeitsstelle der Eltern) sind Menschen nicht mehr unmittelbar beteiligt und haben nur noch indirekt die Möglichkeit, in Interaktion mit anderen einzutreten. Entsprechend verringern sich ihre Chancen zur aktiven Mitgestaltung. Vollends eingeschränkt ist diese Partizipation auf der Ebene der Gesamtgesellschaft (Makrosystem), bei der kulturelle, gesetzliche oder auch politische Einflüsse auf die Entwicklung des Einzelnen einwirken (vgl. Bronfenbrenner 1989). Für die Schulpädagogik kann damit gezeigt werden, dass Schulen als Institutionen in ein Geflecht von sozialen Beziehungen auf verschiedenen Umfeldebenen eingebunden sind. Von daher setzt sich gegenwärtig auch in der Schulforschung die Erkenntnis durch, dass die Entwicklung von Schulen angemessen nur noch im Sinne dieses Mehrebenenmodells untersucht und verstanden werden kann (vgl. Fend 1998). Gegenstand der Schulpädagogik ist von daher auch nicht mehr nur die Schule als isolierte Institution, sondern vielmehr einschließlich ihrer Einbettung in ein vielschichtiges Umfeldmodell. In der Sonderpädagogik macht sich aufgrund ökologischen Denkens die Erkenntnis breit, dass Behinderungen weder individuell noch interaktional ausreichend in ihrer Entstehung analysiert werden können. Vielmehr sind behindernde Prozesse auf den verschiedenen Umfeldebenen zu untersuchen, um eine umfassende Förderung in Gang setzen zu können. Alfred Sander hat zu diesem Zweck die Kind-Umfeld-Analyse entwickelt, in der die gesamte Lebens- und Lernsituation eines Kindes untersucht wird, um integrative Fördermaßnahmen ableiten zu können (vgl. Sander 2002). Ökologisches Denken führt in der Sonderpädagogik also ebenfalls zur Unterstützung eines inklusiven Bildungssystems. Diese Unterstützung gestaltet sich in einer veränderten Form der Institutionalisierung, die mit dem Bild des Netzwerkes am ehesten zusammengefasst werden kann. Die ökologische Forschung und Theoriebildung hat überdies darauf aufmerksam gemacht, dass allen lebenden Systemen eine Netzwerkstruktur zu eigen ist:

„Das Muster des Lebens, so können wir postulieren, ist ein Netzwerkmuster, das zur Selbstorganisation fähig ist“ (Capra 1996, S. 101).

Insofern erkennen wir möglicherweise hier nur im nachhinein das Ergebnis einer Entwicklung, die sich längst innerhalb der Gesellschaft vollzogen hat. Wir müssen mit einem Timelag nur noch unser Denken darauf einstellen.

Sonderpädagogische Förderung trägt aus ökologischer Sicht dazu bei, dass inklusive Bildung auf allen Ebenen des Schulsystems etabliert wird und begleitend dazu ein Unterstützungsnetzwerk ausgebildet wird.

Ausblick: Sonderpädagogische Förderung zwischen Dekonstruktion und inklusiver Neuorientierung

Rückblickend auf die Geschichte der Förderschulen kann die Konstruktion dieser Schulform aus verschiedenen Theorieperspektiven (systemisch, materialistisch, interaktionistisch, ökologisch) und auf der Basis der historiografischen Forschung in der Sonderpädagogik umfassend analysiert werden (vgl. Ellger-Rüttgardt 2008; Möckel 1988/2007). Wir können gegenwärtig relativ genau benennen, warum, zu welcher Zeit und an welchen Orten Förderschulen entstanden sind. Kritik an Förderschulen ist dabei im Übrigen fortlaufender Bestandteil der Geschichte seit Gründung dieser Institution. Mit Inkrafttreten der VN-BRK und der Forderung eines inklusiven Bildungssystems sieht sich die Förderschule allerdings nun einer neuen Qualität der Kritik ausgesetzt. Inklusive Bildung und die Existenz von Förderschulen sind prinzipiell nicht vereinbar. Insofern führt die Forderung nach einem inklusiven Bildungssystem auf allen Ebenen zu einer Dekonstruktion der Förderschulen. Die gesellschaftlichen Erwartungshaltungen richten sich derzeit auf eine substanzielle Änderung der institutionellen Struktur sonderpädagogischer Förderung. Sonderpädagogische Förderung wird weiterhin auf allen Ebenen des Bildungssystems dringend benötigt. In Förderschulen wird sie gleichwohl zukünftig nur noch in weitaus geringerem Maße stattfinden. Inklusive Bildung wird zu einer Abkehr vom stationären Angebot sonderpädagogischer Förderung führen. Auch die Umwandlung von Förderschulen in Förderzentren geschieht letztlich mit der Perspektive, alle Schüler/-innen mit sonderpädagogischem Förderbedarf in der allgemeinen Schule unterzubringen. Förderzentren werden also in einem inklusiven Bildungssystem nur als ambulante Zentren agieren, d. h. ohne Schüler/-innen existieren. Für die anstehende innovative Rekonstruktion sonderpädagogischer Förderung wird das Bild des Netzwerks bemüht, in dem in flexiblen Kommunikations- und Kooperationsstrukturen ein regionaler Förderauftrag realisiert wird. Sonderpädagogische Lehrkräfte sind Koordinierungsinstanzen in diesem sonderpädagogischen Födernetzwerk und unterhalten vielfältige Beziehungen zu Schulen und anderen Einrichtungen.

Literatur

Ayres, Jean Anna: Bausteine der kindlichen Entwicklung. Berlin u. a.: Springer, 2. Auflage 1992 (amerik. Originalausgabe: 1979)

Biewer, Gottfried: Diagnose-Förderklassen als Alternativmodell im Eingangsbereich heilpädagogischer Schulen. Eine kritische Bilanz der bisherigen Entwicklung in Bayern. In: Zeitschrift für Heilpädagogik 52 (2001), S. 152–158

Bildungskommission NRW: Zukunft der Bildung, Schule der Zukunft. Denkschrift der Kommission „Zukunft der Bildung – Schule der Zukunft" beim Ministerpräsidenten des Landes Nordrhein-Westfalen. Berlin u. a.: Luchterhand, 1995

Bleidick, Ulrich: Behinderung als pädagogische Aufgabe. Behinderungsbegriff und behindertenpädagogische Theorie. Stuttgart, Berlin, Köln: Kohlhammer, 1999

Bless, Gérard: Zur Wirksamkeit der Integration. Forschungsüberblick, praktische Umsetzung einer integrativen Schulform, Untersuchungen zum Lernfortschritt. Bern u. a.: Haupt, 1995

Breitenbach, Erwin: Unterricht in Diagnose- und Förderklassen. Neuropsychologische Aspekte schulischen Lernens. Bad Heilbrunn: Klinkhardt, 1992

Bronfenbrenner, Urie: Die Ökologie der menschlichen Entwicklung. Natürliche und geplante Experimente. Hrsg. v. K. Lüscher. Frankfurt a. M.: Fischer, 1989 (engl. Originalausgabe: 1979, dt. Erstausgabe: 1981)

Cloerkes, Günter: Soziologie der Behinderten. Eine Einführung. Heidelberg: Edition Schindele, 1997

Deutscher Bildungsrat: Zur pädagogischen Förderung behinderter und von Behinderung bedrohter Kinder und Jugendlicher. Stuttgart: Klett, 1974

Deutsches PISA-Konsortium (Hrsg.): PISA 2000. Basiskompetenzen von Schülerinnen und Schülern im internationalen Vergleich. Opladen: Leske+Budrich, 2001

Deutsches PISA-Konsortium (Hrsg.): PISA 2003. Der Bildungsstand der Jugendlichen in Deutschland – Ergebnisse des zweiten internationalen Vergleichs. Münster: Waxmann, 2004

Drave, Wolfgang/Rumpler, Franz/Wachtel, Peter (Hrsg.): Empfehlungen zur sonderpädagogischen Förderung. Allgemeine Grundlagen und Förderschwerpunkte (KMK) mit Kommentaren. Würzburg: edition bentheim, 2000

Eberwein, Hans: Fremdverstehen sozialer Randgruppen. Ethnographische Feldforschung in der Sonder- und Sozialpädagogik. Grundfragen, Methoden, Anwendungsbeispiele. Berlin: Marhold, 1987

Ellger-Rüttgardt, Sieglind L.: Geschichte der Sonderpädagogik. Eine Einführung. München, Basel: Reinhardt, 2008

Faust-Siehl, Gabriele u. a. (Hrsg.): Die Zukunft beginnt in der Grundschule. Empfehlungen zur Neugestaltung der Primarstufe. Frankfurt a. M.: Ak Grundschule, 1996

Feuser, Georg: Behinderte Kinder und Jugendliche. Zwischen Aussonderung und Integration. Darmstadt: Wissenschaftliche Buchgesellschaft, 1995

Fend, Helmut: Qualität im Bildungswesen. Schulforschung zu Systembedingungen, Schulprofilen und Lehrerleistung. Weinheim u. München: Juventa, 1998

Goffman, Erving: Stigma. Über Techniken der Bewältigung beschädigter Identität. Frankfurt a. M.: Suhrkamp, 1967 (amerik. Originalausgabe: 1963)

Graser, Nina: Kooperation in der Benachteiligtenförderung. Hamburg: Kovač, 2009

Haeberlin, Urs/Bless, Gérard/Moser, Urs/Klaghofer, Richard: Die Integration von Lernbehinderten. Versuche, Theorien, Forschungen, Enttäuschungen, Hoffnungen. Bern, Stuttgart: Haupt, 2. Auflage 1991

Heimlich, Ulrich: Orte und Konzepte sonderpädagogischer Förderung. Ökologische Entwicklungsperspektiven der Heilpädagogik. In: Zeitschrift für Heilpädagogik 47 (1996), S. 46–54

Heimlich, Ulrich: Sonderpädagogische Fördersysteme. Auf dem Weg zur Integration. Stuttgart: Kohlhammer, 1999

Heimlich, Ulrich: Integrative Pädagogik. Eine Einführung. Stuttgart: Kohlhammer, 2003

Heimlich, Ulrich: Die „Schule der Armut" – Armut und soziale Benachteiligung als Herausforderung an die Lernbehindertenpädagogik. In: VHN 77 (2008), S. 11–22

Heimlich, Ulrich: Lernschwierigkeiten. Sonderpädagogische Förderung im Förderschwerpunkt Lernen. Bad Heilbrunn: Klinkhardt, 2009

Heimlich, Ulrich/Röbe, Dominik: Mobile Sonderpädagogische Dienste in Bayern – Ergebnisse einer Lehrerbefragung. In: Sonderpädagogik in Bayern 48 (2005), S. 37–44

Hentig, Hartmut von: Die Schule neu denken. Eine Übung in praktischer Vernunft. München: Hanser, 2. Auflage 1993

Hildeschmidt, Anne/Sander, Alfred: Zur Effizienz der Beschulung sogenannter Lernbehinderter in Sonderschulen. In: Eberwein, Hans (Hrsg.): Hb. Lernen und Lern-Behinderungen. Weinheim u. Basel: Beltz, 1996, S. 115–134

Hinz, Andreas: Von der Integration zur Inklusion – terminologisches Spiel oder konzeptionelle Weiterentwicklung. In: Zeitschrift für Heilpädagogik 53 (2002), S. 354–361

Hinz, Andreas/Katzenbach, Dieter/Rauer, Wolf/Schuck, Karl Dieter/Wocken, Hans/Wudtke, Hubert: Die integrative Grundschule im sozialen Brennpunkt. Ergebnisse eines Hamburger Schulversuchs. Hamburg: Hamburger Buchwerkstatt, 1998

Jantzen, Wolfgang: Materialistische Theorie der Behindertenpädagogik. In: Bleidick, Ulrich (Hrsg.): Theorie der Behindertenpädagogik. Hb. d. Sonderpädagogik, Bd. 1. Berlin: Marhold, 1985, S. 322–342

Keupp, Heiner u. a.: Identitätskonstruktionen. Das Patchwork der Identitäten in der Spätmoderne. Reinbek b. Hamburg: Rowohlt, 1999

Kniel, Adrian: Die Schule für Lernbehinderte und ihre Alternativen. Rheinstetten: Schindele, 1979

Konrad, Franz-Michael: Geschichte der Schule. Von der Antike bis zur Gegenwart. München: C. H. Beck, 2007

Kornmann, Reimer/Klingele, Christoph/Iriogbe-Ganninger, Julian: Zur Überrepräsentation ausländischer Kinder und Jugendlicher in der Schule für Lernbehinderte: Der arlarmierende Trend hält an. In: Zeitschrift für Heilpädagogik 48 (1997), S. 203–207

Kornmann, Reimer/Kornmann, Aline: Erneuter Anstieg der Überrepräsentation ausländischer Kinder in Schule für Lernbehinderte. In: Zeitschrift für Heilpädagogik 54 (2003), S. 286–289

Kusche, Gerald: Aggression und Gewalt an Schulen zur individuellen Lernförderung. Theorien und empirische Befunde zu einem aktuellen Thema. Frankfurt a. M.: Lang, 2000

Luhmann, Niklas: Soziale Systeme. Grundriß einer allgemeinen Theorie. Frankfurt a. M.: Suhrkamp, 4. Auflage 1991 (Erstausgabe: 1987)

Luhmann, Niklas: Das Erziehungssystem der Gesellschaft. Hrsg. v. Dieter Lenzen. Frankfurt a. M.: Suhrkamp, 2002

Luhmann, Niklas: Schriften zur Pädagogik. Hrsg. v. Dieter Lenzen. Frankfurt a. M.: Suhrkamp, 2004

Luhmann, Niklas/Schorr, Karl Eberhard: Reflexionsprobleme im Erziehungssystem. Frankfurt a. M.: Suhrkamp, 1988 (Erstausgabe: 1979)

Mead, George H.: Geist, Identität und Gesellschaft aus der Sicht des Sozialbehaviorismus. Frankfurt a. M.: Suhrkamp, 1973

Meyer, Hilbert: Schulpädagogik. Bd. I: Für Anfänger, Bd. II: Für Fortgeschrittene. Berlin: Cornelsen Scriptor, 1997

Möckel, Andreas: Geschichte der Heilpädagogik oder Macht und Ohnmacht in der Erziehung. Stuttgart: Klett-Cotta, 2007 (Erstausgabe: 1988)

Muth, Jakob u. a.: Behinderte in allgemeinen Schulen. Essen: Neue Deutsche Schule, 1982

Projektgruppe Integrationsversuch (Hrsg.): Unser Fläming-Modell. Weinheim u. Basel: Beltz, 1988

Rolff, Hans-Günter: Wandel durch Selbstorganisation. Theoretische Grundlagen und praktische Hinweise für eine bessere Schule. Weinheim u. München: Juventa, 1993

Sander, Alfred: Behinderungsbegriffe und ihre Konsequenzen für die Integration. In: Eberwein, Hans (Hrsg.): Integrationspädagogik. Weinheim u. Basel: Beltz, 1999 a, S. 99–107

Sander, Alfred: Ökosystemische Ebenen integrativer Schulentwicklung – ein organisatorisches Entwicklungsmodell. In: Heimlich, Ulrich (Hrsg.): Sonderpädagogische Fördersysteme – auf dem Weg zur Integration. Stuttgart u. a.: Kohlhammer, 1999 b, S. 33–44

Sander, Alfred: Kind-Umfeld-Analyse: Diagnostik bei Schülern und Schülerinnen mit besonderem Förderbedarf. In: Mutzeck, Wolfgang (Hrsg.): Förderdiagnostik. Konzept und Methoden. Weinheim u. Basel: Beltz, 3. Auflage 2002, S. 12–24

Sander, Alfred: Inklusive Pädagogik verwirklichen – Zur Begründung des Themas. In: Schnell, Irmtraud/Sander, Alfred (Hrsg.): Inklusive Pädagogik. Bad Heilbrunn: Klinkhardt, 2004, S. 11–22

Schmetz, Ditmar: Reflexionen zur Konzeption einer Interaktionspädagogik für erschwerte Lernsituationen. In: Zeitschrift für Heilpädagogik 37 (1986) 2, S. 73–85

Schmidt, Horst-Friedrich/Wachtel, Peter (Hrsg.): Sonderpädagogische Förderzentren. Grundlegungen, Erfahrungen, Ausblicke. Würzburg: vds, 1996

Schnell, Irmtraud: Geschichte schulischer Integration. Gemeinsames Lernen von SchülerInnen mit und ohne Behinderung in der BRD seit 1970. Weinheim, München: Juventa, 2003

Schor, Bruno J.: Das Sonderpädagogische Förderzentrum. Von der Idee zur Realität. Donauwörth: Auer, 2001

Schor, Bruno J.: Mobile Sonderpädagogische Dienste. Ein Integrationsmodell mit Zukunft. Donauwörth: Auer, 2002

Seitz, Simone: Zeit für inklusiven Sachunterricht. Hohengehren: Schneider, 2005

Spitzer, Manfred: Lernen. Gehirnforschung und die Schule des Lebens. Heidelberg, Berlin: Spektrum Akademischer Verlag, 2002

Vaudlet, Werner (Hrsg.): Das große Nashornbuch. München: dtv, 2001 (Erstausgabe: 1978)

Vygotskij, Lev S.: Denken und Sprechen. Psychologische Untersuchungen. Weinheim u. Basel: Beltz, 2002 (russ. Originalausgabe: 1934)

Wilhelm, Marianne/Eggertsdóttir, Rósa/Marinósson (Hrsg.): Inklusive Schulentwicklung. Planungs- und Arbeitshilfen zur neuen Schulkultur. Weinheim u. Basel: Beltz, 2006

Wittmann, Bernhard: KMK-Empfehlungen. In: Bundschuh, Konrad/Heimlich, Ulrich/Krawitz, Rudi (Hrsg.): Wörterbuch Heilpädagogik. Bad Heilbrunn: Klinkhardt, 3. Auflage 2007, S. 155–156

Wocken, Hans: Am Rande der Normalität. Untersuchungen zum Selbst- und Gesellschaftsbild von Sonderschülern. Heidelberg: Schindele, 1983

3 Von der Förderschule zum inklusiven Bildungssystem – die Perspektive der Schulentwicklung

Gottfried Biewer & Helga Fasching

Vorbemerkung

Das nachfolgende Kapitel befasst sich mit Fragen der Schulentwicklung, wie sie sich aus dem Postulat der Inklusion ergeben. Es stellt die gegenwärtige internationale (überwiegend englischsprachige) Diskussion dar und sondiert, davon ausgehend, Ziele von Innovationsmaßnahmen und Problemlagen auch für deutschsprachige Länder. Insbesondere versucht das Kapitel, Antworten auf folgende Fragen zu finden:

- Was ist inklusive Pädagogik und welche Merkmale weisen inklusive Bildungssysteme auf?
- Welche Ziele resultieren aus dem Postulat der Inklusion für die Entwicklung von Schule und Unterricht?
- Wie kann diese Entwicklung vonstatten gehen?
- Welche inklusiven Strukturen können in die Berufsvorbereitung Eingang finden?
- Welche Probleme und Dilemmata birgt eine Schulentwicklung hin zu inklusiven Strukturen?
- Wo liegen Lösungen für diese Probleme?

Zur letzten Frage sollen mit der *International Classification of Functioning, Disability and Health* (ICF/ICF-CY) der Weltgesundheitsorganisation (WHO) und dem *Capability-Approach* von Amartya Sen und Martha Nussbaum zwei komplementäre und in der Entwicklungsforschung zu inklusiver Bildung bislang weitgehend ignorierte Konzepte eingeführt und auf ihren Nutzen hin befragt werden.

3.1 Inklusive Pädagogik und Merkmale inklusiver Bildungssysteme

Die Übertragung des aus politik- und sozialwissenschaftlichen Kontexten entstammenden Begriffs „inclusion" auf bildungspolitische und bildungswissenschaftliche Inhalte ist in Nordamerika Ende der 1980er Jahre festzustellen, wo er sich ab etwa 1990 relativ schnell gegen die bisherigen Begriffe „mainstreaming/integration" durchsetzte (Biewer 2000). Für die globale Verbreitung des bildungspolitischen Konzepts „inclusion" haben die Aktivitäten der UNESCO und die Verabschiedung der Erklärung von Salamanca eine nicht unwichtige Rolle gespielt (vgl. UNESCO 1994). Fast zeitgleich zur Deklaration der UNESCO finden sich die Begriffe „inclusion", „inclusive education" und „inclusive school" ab Mitte der 1990er Jahre auch in Publikationen der britischen Pädagogik (vgl Clark/Dyson/Millward 1995). Bereits seit diesem Zeitpunkt haben wir es mit zunehmend divergierenden

Begriffsverständnissen unterschiedlicher bildungspolitischer Akteure zu tun. Die unreflektierte Übernahme des Begriffs „Inklusion" in Kombination mit der fehlenden Angabe der definitorischen Basis führt schnell zu Missverständnissen in Bildungspolitik wie in Bildungswissenschaft.

Hinz (2002) hat in einem Artikel der „Zeitschrift für Heilpädagogik" versucht, die Praxis von Integration und Inklusion einander gegenüberzustellen. Inklusion betrachtet er als System für die allgemeine Schule, die sich in ihrem Selbstverständnis verändern soll. Sie soll anerkennen, dass sie es mit heterogenen Gruppen zu tun hat, die aus vielen Minderheiten und Mehrheiten entsprechend unterschiedlicher Kriterien bestehen. Ressourcen sollen dem System Schule zur Verfügung gestellt werden und nicht mehr individuell etikettierten Schüler/-innen mit ausgewiesenem Bedarf. Ein individualisiertes Curriculum soll das gemeinsame Lernen für alle ermöglichen. Hinz fasst damit Positionen zusammen, welche die britische und skandinavische Literatur dominieren.

Vislie (2003) fragt, ob der begriffliche Wechsel von Integration zu Inklusion lediglich sprachlicher Natur oder mit einer neuen bildungspolitischen Zielsetzung verbunden war. In ihrer Untersuchung, die sich mit der Situation von 14 überwiegend europäischen Ländern befasst, kommt sie zu dem Ergebnis, dass Integration ihre Grundlage in einem auf die Sonderpädagogik bezogenen Denken finde, während Inklusion ein Konzept sei, das versucht, sich auf die Diversität der allgemeinen Schule zu beziehen.

Inklusion wird nicht als Zustand eines Systems, sondern eher als permanenter Entwicklungsprozess von Bildungssystemen betrachtet, in denen die Rechte der Schüler/-innen eine wichtige Rolle spielen (vgl. Rioux 2007). Artiles et al. (vgl. 2006, S. 67) betrachten Inklusion als ein Konzept der Transformation von Schulkulturen. Damit soll der Zugang *aller* Schülergruppen zu Bildung gesteigert werden und sich die Akzeptanz aller durch die Lehrkräfte erhöhen. Neben einer Maximierung der Teilhabe an jedweden schulischen Handlungsfeldern erwarten Artiles et al. auch eine Steigerung schulischer Leistungen.

Ausgehend von den Schultraditionen anglofoner und skandinavischer Länder wird inklusive Pädagogik häufig wenig präzise formuliert. Stattdessen wird darauf hingewiesen, dass es sich um einen Veränderungsprozess hin zu mehr Teilhabe an Lernen und Schulleben handelt (vgl. Florian 2007, S. 543). In Bezug auf Norwegen wird auf die jahrzehntelang praktizierten Schultraditionen der Nichtaussonderung verwiesen, die durch *„inclusion"* nun mit einem international weitverbreiteten Begriff belegt würden (vgl. Nilsen 2010).

Hans Wocken (2010) hat verschiedene Interpretationsmöglichkeiten von „Inklusion" anhand deutschsprachiger Literatur aufgelistet und sie gleichzeitig mit Interpretationsvarianten des Integrationsbegriffs verknüpft. Aus bisherigen Anwendungen des Integrationsbegriffs leitet er in seiner differenzierten Analyse unterschiedliche Deutungsvarianten des Inklusionsbegriffs ab. So sieht er im Verständnis von Inklusion z. B. Gleichsetzungen mit Integration, optimierte oder erweiterte Integration oder auch visionäre Formen von Integration als mögliche Deutungsformen. Ungeachtet der unterschiedlichen Interpretationen plädiert er abschließend für die Übernahme des Begriffs Inklusion anstelle des bisherigen Integrationsbegriffs bzw. des Doppelbegriffs „Integration/Inklusion". Dabei spielt für ihn auch der Umstand eine Rolle, dass Inklusion sich im internationalen Sprachgebrauch mittlerweile durchgesetzt hat.

In der gängigen angloamerikanischen Literatur werden die Begriffe „inclusion" und „inclusive education" häufig synonym verwendet. Diese Einengung auf Bildungsprozesse in der Schule ist insofern problematisch, als gleichzeitig Inklusion als Konzept für eine lebenslange Entwicklung betrachtet werden kann. Die Autoren/-innen dieses Kapitels favorisieren in bildungswissenschaftlichen Kontexten den Begriff der „inklusiven Pädagogik". Inklusive Pädagogik wird nachfolgend verstanden als Bezeichnung für „Theorien zur Bildung, Erziehung und Entwicklung, die Etikettierungen und Klassifizierungen ablehnen, ihren Ausgang von den Rechten vulnerabler und marginalisierter Menschen nehmen, für deren Partizipation in allen Lebensbereichen plädieren und auf eine strukturelle Veränderung der regulären Institutionen zielen, um der Verschiedenheit der Voraussetzungen und Bedürfnisse aller Nutzer/-innen gerecht zu werden" (Biewer 2010, S. 193).

3.2 Entwicklungsziele für Schule und Unterricht

In den „Policy Guideline on Inclusion in Education" führt die UNESCO (2009) Inhalte der Erklärung von Salamanca (UNESCO 1994) und der Richtlinien zur Inklusion (UNESCO 2005) fort. Es sind drei fachliche Begründungszusammenhänge, in denen die UNESCO (2009, S. 9) in ihrem Policy-Papier „Inclusion in Education" verortet. Neben der pädagogischen werden die gesellschaftliche und die ökonomische Dimension von Inklusion angeführt. Inklusiver Unterricht soll den individuellen Bedarfslagen der Schüler/-innen entsprechen, womit alle Schüler/-innen davon profitieren (pädagogische Begründung). Inklusive Schulen sollen die vorherrschenden Einstellungen in der Gesellschaft verändern und damit die Basis für eine gerechte und diskriminierungsfreie Gesellschaft liefern (gesellschaftliche Begründung). Weiterhin soll es kostengünstiger sein, Schulen für alle Kinder offenzuhalten, statt ein differenziertes System von Spezialschulen zu etablieren (ökonomische Begründung). Der Zugang zu Bildung, der Anspruch auf einen angemessenen Qualitätsstandard und die Berücksichtigung der Lernumwelten werden hier in Form von Rechten der Kinder formuliert (vgl. UNESCO 2009, S. 9).

Während die genannten Dokumente der UNESCO nur Empfehlungscharakter haben, erhalten teilweise deckungsgleiche Inhalte über die VN-Konvention über die Rechte behinderter Menschen (VN-BRK) einen auch juridisch verbindlichen Status. Mit der VN-BRK hat damit ein Dokument auf prominentem internationalem Parkett den Schutz einer marginalisierten Bevölkerungsgruppe zur verbindlichen und teilweise einklagbaren Norm erhoben (vgl. Arnardóttir/Quinn 2009). Die Zustimmung zur VN-BRK umfasst vier Grade der Verbindlichkeit. So gibt es

Staaten, die sie lediglich unterzeichnet, andere, die mit der Ratifizierung bereits eine Verbindlichkeit für die nationale Gesetzgebung geschaffen haben. Eine kleinere Gruppe hat das Fakultativprotokoll unterzeichnet bzw. bereits ratifiziert und sich damit einer internationalen Überprüfung von möglichen Konventionsverletzungen unterworfen. Deutschland wie auch Österreich gehören zur Gruppe derjenigen Länder, die sowohl die Konvention wie auch das Fakultativprotokoll unterzeichnet und ratifiziert haben. Sie haben damit ihre Gesetzgebung und Rechtspraxis einem weitgehenden Kontrollmechanismus unterworfen.

Die VN-BRK widmet sich in Artikel 24 der Thematik von Erziehung und Bildung. So wird dort festgelegt, dass Kinder mit Behinderungen nicht aus dem allgemeinen Bildungswesen ausgeschlossen werden dürfen und ihre Bildungsangebote in derjenigen Gemeinde erfahren sollen, in der sie leben. Individuelle Unterstützungsmaßnahmen sollten das Ziel der vollen Inklusion verfolgen („*consistent with the goal of full inclusion*“, Art. 24 2 c). Der Artikel 24 wird zunehmend gegenüber nationalen Regierungen als Norm für die Veränderung der nationalen Bildungssysteme angeführt, wie dies in Beiträgen aus fünf Erdteilen in einer Publikation des Commonwealth-Sekretariats geschieht (vgl. Rieser 2008). Aus der Diskrepanz zwischen dem Ziel der Inklusion in der VN-BRK und der realen Situation in einer Vielzahl dieser Länder, zu denen neben entwickelten (z. B. Großbritannien, Kanada oder Australien) auch viele Entwicklungsländer (z. B. Ghana oder Sambia) und etliche Schwellenländer (z. B. Indien) gehören, resultiert ein pädagogischer Entwicklungsbedarf. Es bleibt abzuwarten, welche Bildungsdiskussionen in den kommenden Jahren aus dieser Diskrepanz entstehen werden. Bereits jetzt zeichnet sich in vielen Ländern weltweit eine Intensivierung der bildungspolitischen Diskussion ab.

Indem Inklusion auch für Deutschland und Österreich zur Leitlinie des Bildungswesens für Menschen mit Behinderung wird und ihre Nichtbeachtung sanktioniert werden kann, können sich auch staatliche Stellen grundlegenden Schulstrukturdiskussionen nicht mehr entziehen.

Das hier propagierte Ziel der Inklusion wird aber durch unterschiedliche Deutungen relativiert (vgl. Ellger-Rüttgardt 2008). Für die deutschsprachigen Länder zeigt sich diese Relativierung in der Übersetzung des Begriffs „*inclusion*“ mit „Integration“, weshalb die offizielle Übersetzung des englischen Textes in die deutsche Sprache bei Vertretungsorganisationen behinderter Menschen wie auch Fachverbänden nach wie vor strittig ist und zu einer Alternativübersetzung geführt hat.

In deutschsprachigen Ländern findet der Begriff der inklusiven Pädagogik erst langsam in schulinstitutionelle Kontexte Eingang. Während er in Österreich bereits länger im Bereich der Lehrerbildung (vgl. Grubich 2005) zu finden ist, ist die Diskussion in der Schweiz (vgl. Liesen 2007) mittlerweile auch eröffnet. Beschreibungen pädagogischer Praxis aus Deutschland, die Begriffe wie „inklusive Schule“ im Titel führen, entpuppen sich hingegen nicht selten als Darstellungen einzelner Kooperations- und Integrationsprojekte (vgl. z. B. Thoma/Rehle 2009). Die konkrete schulische Praxis trifft sich nur teilweise mit den Vorstellungen reformorientierter Pädagogen/-innen, es sei denn man versteht unter inklusiven

Schulen auch solche, die sich auf den Weg zu einem Ziel machen, ungeachtet der nach wie vor unzureichenden Rahmenbedingungen.

3.3 Entwicklungswege für Schule und Unterricht

Es gibt eine Vielzahl von Faktoren, die eine Entwicklung hin zur inklusiven Schule fördern oder behindern können. Einige haben aber größeren Einfluss als andere. Keine relevante Studie stellt die Bedeutung infrage, welche die Person des Lehrers/der Lehrerin gegenüber den Umsetzungsmöglichkeiten von Inklusion hat.

Eine Studie aus Israel fasst einerseits bereits vorliegende Ergebnisse zu erfolgreichem Arbeiten in inklusiven Settings zusammen (vgl. Ben-Yehuda/Leyser/Last 2010), andererseits versucht sie in einer empirischen Erhebung, offene Fragen zu klären. Bei der Zusammenfassung des Forschungsstandes nennen sie drei Faktoren, welche für den Erfolg oder Misserfolg von Lehrer/-innen beim Anliegen schulischer Inklusion wiederholt genannt werden (vgl. a. a. O., S. 19):

1. Die Schwere und Form der Behinderung: Schüler/-innen mit schweren Behinderungen und Verhaltensstörungen werden seltener akzeptiert.
2. Ausbildung und Erfahrung der Lehrer/-innen: Lehrkräfte, die bereits über Erfahrung mit Schüler/-innen mit speziellem Erziehungs- und Bildungsbedarf verfügten und solche, in deren Aus- und Weiterbildung relevante einschlägige fachliche Inhalte vermittelt wurden, zeigen eine größere Bereitschaft, Inklusion zu unterstützen.
3. Das Geschlecht der Lehrkraft: Weibliche Lehrkräfte sind eher bereit, das Anliegen der Inklusion durch eigene Aktivitäten zu unterstützen als ihre männlichen Kollegen.

In ihrer eigenen qualitativen Studie in Israel untersuchten die Autoren/-innen die Gegebenheiten bei 24 Lehrkräften, deren Arbeit von Außenstehenden als erfolgreich im Sinne der Inklusion bewertet wurde (vgl. Ben-Yehuda et al. 2010). In ihren Interviews mit den Lehrerinnen und Lehrern, die ergänzt wurden durch soziometrische Erhebungen in den unterrichteten Klassen, erfassten sie vier Bereiche, die mit erfolgreichem Lernen im Sinne der Inklusion verbunden waren:

1. *Pädagogische Orientierungen*: Erfolgreich waren Lehrkräfte, welche Beziehungen zu ihren Schülern pflegten, die durch Ermutigung und Unterstützung geprägt waren. Bedeutsam erschien auch das Wissen über den persönlichen Hintergrund der Schüler/-innen und der Kontakt zu den Eltern.
2. *Einstellungen* gegenüber der Inklusion: Verbreitet war die Einstellung, dass alle Kinder mit „*special needs*“ Adressaten von Inklusion sein sollten, allerdings mit partiellen Einschränkungen gegenüber Kindern mit Verhaltensstörungen und schweren Behinderungen.

3. *Unterrichtspraktiken*: Erfolgreiche Lehrkräfte führten regelmäßige Besprechungen über die Lern- und Erziehungsprobleme mit Kollegen/-innen durch.
4. *Persönlichkeitsmerkmale*: Lehrkräfte waren sensibel gegenüber den Bedürfnissen der Schüler/-innen und wollten den Kindern Zuneigung und Zeit geben. Den eigenen unterrichtlichen Erfolg brachten fast alle auch mit ihrer eigenen Unterrichtskompetenz („teaching ability") in Verbindung.

Ausgehend von solchen und zahlreichen ähnlichen Ergebnissen empirischer Studien ist es naheliegend, dass Schulentwicklungsforschung die Voraussetzungen bei den in der Inklusion mitwirkenden Lehrkräften in besonderem Maße im Auge behalten muss. Ainscow (2007) beschreibt das britische Projekt IQEA (Improving the Quality of Education for All), in dem über einen Zeitraum von 15 Jahren vorwiegend britische Universitäten mit schulischen Netzwerken zusammenarbeiteten. Die Initiatoren sind von der Annahme ausgegangen, dass der Schlüssel für die Implementierung inklusiver Bildungssysteme bei den Lehrkräften liege (vgl. Ainscow 2007, S. 149). Wesentliche Ziele bestanden in der Entwicklung inklusiver Lehre („developing inclusive teaching") und inklusiver Leitungsstrukturen („developing inclusive leadership"). Ainscow stellt fest, dass institutionelle Umgestaltungen nur wenig erfolgreich sind, wenn sie nicht von Änderungen auf der individuellen Ebene der Lehrpersonen begleitet sind. Das Finden einer gemeinsamen Sprache im Verlauf von Kooperationsprozessen war die Voraussetzung für die Lehrkräfte, um sich über pädagogische Positionen auszutauschen und das eigene Lehrverhalten in der Klasse zu ändern (vgl. a. a. O., S. 149 f.). Den Umgang mit der Diversität der Schülerschaft sieht Ainscow als Stimulus für die Lehrkraft, die bisherige Unterrichtspraxis zu hinterfragen. Das Bekanntwerden mit den Ergebnissen von Schulforschung und die Erfahrungen aus gegenseitigen Unterrichtsbeobachtungen der Lehrer/-innen können nach Ainscows Einschätzung einen Prozess der Selbsthinterfragung, Kreativität und Tätigkeit auslösen (vgl. a. a. O., S. 150). Dass dieser Prozess mit neuen Problemen und Turbulenzen an der Schule verbunden sein kann, räumt er ein. Eine Periode der Unordnung könne aber auch als Ausdruck dessen betrachtet werden, dass Dinge in Bewegung geraten. Er sieht hier die Schulleitung in besonderem Maße gefordert, diesen institutionellen Veränderungsprozess mit geeigneten Maßnahmen zu begleiten (vgl. a. a. O., S. 151 f.).

Verschiedentlich wurde auch die Rolle der Eltern als Unterstützer thematisiert und in Studien untersucht. Eine belgische Publikation (vgl. Mortier et al. 2009) zur Inklusion von Kindern mit schweren Behinderungen im Primarschulalter beschreibt anhand von drei Fallstudien zur Einzelintegration in verschiedenen Schulen, wie Eltern in schulische Unterrichts- und Erziehungsplanungsmaßnahmen involviert werden und ihre besondere Form der Kompetenz in die schulische Lernplanung einbringen konnten. Es ging darum, den besonderen Erfahrungsschatz zu heben, den Eltern durch ihr spezifisches Wissen über das Kind haben. Gemeinsam entwickelten Lehrkräfte und Eltern konkrete Maßnahmen, wie auf das Kind mit Behinderung bezogene Lernaktivitäten verbessert und soziale Verhaltensweisen geändert werden konnten. Diese wurden über einen mehrmonatigen Zeitraum beobachtet, was zu weiteren angepassten pädagogischen Maßnahmen führte. Das schulische Umfeld entsprach dabei nicht den Vorstellungen von einer Lernumgebung, die auf Vielfalt Rücksicht nimmt. Eher waren es traditionell arbeitende Schulen mit lehrerzentrierten Unterrichtsformen, deren Klassenlehrkräfte aber bereit waren, sich der Aufgabe der Unterrichtung von Kindern mit schweren kognitiven Beeinträchtigungen zu stellen, auch unter Mithilfe von mobilen Stützlehrkräften, die nur wenige Stunden pro Woche zur Verfügung standen (vgl. a. a. O., S. 340). So wurden Unterrichtsformen modifiziert, angepasste Materialien erarbeitet und die Entwicklung sozialer Beziehungen zwischen den Kindern mit Behinderungen und ihren Klassenkameraden initiiert und gefördert. An den Beobachtungsdaten ließ sich aufzeigen, dass eine Zusammenarbeit zwischen Eltern und Lehrkräften, die über das sonst übliche Maß der Kooperation zwischen beiden Seiten deutlich hinausging, Inklusion auch dort ermöglichte, wo Rahmenbedingungen auf den ersten Blick als sehr unzureichend erschienen.

Aus den Handlungsforschungsnetzwerken mehrerer englischer Universitäten entstand in der zweiten Hälfte der 1990er Jahre mit dem „Index for Inclusion“ (Booth/Ainscow, 2002) ein neues Instrument zur Schulentwicklung, das mittlerweile weltweit verbreitet ist. Die Entwicklung des Index for Inclusion wie auch dessen Implementierung in Schuldistrikten war verbunden mit weiteren Handlungsforschungsprojekten, die von universitären Instituten kollaborativ mit Schulen durchgeführt wurden und zu denen auch das von Ainscow beschriebene IQEA-Projekt gerechnet werden darf (vgl. Ainscow 2007).

Der von Tony Booth und Mel Ainscow in Zusammenarbeit mit reformorientierten Lehrergruppen und Schulleitungen entwickelte und im Jahre 2000 an alle englischen Schulen verschickte *Index for Inclusion* enthält insgesamt 45 Indikatoren und 500 Fragen, mit denen Lehrer/-innen, Schulleiter/-innen, Eltern, Schüler/-innen und Angehörige der Schulaufsicht Informationen über jeweils konkrete Schulen sammeln können (vgl. Booth/Ainscow 2002). Die zweite Fassung des *Index for Inclusion* aus dem Jahre 2002 wurde zwischenzeitlich in zahlreiche Sprachen übersetzt und ist auch in deutscher Sprache online abrufbar (vgl. Booth/Ainscow 2003). Die wissenschaftliche Qualität der deutschen Übersetzung ist zumindest partiell diskussionswürdig, auch wenn die vorgenommenen Begriffswahlen vom Anspruch der Adaptierung an die jeweiligen Fachsprachen geleitet wurden und die Anpassung an die Verhältnisse in den jeweiligen Ländern zum Ziel hatte. So wurde der englische Begriff *„inclusion“* als „Pädagogik der Vielfalt“ übersetzt (a. a. O., S. 3) und damit explizit mit einem bereits seit den 1990er Jahren mit Annedore Prengels gleichnamigen Werk festgelegten Begriff gleichgesetzt (vgl. Prengel 2006).

Bei der Übertragung ins Deutsche unter der Verantwortung von Ines Boban und Andreas Hinz ging es wohl weniger um eine wörtliche Wiedergabe des englischen Ausgangstextes als um eine Adaptierung an die Verhältnisse deutschsprachiger Länder. Deshalb sind auch Kommentare und Erläuterungen zu finden, die sich deutlich vom englischen Ausgangstext unterscheiden, aber das Ziel verfolgen, dem „Index für Inklusion“ als Instrument der Schulentwicklung im deutschsprachigen

Raum Akzeptanz im Kreise reformorientierter Pädagogen/-innen zu verschaffen. Die von Boban und Hinz vorgenommene Übersetzung wird von den britischen Entwicklern des „Index for Inclusion" als die deutschsprachige Version ihres Werkes betrachtet und auf ihrer Website zum Download bereitgestellt. Sie kann daher, trotz sprachlicher Schwächen, als die „offizielle" Version betrachtet werden. Dies liegt durchaus im Sinne der britischen Publikationsrechte-Inhaber, die an die Situation anderer Länder angepasste und damit auch modifizierte Versionen als Übersetzung akzeptieren und denen es primär um die globale Verbreitung dieses Schulentwicklungskonzepts geht.

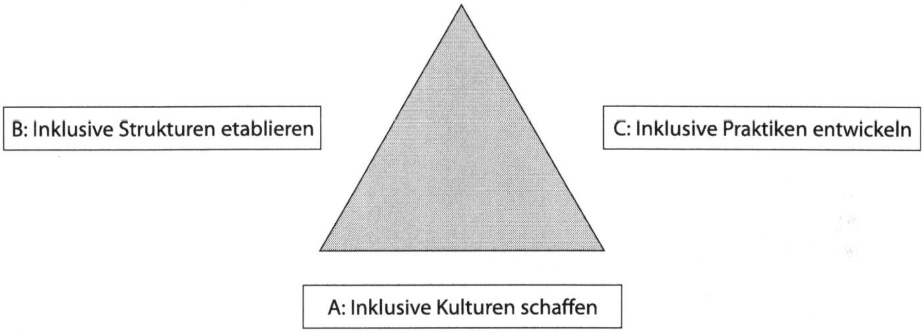

Abb. 3.1: Komponenten des „Index for Inclusion" (aus: Booth/Ainscow, 2003, S. 15)

Der *Index for Inclusion* zielt in der Schulentwicklung auf drei Dimensionen: die Schaffung inklusiver Kulturen, die Etablierung inklusiver Strukturen und die Entwicklung inklusiver Praktiken. Was ist hierunter zu verstehen? Unter dem Schaffen inklusiver Kulturen verstehen die Autoren die Schaffung einer Gemeinschaft, in der jeder geschätzt und respektiert wird und in der inklusive Werte verankert werden (vgl. Booth/Ainscow 2003, S. 15). Prinzipien und Werte innerhalb dieser Schulkulturen sollen die Entscheidungen bei Alltagspraktiken leiten und das Lernen durch einen kontinuierlichen Prozess der Schulentwicklung verbessern. Sie sollen an alle Personen weitergegeben werden, die von der Institution aufgenommen werden, sei es als Lehrkräfte, Schüler/-innen, Eltern oder Beteiligte schulischer Gremien.

Für alle drei Dimensionen ist der gleiche strukturelle Aufbau gewählt, der hier anhand der Dimension „Inklusive Kulturen schaffen" etwas ausführlicher veranschaulicht werden soll. Dieser sind zwei Indikatoren zugeordnet, und zwar „Gemeinschaft bilden" und „Inklusive Werte verankern" (a. a. O., S. 50). Beide werden wiederum mit sieben bzw. sechs Indikatoren präzisiert. Der Indikator „A.1 Gemeinschaft bilden" unterteilt sich auf der zweiten Gliederungsebene wie folgt:

„A.1.1 Jede(r) fühlt sich willkommen.
A.1.2 Die SchülerInnen helfen einander.
A.1.3 Die MitarbeiterInnen arbeiten zusammen.
A.1.4 MitarbeiterInnen und SchülerInnen gehen respektvoll miteinander um.

A.1.5 MitarbeiterInnen und Eltern gehen partnerschaftlich miteinander um.
A.1.6 MitarbeiterInnen und schulische Gremien arbeiten gut zusammen.
A.1.7 Alle lokalen Gruppierungen sind in die Arbeit der Schule einbezogen" (ebd.).

Die Indikatoren werden für die jeweilige Schule anhand eines Fragenkataloges erfasst. Für den Indikator „A.1.4 MitarbeiterInnen und SchülerInnen gehen respektvoll miteinander um" sind im Index folgende präzisierenden Fragen aufgelistet:

„1) Sprechen die MitarbeiterInnen alle SchülerInnen respektvoll an, nennen sie sie bei dem Namen, mit dem sie gerufen werden wollen, mit der richtigen Aussprache?
2) Gehen die SchülerInnen mit allen MitarbeiterInnen respektvoll um, unabhängig von deren Rolle innerhalb der Schule?
3) Werden Meinungen von SchülerInnen zur Weiterentwicklung der Schule eingeholt?
4) Wirken sich die Ansichten der SchülerInnen darauf aus, was in der Schule passiert?
5) Haben die SchülerInnen eigene Foren, um Schulangelegenheiten zu diskutieren?
6) Helfen SchülerInnen den MitarbeiterInnen, wenn sie darum gebeten werden?
7) Bieten die SchülerInnen Hilfe an, wenn sie sehen, dass sie benötigt wird?
8) Kümmern sich MitarbeiterInnen und SchülerInnen um den Zustand des Schulgeländes?
9) Wissen die SchülerInnen, zu wem sie gehen können, wenn sie ein Problem haben?
10) Können SchülerInnen darauf vertrauen, dass mit ihren Schwierigkeiten in konstruktiver Weise umgegangen wird?" (a. a. O., S. 56).

Unter dieser Liste findet sich noch Raum für weitere ergänzende Fragen der jeweiligen Schule.

Die Dimension „Inklusive Strukturen etablieren" zielt auf die Entwicklung einer Schule für alle, die geeignet ist Unterstützung für Vielfalt zu organisieren. Ihr werden auf der ersten Gliederungsebene die Indikatoren „Eine Schule für alle entwickeln" und „Unterstützung für Vielfalt organisieren" zugeordnet (a. a. O., S. 49). Die Dimension „Inklusive Praktiken entwickeln" ist durch die beiden Indikatoren „Lernarrangements organisieren" und „Ressourcen mobilisieren" näher bestimmt. Beide Bereiche sind über die gleiche Struktur aus Indikatoren und zugeordneten Fragen näher beschrieben, die bereits am Beispiel inklusiver Kulturen dargelegt wurde. So findet sich etwa beim Indikator „Ressourcen mobilisieren" in der Dimension „Inklusive Praktiken entwickeln" auf der zweiten Gliederungsebene der folgende Indikator: „Die Unterschiedlichkeit der SchülerInnen wird als Chance für das Lehren und Lernen genutzt". Er wird über die folgenden Fragen näher bestimmt:

„1) Werden die SchülerInnen darin bestärkt, ihre Kenntnisse und Erfahrungen, z. B. bezogen auf verschiedene Länder, Regionen und Stadtbereiche oder über die Geschichte ihrer Familie, zusammenzutragen?
2) Wird das Vermögen der SchülerInnen wahrgenommen und sensibel genutzt, emotionale Unterstützung zu geben?
3) Helfen SchülerInnen mit mehr Kenntnissen oder Fertigkeiten in einem Gebiet manchmal denen, die weniger davon haben?
4) Gibt es Gelegenheiten zu gegenseitiger Unterstützung von SchülerInnen unterschiedlicher Jahrgänge, ggf. auch als Unterstützung älterer durch jüngere?
5) Erhalten alle – also auch leistungsschwächere – SchülerInnen die Chance, anderen zu helfen?
6) Wird jedem – unabhängig von Begabung, Beeinträchtigung oder Alter – zugetraut, dass er wichtige Dinge zum Unterricht beitragen kann?
7) Wird die Vielfalt der Sprachen, die die SchülerInnen sprechen, als wesentlicher Teil des Unterrichtsinhalts und als eine reichhaltige Anregung für den Sprachunterricht genutzt?
8) Geben SchülerInnen, die z. B. ein bestimmtes Problem überwunden haben, ihre Erfahrungen an andere weiter?
9) Werden Hindernisse für das Lernen und die Teilhabe einiger SchülerInnen, z. B. Zugang zu einem Teil des Gebäudes oder einem Unterrichtsinhalt zu erhalten, als Aufgabe zur Problemlösung oder als Projekt für viele Beteiligte gesehen?“ (a. a. O., S. 92).

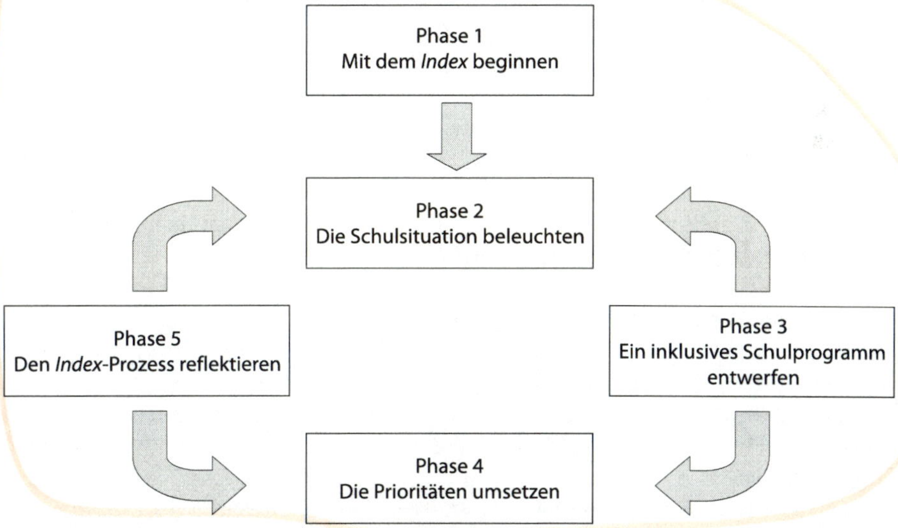

Abb. 3.2: Prozessmodell des „Index for Inclusion“ (Booth/Ainscow 2003, S. 19)

Wie gestaltet sich die Arbeit mit dem *Index for Inclusion* in denjenigen Schulen, die sich für die entsprechenden Umgestaltungsprozesse entschieden haben? Es werden fünf Phasen unterschieden, die der Umgestaltungsprozess durchläuft. Da der Prozess immer wieder von Neuem beginnen kann, handelt es sich hier um ein Modell permanenter Schulreform.

Zu Beginn soll sich ein Index-Team bilden, das z.B. aus reformorientierten Lehrkräften einer Schule besteht, die sich mit den Inhalten des *Index for Inclusion* auseinandersetzen und auch schon eine Vorstellung haben, in welche Richtung Veränderungsprozesse gehen könnten. In einer zweiten Phase untersucht das Team die Schulsituation. Dazu dienen auch Fragebögen für Lehrer/-innen, Eltern, Schüler/-innen und weiteres Schulpersonal, für die es im Anhang mehrere Beispiele gibt (vgl. a.a.O., S. 98–110). Danach soll ein inklusives Schulprogramm im Sinne von Änderungsvorschlägen entworfen werden, welches das Schulteam nach festgelegten Prioritäten umsetzt. Anschließend werden die Wirkungen dieser Veränderungen kritisch reflektiert. Das Ganze ist nicht als einmaliger Vorgang zu verstehen, sondern als permanenter Entwicklungsprozess, der wieder von Neuem beginnen kann, wenn ein Entwicklungsbedarf in der Schule festgestellt wird.

Verbunden mit dem Denken des „Index for Inclusion“ ist eine Abkehr vom Konzept der „special educational needs“ und eine Hinwendung zu den Barrieren für Lernen und Teilhabe (vgl. Vaughan 2002, S. 197). Über mindestens ein Jahr, besser aber über zwei oder drei Jahre, sollte ein Entwicklungsprozess verlaufen, der auf eine Veränderung der Schule hinzielt (vgl. a.a.O., S. 199). Kritisch wird angemerkt, dass der „Index for Inclusion“ die Unterstützung des Umgestaltungsprozesses durch die Schulleitung unterstelle, die aber im pädagogischen Alltag häufig nicht vorausgesetzt werden könne (vgl. Vaughan 2002, S. 200). Die Unterstützung durch die Schulleitung gilt aber gleichermaßen als notwendige Bedingung erfolgreicher Inklusion wie die Kooperation des Lehrkörpers bei der Entwicklung von Schulkonzepten (vgl. Smith/Leonard 2005, S. 269).

Dem Schulteam, das den Wandel hin zu inklusiven Kulturen, Strukturen und Praktiken initiieren soll, wird geraten, einen kritischen Freund zurate zu ziehen. Wer damit gemeint ist, bleibt offen. Als mögliche Kandidaten/-innen werden außenstehende Personen genannt, welche die Schule gut kennen, herausfordernd und begleitend agieren und den Prozess der Arbeit mit dem „Index for Inclusion“ kontinuierlich begleiten können (vgl. Booth/Ainscow 2003). Peter Hick (2005) empfiehlt in einem Fachorgan für Schulpsychologen/-innen seine Berufsgruppe für diese Rolle und beruft sich dabei auf Erfahrungen in einem Projekt in England. Damit verbunden sieht er eine höhere Wirksamkeit der Beratungsleistungen und gleichzeitig eine stärkere Sensibilisierung der Berufsgruppe für schulische Entwicklungsaufgaben.

Mittlerweile sind zahlreiche Erfahrungen zur Arbeit von Lehrergruppen mit dem „Index for Inclusion“ in der Literatur beschrieben, die sich zumeist als Handlungsforschung betrachteten. In einer Studie aus Australien (vgl. Carrington/Robinson, 2004) ist dieser Prozess für eine große Primarschule in Queensland detailliert beschrieben. In diesem Umgestaltungsprozess werden zwei Schwerpunkte der professionellen Entwicklung genannt. So zielten die Initiatorinnen (eine Schulleiterin und eine Wissenschafterin der Universität) auf einen schulkulturellen Wechsel, der die Reflektion von Werten und Einstellungen umfasste, aber auch auf die Vermittlung von Wissen und Fähigkeiten, um dem Bedarf aller Schüler/-innen gerecht zu werden. Heung (2006) beschreibt die Adaption des „Index for Inclusion" durch die Schulbehörde in Hongkong. Hier wurde der Aspekt der schulischen Leistung stärker betont und als eigene Domäne in die Indikatorenliste eingefügt (vgl. a. a. O., S. 315).

Eine breit angelegte Studie aus Australien verweist auf die Notwendigkeit, die im britischen Schulkontext entwickelte Indikatorenliste an die spezifische Situation anderer Länder anzupassen (vgl. Deppeler/Harvey 2004). Das Projekt sollte Umgestaltungsprozesse mit dem *Index for Inclusion* über einen Zeitraum von drei Jahren in Primar- und Sekundarschulen anleiten und untersuchen. Viele der untersuchten Schulen waren in katholischer Trägerschaft. Die Art, wie hier mit dem Index umgegangen wurde, ist vielleicht beispielhaft für Adaptierungen an die Situation anderer Länder und abweichende Werthaltungen. So wurden in einer ersten Phase als Folge von Experten/-innenbefragungen zahlreiche Indikatoren umformuliert (vgl. a. a. O., S. 162). Es folgte eine erste Befragung von Lehrkräften mit dem veränderten Bogen, die quantitativ ausgewertet und über Gruppendiskussionen erneut hinterfragt wurde. So kam es zu spezifischen Schwerpunktsetzungen aufgrund der Besonderheiten der untersuchten Schulgruppen, wie z. B. die Aufnahme pastoraler Zielsetzungen christlicher Ethik oder die Fokussierung auf den unterdurchschnittlichen Schulerfolg von männlichen Schülern der Sekundarstufe (vgl. a. a. O., S. 163 f.).

Neben den Adaptierungen an die Situation verschiedener Länder, Kulturen und Subkulturen, ist am „Index für Inclusion" aber auch die Aufnahme der Vision der inklusiven Gesellschaft in die Schuldiskussion der jeweiligen Länder bemerkenswert. Fearnley-Sander, Moss und Harbon (2003) beschreiben die Arbeit mit dem „Index for Inclusion" für fünf indonesische Primarschulen unter dem Aspekt der staatsbürgerlichen Entwicklung in der Post-Suharto-Ära Indonesiens. Im Zentrum der Aufmerksamkeit des indonesisch-australischen Kooperationsprojektes stand die Wechselwirkung zwischen gesellschaftlich-politischer und pädagogisch-schulischer Demokratisierung. In der Wertschätzung der Vielfalt sehen die Autoren/-innen ein westlich-liberales Modell des Individuums, dessen Propagierung zu Spannungen führen kann – sowohl mit der Staatsphilosophie des vorausgegangenen politischen Systems als auch der Betonung des Konkurrenzsystems zwischen den Schülerinnen und Schülern im bisherigen Schulsystem (vgl. a. a. O., S. 205 ff.). Die in Indonesien kulturell bedingte Fokussierung auf Gruppe und Gemeinwesen sehen sie eher als historisch gewachsenen Hintergrund, der in der konkreten Schulpraxis weniger Bedeutung erlange. Als hemmend für eine Umsetzung der Zielsetzungen des Index betrachten sie die Einstellungen der Lehrer/-innen, für die eher die Einrichtung von Leistungsgruppen als die Wertschätzung von Differenz von Bedeutung sei (vgl. a. a. O., S. 217).

Während der „Index for Inclusion" auch auf eine Erfassung der Perspektive der Kinder zielt und auch in Einzelstudien dargestellt ist (vgl. z. B. Carrington/Holm

2005), fehlt es noch an breiter angelegter systematischer Forschung, um die Sichtweise von Kindern und Jugendlichen mit Behinderungen zu erfassen. Sonali Shah vom „Centre for Disability Studies“ der Universität Leeds hat eine solche Studie vorgenommen mit dem Ziel, die Erfahrungen von Schülerinnen und Schülern mit körperlichen Beeinträchtigungen in Sonderschulsettings und in der allgemeinen Schule zu vergleichen (vgl. Shah 2007). Biografische Interviews mit 30 älteren Kindern und Jugendlichen, die die Schule noch besuchten, führten zu unterschiedlichen Bewertungen schulischer Inklusion. So wurden Vor- und Nachteile beider institutioneller Formen herausgearbeitet. Aus den Darstellungen der Jugendlichen lässt sich ein hoher Veränderungsbedarf in den Strukturen der regulären Schulen herausarbeiten, die auch bei formaler Anerkennung der Bedürfnisse behinderter Schüler/-innen weiterhin an Praktiken festhalten, die diese Schüler/-innen deutlich benachteiligen. Sonderschulen würden hingegen durch fehlende schulischer Leistungsorientierung und Herausnahme aus den Anforderungen des Alltags zur Benachteiligung für die beruflichen Möglichkeiten führen. Als Konsequenz plädiert Shah (2007, S. 439) für die Wahlmöglichkeit zwischen Sonderbeschulung und inklusiven Lösungen, wobei Kinder und Jugendliche in diese Entscheidungsfindung eingeschlossen werden sollen.

Lee (2010) setzt sich mit der deutschsprachigen Fassung des „Index für Inklusion“ von Andreas Hinz auseinander. Ihre Arbeit fußt auf einer hermeneutischen Auseinandersetzung mit der Theorie der Inklusion in den Schriften von Andreas Hinz. Die am Beispiel der Schriften eines einzelnen Autors entwickelten Überlegungen beziehen sich aber sowohl auf den angelsächsischen Diskurs über „inclusive education“ als auch auf Probleme der Übertragung der zugrunde liegenden Konzepte auf den deutschsprachigen Raum. Da die Probleme der inklusiven Berufsvorbereitung eine eigenständige Herausforderung im Rahmen inklusiver Schulentwicklung darstellen, sollen diese nun gesondert betrachtet werden.

3.4 Exkurs: Inklusive Strukturen zur Berufsvorbereitung

Berufsvorbereitung ist im Kontext inklusiver Pädagogik häufig unterbelichtet. Die nachfolgenden Überlegungen suchen hierzu nach geeigneten Ansatzpunkten. Berufsvorbereitung, worunter die Berufsberatung und -orientierung zu subsumieren sind, bilden wesentliche Elemente in den Phasen der beruflichen Entscheidungsfindung und Realisierung; sie verfolgt das Ziel, Jugendliche über die verschiedenen Ausbildungswege nach der Pflichtschule zu informieren und abzuklären, welche beruflichen Möglichkeiten den Jugendlichen offenstehen. Doch welche inklusiven Strukturen können in die Berufsvorbereitung Eingang finden? Und wie können inklusive Übergangsprozesse durch schulische Berufsvorbereitung unterstützt werden? Mit inklusiven Übergangsprozessen ist hierbei der Übergang von einem integrativen Pflichtschulsetting in die Ausbildung und Beschäftigung am allgemeinen Arbeitsmarkt zu verstehen. In der Regel verläuft der Übergang von der Schule in die Arbeitswelt bei vielen Schüler/-innen, denen in ihrem Bildungsweg ein „Sonderpädagogischem Förderbedarf" (SPF) zugeschrieben wurde – trotz Etablierung innovativer arbeitsmarktpolitischer Integrationsmaßnahmen – auf segregativen Wegen. Viele Jugendliche mit SPF, die zuvor integrativ beschult wurden, münden nach der Schule in außerbetriebliche Maßnahmen der Berufsvorbereitung und Ausbildung und finden letztendlich ihren Arbeitsplatz nur in den weitverbreiteten geschützten Werkstätten mit Arbeits- oder Beschäftigungstherapie oder auch in sogenannten integrativen Betrieben, die den Werkstätten für behinderte Menschen in Deutschland ähneln, die es aber in Österreich nur in sehr geringer Zahl gibt. Dass Übergangsprozesse für die betroffenen Schulabsolventen/-innen nicht inklusiv verlaufen, hat vielfach jedoch damit zu tun, dass die – zur Unterstützung inklusiver Übergangsprozesse – erforderlichen Rahmenbedingungen im schulischen Bereich noch fehlen, speziell im Bereich der Berufsvorbereitung. In diesem Kapitel wird daher zuerst auf die fehlenden Strukturen inklusiver Berufsvorbereitung eingegangen und danach überlegt, welche Strukturen zur Berufsvorbereitung in der Schule inklusive Übergangsprozesse fördern können; die Ausführungen dieses Kapitels beziehen sich auf die in Österreich geübte Praxis.

Mehrere Darstellungen der vergangenen Jahre (BMUK 2001; Fasching/Felkendorff 2007; Fasching/Niehaus 2008; Specht 2001; Wetzel/Wetzel 2001) nennen folgende Schwachpunkte der schulischen Berufsvorbereitung:

- Bei schulischen Maßnahmen zur Unterstützung des Übergangsprozesses wurden bisher keine speziellen Überlegungen für Jugendliche mit SPF getroffen. Inklusive Formen der schulischen Berufsvorbereitung werden für Jugendliche mit SPF nicht angeboten, ihnen wird vielfach nur die Möglichkeit gegeben, das einjährige schulische Berufsvorbereitungsjahr an Sonderschulen zu absolvieren.
- Eine geringere Anzahl obligatorischer Berufsvorbereitungs- und -orientierungsstunden im Rahmen der integrativen Beschulung gegenüber Sonderschulen benachteiligt die Integrationsschüler/-innen.
- Mehrere oder längere Praktika sind derzeit nur als Schulversuche möglich. Damit fehlt den Jugendlichen meist eine beständige, über „Schnuppermodelle" hinausgehende Vergleichs- und Abklärungsmöglichkeit zwischen ihren Vorstellungen und den Anforderungen in den Betrieben. Die geringe Anzahl an Praktika während der letzten Schuljahre verhindert eine realistische und praxisnahe Berufswahlerprobung.
- Nach Abschluss der Pflichtschule endet die Zuständigkeit der Schulbehörde für die Jugendlichen. Dadurch ist häufig ein Bruch in der Unterstützungskoordination gegeben, der von den Betroffenen und deren Angehörigen als problematisch erlebt wird, da sie sich dadurch keinen Überblick über die notwendigen Hilfen und Unterstützungsleistungen verschaffen können.

Die hier genannten Schwächen der Berufsvorbereitung können gleichzeitig als Barrieren für die Entwicklung inklusiver Strukturen im Bereich der beruflichen Bildung betrachtet werden.

Grünke und Leidig (2007, S. 847) formulieren Kriterien für eine erfolgreiche berufliche Integration von Jugendlichen mit dem Förderschwerpunkt Lernen, die im Schulunterricht von Lehrpersonen besondere Berücksichtigung finden sollen: Dazu zählen die „frühzeitige Heranführung an den ersten Arbeitsmarkt" und die „individuelle Förderung der intellektuellen und emotionalen Leistungsfähigkeit". Empfehlungen zur Unterstützung der beruflichen Integration werden auch von Fasching und Niehaus (2008, S. 731–737) formuliert und sollten vor allem an den Kompetenzen der Jugendlichen, am schulischen und sozialen Umfeld sowie an den Bedingungen im Erwerbsleben anknüpfen.

Die Publikationen von Fasching/Niehaus (2008), Fasching/Felkendorff (2007) und Niedermair (2005) arbeiten mehrere zentrale Qualitätskriterien für die Gestaltung des Übergangs Schule Beruf heraus. Eine Berücksichtigung der nachfolgend genannten Vorschläge könnte helfen, inklusive Strukturen bereits in der Pflichtschule zu entwickeln:

- Erhöhung der Anzahl der Berufsvorbereitungsstunden im Rahmen der integrativen Beschulung,
- Erhöhung der Anzahl der Praktika für eine realistische Berufswahlentscheidung und zur Anpassung der Fähigkeiten der Person an die betrieblichen Anforderungen (Passungsprozess),
- rechtzeitiges Einsetzen der Übergangsbegleitung (z. B. durch „Clearing") mit Erstellung eines verpflichtenden individuellen Förder- und Karriereplanes bereits vor dem Ende der Pflichtschulzeit,
- Verbesserung der Kooperation der Schulen mit den Betrieben durch „Firmenprojekte" und Exkursionen,
- persönliche Zukunftsplanung und Unterstützungskreis: Die unterstützenden Angebote sollten ein soziales Netzwerk aufbauen helfen, welches bereits in der 7. Schulstufe startet und bei der Eingliederung in die Arbeitswelt unterstützt. Im Unterstützungskreis sind die oder der Jugendliche, die Eltern, Lehrer/-innen, professionelle Betreuer/-innen und andere ehrenamtliche Helfer/-innen vertreten,
- Qualitätsentwicklung unter Beteiligung der Nutzer/-innen: Nutzer/-innen dieser Dienstleistungen sollten weitaus stärker als bislang in die Qualitätssicherung und Gestaltung des Unterstützungsprozesses einbezogen werden,
- Verbesserung der Rahmenbedingungen im Bereich der schulischen Berufsvorbereitung (finanziell, personell, materiell),
- Verankerung inklusiver Kernmodule in die Berufsorientierungsfortbildung für Lehrer/-innen sowie Integrationsfachkräfte.

Nachfolgend soll zur Unterstützung inklusiver Übergangsprozesse für Schüler/-innen mit SPF auf die Maßnahme „Clearing" (http://www.clearing.or.at) näher eingegangen werden. Ab dem Jahr 2001 ermöglichten die zusätzlichen Mittel der

Beschäftigungsoffensive der österreichischen Bundesregierung für Menschen mit Behinderungen („Behindertenmilliarde") einen massiven Ausbau der schulexternen Beratungs- und Begleitungsangebote für Jugendliche mit SPF. Mit dieser Maßnahme wurde dabei eine individualisierte, schulexterne und nicht direkt dem Arbeitsmarktservice zugehörige Beratungsdienstleistung entwickelt, die bereits im vorletzten Schuljahr der Sekundarstufe I ansetzt und seit ihrer Einrichtung international große Aufmerksamkeit und Anerkennung hervorgerufen hat. Im Jahre 2004 wurde das Clearing von der Europäischen Union als Best Practice-Maßnahme ausgezeichnet; im Rahmen einer Sonderrichtlinie des Bundesministeriums für Arbeit, Soziales und Konsumentenschutz (BMASK) wurde die Maßnahme inzwischen aus dem Projektstatus gelöst und auf Dauer gestellt. Mittlerweile wird diese institutionelle Beratungsleistung von fast allen Jugendlichen mit SPF in Anspruch genommen (vgl. Fasching/Mursec 2010).

Das Clearing ist ein Angebot zur beruflichen Orientierung, das für alle Jugendlichen mit SPF im Übergangsprozess von der Schule in den Beruf bereitsteht. Die Maßnahme setzt bereits im vorletzten Pflichtschuljahr an (7. Schulstufe) und ist auf sechs Monate befristet. Ziel ist es, Jugendlichen mit SPF „Perspektiven in Bezug auf ein künftiges Berufsleben aufzuzeigen und Entscheidungsgrundlagen für ein realistisches weiteres Vorgehen in Richtung berufliche Integration bereitzustellen. Sie umfasst Beratung, Betreuung, Begleitung und diagnostische Tätigkeiten" (BMASK 2008, S. 13). Zentrale, im Einzelnen nachzuweisende Aktivitäten sind hierbei die Erstellung eines Neigungs- und Eignungsprofils sowie die Durchführung einer Stärken- und Schwächenanalyse, die Abklärung eines Nachqualifikationsbedarfs, das Aufzeigen von beruflichen Perspektiven auf der Grundlage des Neigungs- und Eignungsprofils und darauf aufbauend die Erstellung eines Karriere- und Entwicklungsplans. Die Karriere- und Entwicklungspläne werden gemeinsam mit dem/der Jugendlichen und dessen/deren Eltern sowie Lehrern/-innen erstellt und sollen „kompensierbare" sowie „nichtkompensierbare" Schwächen identifizieren. Danach ist ein Nachschulungsplan mit konkreten Vereinbarungen anzufertigen, der an die regionalen Angebote angepasst werden muss. Zudem sind Kontakte zu allen relevanten Akteuren/-innen herzustellen und „Schnupperarbeitsplätze" oder Praktikumsstellen zu organisieren (vgl. a. a. O., S. 13). Der gesamte Clearingprozess wird in einer „Clearingmappe" dokumentiert, die im Abschlussgespräch dem/der Jugendlichen übergeben wird und auch den Karriere-/Entwicklungsplan beinhaltet.

Im Jahr 2005 wurde die Clearing-Dienstleistung von 25 Trägerorganisationen österreichweit angeboten, insgesamt nahmen daran 5063 Jugendliche teil (vgl. Lechner/Riesenfelder/Wetzel 2006, S. 14), im Jahr 2008 waren es bereits 6690 (BSB 2008, S. 12). Laut Forschungsbericht „Evaluierung Clearing" stellt Clearing ein „bedarfsgerechtes und effektives arbeitsmarktpolitisches Instrument für Jugendliche mit Unterstützungsbedarf" (a. a. O., S. 10) dar. Von den insgesamt 7255 Jugendlichen, die zwischen 2001 und dem ersten Halbjahr 2005 ein Clearing durchlaufen haben, waren zwei Drittel zwischen 13 und 15 Jahren alt, die Altersgruppe zwischen 16 bis 20 Jahre beläuft sich auf 29,1 Prozent, und weitere 2,7 Prozent sind über 20 Jahre alt. Auffallend ist, dass der Anteil der Mädchen, die an einem Clearing teilnehmen, bei etwa 40 Prozent liegt. Jedoch weisen die Autoren/-innen darauf hin, dass Burschen vermehrt in Sonderschulen vorzufinden sind und häufiger einen sonderpädagogischen Förderstatus erhalten als Mädchen (vgl. a. a. O., S. 32 f). Derzeit ist es nicht möglich – wenn Jugendliche kurz nach Beginn des Clearings eine Nachqualifizierungsmaßnahme beginnen und diese abschließen oder nach einem Lehrabbruch bzw. einem Arbeitsplatzverlust –, dass sie das Clearing wieder aufnehmen können (vgl. Eglseer/Lechner/Riesenfelder 2008).

Die Zusammenarbeit mit den Eltern ist gesetzlicher Auftrag der Lehrkräfte und der sonderpädagogischen Zentren. Dass diese Zusammenarbeit auch im Hinblick auf die Berufswahlvorbereitung eine unterschiedliche Qualität hat, ist aus der Forschung hinlänglich bekannt. Clearer/-innen haben in diesem Zusammenhang in den letzten Jahren eine erhebliche Entlastungsfunktion für die Lehrkräfte übernommen. Da sie de facto als Fachkoordinator/-innen in der Berufswahlvorbereitung tätig sind, strukturieren sie mit ihrer Aktivität (Fallkonferenzen, Betriebs-, Schul- und Elternbesuche) auch die Zusammenarbeit zwischen Schule und Elternhaus in erheblichem Maße. Durch die verbindliche Aufgabe – in Abstimmung mit Eltern und Schule –, einen detaillierten Entwicklungs- und Karriereplan für jeden einzelnen betroffenen Jugendlichen zu erarbeiten, wurde die Qualität der Zusammenarbeit deutlich erhöht.

Der Systemwechsel, und damit einhergehend, die personelle Diskontinuität zwischen Schule und Ausbildungsmarkt wirken sich ungünstig auf den Übergangsprozess der jungen, arbeitsuchenden Menschen mit Behinderung aus: Die Schule ist rechtlich nur bis zum Ende der Schulpflicht für die Begleitung und Unterstützung dieser Schüler/-innen zuständig. Clearer/-innen und Übergangsbegleiter/-innen hingegen sind schulfremde Personen. Das Zuständigkeitsproblem, ob die Schule die Absolvent/-innen mit SPF hinausbegleiten soll oder Personen, die für den Schnittstellenbereich angestellt werden, diese Jugendlichen in den Arbeitsmarkt hereinholen sollen, ist nach einigen Jahren der Diskussion nunmehr im Wesentlichen geklärt: Clearer/-innen und Übergangsbegleiter/-innen wie zum Beispiel die Jugendarbeitsassistenz sind per Ausnahmegenehmigung ermächtigt, bereits im vorletzten Schuljahr Kontakt mit den Jugendlichen aufzunehmen.

Die Zusammenarbeit zwischen Berufsberatung, Schule und Lehrbetrieben wird auf „Fallebene“ durch Mitarbeiter/-innen der je zuständigen Assistenzdienstleistung koordiniert, also zunächst durch Clearer/innen, im Verlaufe der Ausbildung dann durch die Berufsausbildungsassistenz, Jugendarbeitsassistent/-innen und/oder Jobcoaches. Daneben sind Vertreter/-innen der drei genannten Institutionen an allen regionalen und überregionalen Vernetzungsaktivitäten beteiligt. Durch das nahtlos übergreifende Maßnahmeangebot für Jugendliche mit SPF, welches bereits zwei Jahre vor Pflichtschulende ansetzt, sollen inklusive Übergangsprozesse von der Schule in Ausbildung und Beruf unterstützt werden. Insofern zeigt sich, dass inklusive Strukturen in der Berufsvorbereitung nicht nur als Einzelfallhilfe konzipiert werden kann, sondern vielmehr ebenso Bestandteil des inklusiven Schulentwicklungsprozesses sein muss.

3.5 Probleme und Dilemmata inklusiver Schulentwicklungen

Curcic (2009) hat eine Übersicht zu Forschungen zu inklusiver Schulbildung aus 18 Ländern in fünf Erdteilen zusammengetragen mit vier thematischen Schwerpunkten: dem Schulerfolg, der Einstellung von Lehrkräften und deren Auswirkungen auf die eigene Praxis, inklusiven Schulphilosophien und Praktiken sowie den Relationen zwischen Inklusion und Exklusion. Dabei würdigt sie die unterschiedlichen Tendenzen der Ergebnisse, die förderliche wie hinderliche Faktoren für eine erfolgreiche Inklusion in großer Zahl zutage förderten. Die Autorin verweist auf die bedeutsame Rolle, welche die Einstellungen von Lehrkräften und das Schulklima in diesem Zusammenhang spielen (vgl. a. a. O., S. 535 f.) und merkt kritisch an, dass sie oft lediglich zur Anpassung von „Problemkindern" an dominante Kulturen führen, statt zu einer Veränderung von Strukturen im Sinne der Inklusion.

Ainscow, Booth und Dyson (2006, S. 296) sehen in der Entwicklung der britischen Schulen zwei gegenläufige Tendenzen. Einerseits gehe es darum, in nationalen Tests messbare Schulleistungen zu erhöhen („accountablity"), andererseits sei aber auch der Versuch erkennbar, marginalisierte Schülergruppen in besonderem Maße einzubeziehen und ihren Bildungserfordernissen gerecht zu werden („inclusion"). Die für Großbritannien beschriebenen Entwicklungen ordnen sie weltweiten Tendenzen zu. Den mit der Verbreitung der Positionen internationaler Organisationen (z. B. der Salamanca-Erklärung der UNESCO) verbundenen Versuch, Schule so umzugestalten, dass alle Kinder, auch zuvor marginalisierte, dort zu steigendem schulischen Erfolg geführt werden („inclusion"), sehen sie in einem Gegensatz zum von „accountability" attribuierten Diskurs über Standards im Bildungswesen. Letzterem ordnen sie Entwicklungen zu Wettbewerb und Marktorientierung zu, während der Diskurs über „inclusion" sich eher am Prinzip der Chancengerechtigkeit („equity in education") orientiere.

In der Begleitung von Schulentwicklungen sieht Ainscow (2010) die beiden gegensätzlichen Perspektiven von Exzellenz und Chancengerechtigkeit („excellence" und „equity") gleichzeitig wirken. Er stützt sich dabei auf die Erfahrungen aus zehn Jahren Schulreform (1997–2007) im englischen Bezirk Tramton, die er kontinuierlich begleitet hat, und in der er drei Entwicklungsphasen unterscheidet: die Hebung von Standards (1997–2001), die Förderung von Inklusion (2000–2004) und die Etablierung von Netzwerken über Hierarchieebenen hinweg (2004–2007). Der Beitrag mündet in fünf Beobachtungen, die nach Ainscows Ansicht verallgemeinert werden können, und dazu passenden konkreten Vorschlägen für die Schulentwicklung unter den beiden genannten, für den Autor komplementären Perspektiven (vgl. a. a. O., S. 88):

- Lehrer verfügten über mehr Wissen, als sie anwenden.
- Die Expertise von Lehrkräften und pädagogischem Führungspersonal bleibe unartikuliert.

- Empirische Nachweise seien der Motor jeder Veränderung.
- Netzwerkarbeit sei hochkomplex.
- Pädagogische Führung müsse unabhängiges Arbeiten fördern.

Als förderlich für Schulentwicklungsprozesse hin zu inklusiven Strukturen sieht Ainscow demzufolge die Hebung und Anwendung bereits vorhandenen Wissens, die Einrichtung eines Ortes zur Hinterfragung gängiger Praktiken, den Ausbau neuer Formen der Zusammenarbeit und die Ausübung von Leitungstätigkeiten, die einen vertrauensvollen Umgang fördern.

Es gibt mittlerweile eine Vielzahl von Falldarstellungen schulischer Umgestaltungsprozesse mit der Zielsetzung einer weiteren schulischen Inklusion. Nicht selten sind diese eingebunden in Projekte universitärer Praxis- und Aktionsforschung. Inwieweit es sich bei Ergebnissen wie Ainscow (2010) sie darlegt, tatsächlich um replizierbares Wissen handelt, das unabhängig von Zeit und Ort Schulentwicklungsprozesse anleiten kann, ist wohl kaum nachprüfbar. Aber auch die Darstellung zeit- und ortsgebundener Veränderungen kann zu Anregungen für die Initiierung von Innovationen führen.

Die volle Einbeziehung von Kindern mit Behinderungen und Lernstörungen während der gesamten Unterrichtszeit in das Lernsetting der regulären Schule, wird in der US-amerikanischen Literatur auch als *„full inclusion"* bezeichnet und gilt vielerorts als bildungspolitische Maxime für die Weiterentwicklung des Bildungswesens. Drei amerikanische Autorinnen setzen sich mit dem Anspruch einer Sondererziehung („special education") auseinander, unter den Bedingungen eines Bildungsumfeldes, das die vollständige Inklusion propagiert. Sie fragen in ihrem Rückblick auf die Entwicklung der vergangenen drei Jahrzehnte, ob Kinder mit Behinderungen gegenwärtig eine angemessene Erziehung im Bildungswesen erhalten (vgl. Zigmond/Kloo/Volonino 2009). Dabei stehen Orte („from separate place to full inclusion"), Lehrpläne („from a special education to the general education curriculum") und Unterrichtsformen („from specially designed instruction to differentiated instruction") zur Diskussion. Ihre Bilanz ist gespalten. Einerseits begrüßen sie, dass Lehrkräfte heute besser für Kinder mit Behinderungen vorbereitet sind, Gebäudeplanungen auf die Schülergruppe Rücksicht nehmen und das geistige und soziale Kapital der regulären Klasse allen Kindern zur Verfügung steht (vgl. a. a. O., S. 200 f.). Andererseits stellen sie die Frage, inwieweit der herausgehobene und geschützte rechtliche Status von einigen Kindern mit Behinderungen nicht in Widerspruch zu den Bemühungen einer „full inclusion" steht. Weiterhin hinterfragen sie, ob der Anspruch einer vollen Inklusion in alle Dimensionen schulischen Geschehens, angesichts notwendiger spezifischer Hilfsmaßnahmen und eines geschützten Status, nicht doch zu weitgehend sei.

Im Bereich sozialer Dienste gibt es in Deutschland bereits seit dem Beginn der 1990er Jahre eine Diskussion über die Qualität der angebotenen Dienstleistungen und mittlerweile auch ein breit ausgebautes Instrumentarium an Qualitätsmanagement. Mit erheblicher zeitlicher Verspätung hat diese Diskussion auch das Bildungswesen erreicht. Wesentlich dazu beigetragen haben die internationalen Vergleichsstudien (PISA, TIMSS etc.), die für sonderpädagogische Felder in ihrer Wirkung allerdings sehr ambivalente Folgen haben. Die im internationalen Vergleich nur mäßigen Resultate, haben insbesondere in Deutschland den Blick auf Selektionsmechanismen gelenkt, die zu einer frühzeitigen Trennung leistungsschwacher und leistungsstarker Schüler am Ende der Primarschulzeit führen. So gibt es auch in der deutschsprachigen Sonderpädagogik eine Diskussion, welche die eher dürftigen Leistungen des deutschen Schulsystems in der schulischen Förderung schulleistungsschwacher Kinder mit der äußeren Gliederung in Schulformen in der Sekundarstufe und der frühen Selektion in Verbindung bringen (vgl. Beiträge hierzu in: Stechow 2006).

Während in der Anfangsphase der Entwicklung inklusiver Modelle auch international eine Fachliteratur dominierte, die sich auf positive Sichtweisen der neuen Modelle und Ratschläge für die Umgestaltung von Schulen beschränkte und in aktualisierten Überarbeitungen (vgl. z. B. Villa/Thousand 2005) wissenschaftliche Zugänge als Teil einer bildungspolitischen Reformbewegung verstand, hat die kritische Untersuchung vorhandener neuer Strukturen inzwischen auch Mängel in den Blick genommen. Analoge Tendenzen lassen sich an wissenschaftlichen Begleitungen von Modellversuchen zur schulischen Integration in Deutschland in den 1970er und 1980er Jahre erkennen, die nur moderate Kritikpunkte an den evaluierten Modellen zutage förderten. Doch auch hier verweist die Literatur zu Integration als Regelangebot auch auf Schwächen in den institutionellen Systemen. Es ist insbesondere die Frage nach der Qualität der Angebote für Kinder mit speziellem Bedarf in inklusiven Settings, die besonders im Auge behalten werden muss (vgl. Biewer 2005). Eine Zusammenschau britischer Studien zeigt, dass insbesondere schulische Angebote für Kinder mit komplexen Behinderungen in inklusiven Settings oft qualitativ dürftig sind und den Erfordernissen dieser Kinder nicht entsprechen (vgl. Cygman 2007). Auch die soziale Involvierung und Akzeptanz dieser Kinder ist nicht durchgängig gegeben, sondern nicht selten von der Zuweisung eines inferioren Status begleitet (vgl. Avramidis/Wilde 2009, S. 324 ff.).

Kinder mit Behinderungen sind in regulären Schulen auch überproportional häufig von Bullying durch Mitschüler betroffen, wie anhand der Sekundäranalyse von 32 Einzelstudien herausgearbeitet werden konnte (vgl. Rose/Espelage/Monda-Amaya 2009). Schüler/-innen mit Behinderungen sind aufgrund von Passivität eher gefährdet, allerdings nicht in dem Maße wie Schüler mit abweichendem Verhalten und unzureichenden sozialen Fähigkeiten. Der Befund wird aber dadurch relativiert, dass Kinder mit Behinderungen in Sonderschulsettings statistisch noch häufiger Opfer von Bullying-Attacken werden als Schüler/-innen mit Behinderungen in allgemeinen Schulen. Gut geführte inklusive Klassen, die im erzieherischen Bereich Wert auf soziales Lernen legen, zeigen das Bullying-Phänomen aufgrund präventiver Maßnahmen in deutlich geringerem Umfang (vgl. a. a. O., S. 763).

Pijl, Frostad und Flem (2008) haben die soziale Stellung von Kindern mit „special needs“ in Klassen der regulären Schule untersucht. Die Studie aus Klassen der Primar- und Sekundarstufe I in der Region Trondheim in Norwegen stellt fest, dass sie weniger beliebt sind, über weniger Freundschaften mit Kameraden verfügen und seltener an Gruppenunternehmungen ihrer Peers teilnehmen. Die Wahrnehmung der Lehrkräfte wie auch die Erfahrungen der Schüler/-innen mit „special needs“ sieht deren Stellung in Bezug auf die drei genannten Dimensionen wesentlich positiver.

Das Eintreten für Inklusion ist verbunden mit einem Verzicht auf Zuordnung zu Behinderungen, ein Sachverhalt, der bereits in der Entstehungsphase inklusiver Modelle mit dem Begriff „Dekategorisierung“ bezeichnet wurde. Der Verzicht auf Begriffe, die Defizite benennen, erschwert die Einforderung zusätzlicher Hilfen für spezielle Kinder. Dieser Umstand wurde mit dem Begriff „Etikettierungs-Ressourcen-Dilemma“ bezeichnet (Wocken 1996). Im angloamerikanischen Bereich gibt es bereits seit den frühen 1990er Jahren eine breite Diskussion zu dem hier anvisierten Problem unter dem Begriff „dilemma of difference“. Norwich (2008) hat dieses Dilemma in Bezug auf England, die USA und die Niederlande anhand von Dokumenten aus den Schulsystemen der drei Länder untersucht. Er fand dabei drei thematische Bereiche, in denen es sich widerspiegelt:

- bei der Identifizierung der Schüler („identification dilemma“),
- beim Lehrplan („curriculum dilemma“),
- bei der schulische Platzierung („location dilemma“).

Mit dem Dilemma der Identifizierung ist gemeint, ob überhaupt die Zuschreibung eines besonderen Status erfolgen sollte. Beim Lehrplan stellt sich die Frage, ob die Schüler mit Behinderungen oder Lernschwierigkeiten nach dem Lehrplan der allgemeinen Schule unterrichtet werden sollen oder nach einem besonderen Lehrplan. Das Platzierungsdilemma fragt nach der Grenze zwischen der Unterrichtung in allgemeinen Schulen, insbesondere bei Schüler/-innen mit schweren Behinderungen (vgl. a. a. O., S. 57).

Anhand von Befragungen von Lehrkräften und Verantwortlichen des Schulsystems sowie der Analyse vorliegender Dokumente und Datenmaterials zeigt er auf, dass in den drei Ländern zwar unterschiedliche Wege beschritten werden, eine Lösung des „dilemma of difference“ aber nicht möglich zu sein scheint. Es ließen sich aber auf der Grundlage der im Jahre 2005 erhobenen quantitativen Daten durchaus Unterschiede zwischen den einzelnen Länder feststellen, die der Autor in der Zusammenfassung seiner detailreichen Erhebung am Ende des Buches präsentiert (vgl. a. a. O., S. 196–217). Das Dilemma der Identifizierung wurde in England und den Niederlanden deutlich wahrgenommen, während es für die US-amerikanischen Befragten nur eine marginale Rolle spielte. Die beiden Dilemmata des Lehrplans und der schulischen Platzierung waren in allen untersuchten Ländern signifikant. Einige Punkte im Zusammenhang mit den Dilemmata fielen aber in den einzelnen Ländern besonders auf. So wurde in England im Zusammenhang mit dem Dilemma der Identifizierung geäußert, auch die Zuschreibung von „special educational needs“ habe eine stigmatisierende Wirkung; während in den USA verstärkt auf die pädagogische Arbeit innerhalb der Klasse verwiesen wurde, die solche

Stigmatisierung vermeiden könnte. In den Befragungen in den Niederlanden und den USA wurde die Platzierung von Kindern mit schweren Behinderungen in der Regelschule als besondere Problemlage dargestellt, und häufig wurde die Meinung vertreten, dass die allgemeine Schule dem Bedarf dieser Schülerinnen und Schüler nicht gerecht werde. In den niederländischen Erhebungen wurde die soziale Exklusion von Schülern/-innen mit leichten und moderaten Behinderungen häufig thematisiert. Der Autor referiert darüber hinaus auch die erfassten Lösungsratschläge für die erfassten Problemlagen. Im Zusammenhang mit einer thematisch ähnlichen vergleichenden Untersuchung zu den USA und England aus dem Jahre 1993 kann der Autor aber auch auf Veränderungen in den Sichtweisen der pädagogischen Akteure in den beiden Ländern verweisen. So hat sich die Wahrnehmung des Identifikationsdilemmas in den USA deutlich von signifikant zu marginal verändert, während sie in England nach wie vor signifikant war, gleichzeitig aber bei einem Teil der Untersuchten überhaupt keine Rolle mehr spielte (vgl. a.a.O., S. 203).

An Fahrt gewonnen hat die Diskussion über das „dilemma of difference“ seit dem Jahre 2005, als Mary Warnock eine Streitschrift veröffentlichte, in der sie sich von dem Begriff „special educational needs (SEN)“ distanzierte, den eine von ihr geleitete Kommission im Jahre 1978 eingeführt hatte. In einem von Norwich, Warnock und Terzi publizierten überaus lesenswerten Buch wurde die Streitschrift des Jahres 2005 wieder abgedruckt (vgl. Warnock/Norwich/Terzi 2010, S. 11–45). Sie wurde dort versehen mit einem Kommentar, in dem Norwich die recht lebhafte Diskussion zwischen 2005 und 2009, die Warnocks Streitschrift hervorgerufen hat, nachzeichnet. Anschließend versieht er sie mit einem eigenen kritischen Kommentar, auf den wiederum Warnock eine Erwiderung gibt. Die Gesamtdiskussion wird um ein Nachwort von Lorella Terzi versehen, in dem sie Bezugnahmen zum „capability approach“ von Amartya Sen als Lösungsperspektive des Dilemmas um den Begriff der „special educational needs“ anführt.

Wegen des grundlegenden Charakters der vorgestellten Positionen sowie auch aufgrund des Echos in der „scientific community“ mit zahlreichen weiterführenden Beiträgen in wissenschaftlichen Journals macht es Sinn, sich mit der von Warnock angestoßenen Diskussion intensiver auseinanderzusetzen. Warnocks Streitschrift „Special Educational Needs – A New Look“ wurde erstmals 2005 von der „Society of Philosophy of Education of Great Britain“ publiziert. Als Autorin des Warnock-Reports, der im Jahre 1978 mit dem Austausch von Begriffen wie „disability“, „handicap“ oder „retardation“ durch die Bezeichnung „special educational needs“ einen Perspektivenwechsel im englischen Schulsystem initiiert hat, möchte sie auf Fehlentwicklungen hinweisen und nach fast 30 Jahren eine Neubewertung der damaligen Vorschläge vornehmen. So kritisiert sie die Ausweitung dieser Zuschreibung über die Jahre. Während mit dem Begriff der „special educational needs“ ursprünglich nur eine Population von rund 2 Prozent der Schülerschaft ins Auge gefasst worden wäre, gäbe es heute Vorstellungen, der Begriff ließe sich auf bis zu 20 Prozent der Schüler/-innen anwenden (vgl. Warnock/Norwich/Terzi 2010, S. 12). Warnock sieht ebenfalls die von Pädagogen/-innen beschriebene Spannung zwischen der Verschiedenheit der Kinder und dem

Anspruch, sie im Schulwesen gleich zu behandeln. Im Nachhinein betrachtet sie aber die Lösungen, welche die von ihr geleitete Kommission vorschlug, als nachteilig für die Gruppe von Kindern mit überwiegend organisch bedingten Behinderungen, die sie damals im Blick hatte. Der Versuch, Kategorien von Behinderung zu vermeiden, habe dazu geführt, dass unter dem Begriff der „special educational needs“ schließlich Kinder zusammengefasst wurden, die nur wenig Gemeinsamkeiten aufwiesen und sehr unterschiedliche Bedarfslagen hatten (vgl. a. a. O., S. 19). Insbesondere kritisiert sie Entwicklungen, selbst Kinder mit Legasthenie oder Problemen beim Spracherwerb unter den Bedingungen eines Migrationshintergrundes unter den Kontext von SEN zu subsumieren (vgl. a. a. O., S. 23).

Das Konzept der Inklusion bezeichnet sie als das am meisten desaströse Erbe ihres Reports von 1978. Es folgt ein Appell, die mit diesem Konzept verbundenen Strukturreformen rückgängig zu machen. Warnock argumentiert aus der Perspektive von Schülerinnen und Schülern mit schwereren Behinderungen. Sie unterstellt, insbesondere in der Sekundarstufe würden inklusive Klassen diesen Kindern weder unter dem Lern- und Entwicklungsaspekt noch unter der Perspektive der sozialen Entwicklung gerecht. Sie führt dazu Kinder mit Downsyndrom und Autismus an, die sie als physisch inkludiert, aber emotional ausgeschlossen betrachtet und für die sie sich den beschützenden Rahmen einer kleinen Schule mit spezialisierten Fachkräften wünscht (vgl. a. a. O., S. 30 ff.). Die Entscheidung über die schulische Platzierung möchte sie davon abhängig machen, welche institutionelle Form für Kinder mit Lernproblemen geeignet ist. Manche Kinder profitierten vom Lernsetting der allgemeinen Schule, andere aber nicht (vgl. a. a. O., S. 33). Vulnerable Kinder müssten ggf. auch vor den Attacken und Verletzungen in der allgemeinen Schule geschützt werden.

Die Autorin kritisiert auch die Vision einer inklusiven Gesellschaft und insbesondere die Vorstellung, schulische Strukturen könnten als Mikrokosmos den Weg dazu ebnen (vgl. a. a. O., S. 33 ff). Auch wenn Inklusion als Ideal für die Gesellschaft betrachtet würde, sei sie damit noch lange kein Ideal für die Schule (vgl. a. a. O., S. 35). Sie widerspricht daher auch der Vorstellung inklusiver Pädagogik, der Ort des Lernens müsse die gemeinsame Schule für alle sein. Stattdessen propagiert sie ein gemeinsames Erziehungssystem, das sich aus verschiedenen institutionellen Rahmenbedingungen und Orten des Lernens zusammensetzt, zu denen auch kleine Sonderschulen gehören für diejenigen Kinder, die diese spezifische Form benötigen. Warnock propagiert das Modell von in ihren Angeboten anspruchsvollen kleinen Sonderschulen, die auch Beiträge zur beruflichen Vorbildung leisten können und die in ihrem Umfeld mitsamt ihren Schülerinnen und Schülern respektiert sind (vgl. a. a. O., S. 41). Gleichzeitig appelliert sie, die Mittel für teure Sonderschulen zur Verfügung zu stellen und Spezialschulen gleichzeitig auch als Modell für die Hochbegabtenförderung in Erwägung zu ziehen.

Warnocks Beitrag endet mit Empfehlungen für die Weiterentwicklung des englischen Bildungswesens. Die bisherigen Strukturen sollen zur Disposition gestellt werden und eine neu zu schaffende staatliche Kommission mit wissenschaftlichen Expertinnen und Experten sowie Lehrerinnen und Lehrern soll Veränderungsvorschläge erarbeiten (vgl. a.a.O., S. 43 f.). Weiterhin soll das Verfahren zur Feststellung von „special educational needs“ als Ressourcen vergeudende und bürokratische Prozedur abgeschafft oder zumindest grundlegend reformiert werden. Auf Inklusion als Leitvorstellung des Bildungswesens soll verzichtet werden. Stattdessen sollen kleine Sonderschulen neu eingerichtet werden, die sich an spezifischen Bedürfnissen orientieren, wie z.B. sozialer Benachteiligung oder erhöhtem Pflegebedarf.

Im Buch folgt eine Stellungnahme von Brahm Norwich (vgl. Warnock/Norwich/Terzi 2010, S. 47–113) aus der Perspektive des Wissenschaftlers, der für eine inklusive Pädagogik eintritt, aber gleichzeitig um die Lösung vorhandener Probleme auch auf der Ebene der Theorie bemüht ist. Sein Beitrag fasst die von Warnock angestoßene Debatte über einen Zeitraum von vier Jahren zusammen, rekonstruiert Warnocks Argumentation und setzt ihr schließlich eine eigene argumentativ begründete Position zu „special educational needs“ und „inclusion“ entgegen. Norwich referiert im Wesentlichen Positionen von prominenten Vertretern aus Fach-, Lehrer- und Elternverbänden, die sich mit Warnocks Pamphlet auseinandersetzten. Die erste Position, die sich weitgehend mit der von Mary Warnock deckte, forderte einen langsamen (Wieder-)Aufbau von Sonderschulen. Die zweite forderte den weiteren Ausbau integrativer Modelle bei gleichzeitigem Rückbau von Sonderschulen. Die dritte Position plädierte für eine Auflösung aller Sonderschulen zugunsten eines inklusiven Schulsystems (vgl. a.a.O., S. 50).

Norwich anerkennt an Warnocks Ausführungen, dass durchaus eine Spannung bestehen kann, zwischen dem Versuch, Lernprozesse für Kinder optimal zu gestalten, und der Forderung nach Gemeinsamkeit im Klassenzimmer (vgl. a.a.O., S. 82). Er plädiert für eine differenziertere Sichtweise, die zeitweise den einen oder den anderen der beiden Pole in praktischen Umsetzungen stärker betont.

Auf die Frage, ob das Konzept „special educational needs“ seine Nützlichkeit bereits aufgegeben habe, antwortet er mit einem Blick auf die bisherige Begriffsgeschichte und auf nach wie vor ungelöste Fragen. In der Abkehr vom Blick auf das Defizit beim zuvor geläufigen Behinderungsbegriff sowie im Blick auf den individuellen Bedarf des Kindes sieht er bedeutsame Wirkungen des Endes der 1970er Jahre neuen Konzepts (vgl. a.a.O., S. 83). Das SEN-Konzept verweise auf Stärken und Schwierigkeiten als Gründe, die in der Person liegen, die mit kontextbezogenen Faktoren wie Unterstützungen und Hindernisse interagieren. Diese Verbindung individueller mit sozialen Faktoren sieht er als kompatibel mit dem psychosozialen Modell von Behinderung, wie es seit 1980 von der WHO (zuletzt in Form der ICF) vertreten wird (vgl. a.a.O., S. 84).

Neben diesen positiven Aspekten sieht Norwich als Negativum, dass die bisherigen Behinderungskategorien durch eine neue einheitliche Kategorie ersetzt wurden, die aber auch wieder von Versuchen zur differenzierenden, potenziell auch abwertenden Beschreibungen, so z.B. mit dem Begriff „moderate learning difficulty“, begleitet wurde. Im „Code of Practice“ des englischen Bildungsministeriums des Jahres 2003 finden sich unter dem Oberbegriff „needs“ gar wieder vier verschiedene Typen von „needs“, welche wiederum in ein breites Spektrum aus Klassifikationen von Schwierigkeiten, Störungen, Behinderungen und Schädigungen aufgeteilt sind (vgl. a. a. O., S. 85). Norwich propagiert in Abgrenzung zu Warnocks Vorstellungen, aber auch zu den gegenwärtigen Rahmenbedingungen des englischen Schulwesens, ein eigenes Modell für die Bereitstellung von Bildungsangeboten, das Fragen der Identifikation von Bedarf und Behinderung, unterschiedlicher Grade von Teilhabe, des Lehrplans, der schulischen Platzierung und der staatlichen Entscheidungsbehörden aufeinander beziehen möchte (vgl. a. a. O., S. 105 ff.).

Warnocks Erwiderung auf Norwichs Stellungnahme (vgl. a. a. O., S. 115–141) rethematisiert die politischen Aspekte inklusiver Pädagogik und die Vorstellungen der inklusiven Gesellschaft, die sie nicht teilen möchte. Sie plädiert darin für eine Priorität der angepassten Lernmöglichkeiten von Kindern mit Behinderungen und Störungen. Diese können ihrer Meinung nach auch in der regulären Schule liegen, für Kinder mit schwereren Behinderungen aber eher in kleinen Sonderschulen mit einem beschützenden Rahmen. Sie plädiert für eine konzeptionelle Abkehr vom Begriff „*inclusion*" und für eine erneute Zuwendung zum Begriff „integration", der ihre Vorstellungen eher wiedergibt (vgl. a. a. O., S. 135).

Ähnlich skeptische Positionen, wie sie Warnock in Bezug auf die britische Entwicklung formuliert, werden zunehmend auch in die deutschsprachige Diskussion eingeführt. Das Buch „Schulische Inklusion aus heilpädagogischer Sicht" (Speck 2010) reiht eine Vielzahl von Argumenten zu den unterschiedlichsten Aspekten der Diskussion schulischer Inklusion auf. So verweist er auf Ressourcenmängel in der bestehenden Integrationspraxis in Deutschland und fehlende konzeptionelle Anpassungen an den Entwicklungsbedarf von Kindern mit schweren Behinderungen.

3.6 Lösungswege und neue Perspektiven für die Schulentwicklungsforschung

Das vorliegende Kapitel versucht, Inklusion unter dem Aspekt der Schulentwicklung zu betrachten. Zwangsläufig mündet die bildungswissenschaftliche Diskussion hier sehr schnell in eine bildungspolitische ein. Inklusion in Bezug auf Schule ist eng verbunden mit der Vision einer inklusiven Gesellschaft. So geht es hier um Normen, für oder gegen die sich eine Gesellschaft entscheiden kann. Eine inklusive Pädagogik ist eine politische Pädagogik und damit schnell im Zentrum der Auseinandersetzungen um den Stellenwert der Interessen von Kindern, die im Bildungswesen marginalisiert werden und Ausschlussprozessen unterliegen. Dessen sollten sich alle Kräfte bewusst sein, deren Schulentwicklungskonzepte auf ein inklusives Bildungssystem hinzielen. Von wissenschaftlicher Seite her gelangen wir in diesem Kontext zu sozialphilosophischen Positionen, deren Aufarbeitung für eine inklusive Pädagogik erst ansatzweise begonnen hat.

Mit dem „Capability Approach" von Amartya Sen und Martha Nussbaum soll abschließend ein Ansatz vorgestellt werden, der nach Meinung der Verfasser/-innen zur Entwicklungsforschung für ein inklusives Schulwesen einiges zu bieten hätte, würde er entsprechend aufgearbeitet und angewendet. Verknüpft werden soll er hier mit der Systematik der ICF und ICF-CY, die im Bereich der Forschung zu Sozialsystemen mittlerweile eine breite Verwendung findet und inzwischen auch in Forschungen zum Bildungswesen Einzug hält. Sophie Mitra hat in ihrer Aufarbeitung des medizinischen und des sozialen Modells von Behinderung, des Nagi-Konzepts und der ICF festgestellt, dass die ICF von allen referierten Modellen am nahesten an den Zugang des „Capability-Approach" herankommt (vgl. Mitra 2006, S. 238). Die Autoren/-innen des vorliegenden Kapitels propagieren für die Schulentwicklungsforschung eine Verbindung der drei relevanten wissenschaftlichen Diskurse (inklusive Pädagogik, ICF/ICF-CY, Capability-Approach), die bisher weitgehend unabhängig voneinander Gegenstand unterschiedlicher Diskurse waren, obwohl sie komplementäre Inhalte ansprechen und ihre Kombination Synergieeffekte nahelegt.

Die im Jahre 2001 von der Generalversammlung der WHO beschlossene „International Classification of Functioning, Disability and Health" (ICF) klassifiziert eher Situationen als Menschen (vgl. WHO/DIMDI 2005). „Functioning" und „Disability", also „Funktionsfähigkeit" und „Behinderung", stellen das zentrale Begriffspaar dar, welches die neue Systematik durchzieht. Behinderung wird nicht mehr ausschließlich im Menschen (medizinisches Modell) oder in der Gesellschaft (soziales Modell) gesehen, sondern in einem Zusammenwirken somatischer Faktoren mit Beeinträchtigungen der Aktivitäten und der Teilhabe an Lebensbereichen. Umweltfaktoren und personale Faktoren werden dabei als Kontextfaktoren betrachtet. Die nachfolgende Übersicht veranschaulicht grafisch dieses neue Verständnis von Behinderung.

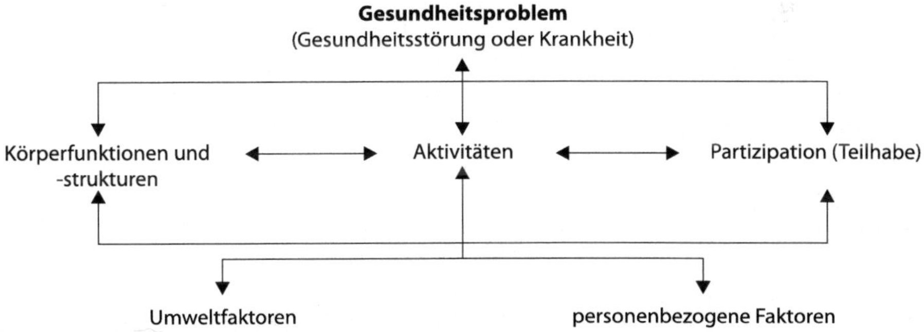

Abb. 3.3: International Classification of Functioning, Disability and Health (ICF) (WHO/DIMDI 2005)

Legt man die ICF und die angepasste Kinder- und Jugendversion (ICF-CY) für die Schulentwicklungsforschung zugrunde, so fällt der Blick auf die Umweltfaktoren, zu denen auch die schulische Lernumgebung gehört. Die ICF klassifiziert Barrieren und Förderfaktoren und hat damit einen ähnlichen Zugang wie viele britische und skandinavische Vertreter einer inklusiven Pädagogik, denen es um die Identifizierung und Beseitigung von Barrieren des Lernens geht. Die von der ICF/ICF-CY aufgelisteten Umweltfaktoren können eine neue Sicht auf das schulische Lernumfeld leiten. Das bislang eher geringe Interesse, Schulentwicklungsforschung entlang der Systematik der ICF zu betreiben, ist vermutlich auch auf die geringe Anzahl von Items zurückzuführen, welche die Lernumwelten in dieser Klassifikation der WHO beschreiben. Die mangelnde Differenzierung bei den aufgelisteten Indikatoren kann Fachpädagoginnen und -pädagogen auch enttäuschen und den Blick für die veränderte Perspektive mit neuen Möglichkeiten verstellen, welche die ICF für die Schulentwicklungsforschung bietet. Mit den schulischen Standortgesprächen im Kanton Zürich wurde der Versuch unternommen erstmals ein Diagnoseinstrument zu schaffen, das den Blick auf die Schulumwelt nach der Systematik der ICF ermöglicht. (vgl. Hollenweger/Lienhard 2008).

Der Anspruch der ICF in allen Ländern und allen Kulturen anwendbar zu sein, hat zu einem hohen Allgemeinheitsgrad der aufgelisteten Indikatoren geführt. Hier ist eine länder- und kulturübergreifende empirische Grundlagenforschung gefordert, die einerseits vom neuen Denken der ICF ausgeht, andererseits aber einen erweiterten und differenzierteren Blick auf die schulischen Lernumwelten wirft, als die ICF/ICF-CY bisher nahelegen konnte. Ein Beispiel für diese Form der Forschung ist eine vom Österreichischen Wissenschaftsfonds (FWF) finanzierte, seit 2010 laufende breit angelegte Studie, die Barrieren und Förderfaktoren in der schulischen Lernumwelt von Kindern mit Behinderungen im Alter von acht bis zwölf Jahren in Österreich, Thailand und Äthiopien untersucht (Informationen zu den Forschungen finden sich auf der Projektwebsite: http://classifications-of-disa bilities.univie.ac.at). Es sollen damit die neuen Möglichkeiten der ICF für die Schulforschung genutzt, gleichzeitig aber unter bildungswissenschaftlicher Perspektive die Ansprüche der ICF auch kritisch hinterfragt werden.

Der *Capability-Approach* wurde als Ansatz für die Schulentwicklung auch international bislang nicht aufgearbeitet. Dabei legt die starke Fokussierung auf Fragen von Gerechtigkeit, Gleichheit und Benachteiligungsausgleich sowie die Aufnahme von Fragen im Zusammenhang mit Behinderungen eine Anwendung auf sonderpädagogische Kontexte nahe. Zu Fragen der *Lebensqualität* gibt es mittlerweile eine breite Diskussion (Nussbaum/Sen 1993), eine Erweiterung auf Fragen von *Unterrichts-* und *Schulqualität* wäre daher eine lohnenswerte Aufgabe, für die die Autor/-innen dieses Kapitels nachfolgend plädieren wollen.

Welches sind die Grundlagen des Capability-Approach und welche Perspektiven eröffnet er für die Schulentwicklungsforschung? Der von Amartya Sen und Martha Nussbaum entwickelte Ansatz stellt eine Verbindung ökonomischer und philosophischer Grundlegung sozialpolitischen Handelns dar. Als Ausgangspunkt kann das von dem Wirtschaftsnobelpreisträger Sen verfasste Buch „Inequality Reexamined“ betrachtet werden (vgl. Sen 1992). Das eher wirtschaftsphilosophisch argumentierende Buch führt einige, auch im Kontext einer inklusiven Pädagogik weiterführende Begriffe und Argumentationsmuster ein. Das Begriffspaar „Functionings“ und „Capability“ benennt zwei grundlegende Aspekte des Theoriegerüsts. „Functionings“ bezieht sich auf Zustände („beings“) und Tätigkeiten („doings“), die mit dem Wohlbefinden des Menschen verbunden sind. Dazu können ausreichende Ernährung, gute Gesundheit oder die Teilhabe am Leben der Gemeinschaft gehören (vgl. a. a. O., S. 39). Die Liste ist auch nach Sens Vorstellungen nicht statisch, sondern abhängig von einem gesellschaftlichen Aushandlungsprozess. Auch Erziehung und Bildung können zu den „functionings“ gerechnet werden. „Functionings“ können sich aber auch auf die Funktionsfähigkeit des menschlichen Körpers beziehen, womit eine auffallende Ähnlichkeit zum analogen Begriff der ICF besteht. Terzi (2005, S. 91) nennt das Gehen („walking“) als Beispiel für „functioning“ im „Capability-Approach“, aber auch Tätigkeiten wie Kinder zur Schule bringen, zur Arbeit gehen oder als Politiker aktiv sein.

„Capability“ wird verstanden als Zusammenstellung von Wahlmöglichkeiten angesichts vorhandener Zustände und Tätigkeiten. Sen beschreibt diesen Ansatz auch als Konstellation von Vektoren der Funktionsfähigkeiten, die die Freiheit des Menschen reflektieren, sich für die eine oder die andere Form des Lebens zu entscheiden (vgl. Sen 1992, S. 40). Der Begriff „capability“ im Sinne von Amartya Sen ist nicht leicht ins Deutsche zu übertragen. In Wörterbüchern finden sich Übersetzungen wie z. B. Fähigkeit, Kompetenz oder Potenzial. Für sich alleine trifft keiner dieser genannten Begriffe exakt das von Sen eingeführte Konzept „capability“. „Wahlfähigkeit“ oder „Auswahlbefähigung“ entspricht vielleicht noch am Ehesten den von Sen intendierten Inhalten.

Auch wenn sich das Begriffspaar „functioning“ und „capability“ auf die selben Gegenstandsbereiche bezieht, so ermöglicht es doch eine zentrale Unterscheidung, die Sen mit dem Unterschied zwischen „Hungern“ und „Fasten“ zur Bezeichnung derselben physiologischen Vorgänge beschreibt, die sich aber auch am Beispiel der Bildungskarriere von Kindern veranschaulichen lässt. Der Besuch einer Grundschule am Wohnort bei einem Kind mit schwerer intellektueller und körperlicher Behinderung kann sehr unterschiedlich gewertet werden. Vordergründig handelt es sich um einen Lernzusammenhang in einer Institution („functioning“), der aber unter dem Capability-Aspekt sehr unterschiedliche Deutungen erfahren kann. Er kann die Folge des Umstandes sein, dass keine geeignete Sondereinrichtung für das Kind in der Umgebung zur Verfügung steht und die Eltern nicht die Möglichkeit haben, sich für eine Schule mit hoch spezialisiertem Fachangebot zu entscheiden. Es ist aber auch denkbar, dass sie sich bewusst für die Regelschule entschieden haben, obwohl eine bestens ausgestattete Sondereinrichtung als Alternative bereitgestanden hätte. Die Freiheit zu wählen ist für Sen ein Ausdruck von Wohlbefinden und Lebensqualität.

Der Ausgang von der Ökonomie ist trotz der latenten Emergenz sozialethischer Positionen in Sens Werk dominierend. Kritisiert wurde auch die mangelnde Konkretisierung der Zielbereiche von „capability“ und Lebensqualität. Martha Nussbaum hat mit ihrem erstmals 2006 erschienenen Buch „Frontiers of Justice“ die sozialphilosophischen Aspekte des „Capability-Approach“ herausgearbeitet und diesen Ansatz damit auch für eine Philosophie der Erziehung interessant werden lassen (vgl. Nussbaum 2007). Die Weiterentwicklung des „Capability-Approach“

und dessen Anwendung auf das Phänomen der Behinderung ist eines der großen Themen dieses Buches.

In einer bemerkenswerten Arbeit hat Lorella Terzi (2010) den Capability-Approach von Sen und Nussbaum für Fragestellungen aufgearbeitet, die eine inklusive Pädagogik tangieren. Auch sie hat auf die auffallende Ähnlichkeit im System der Beschreibung von Behinderungen in der ICF und im Capability-Approach hingewiesen, da beide Situationen und Kontexte einen hohen Stellenwert bei der Konstituierung von Behinderung einräumen (vgl. Terzi 2005, S. 99). Sie betrachtet aber den Capability-Approach als einen vielversprechenderen Rahmen aufgrund der Aufnahme von Aspekten der Gerechtigkeit und der Betonung des Gleichheitsgedankens in Bezug auf Behinderungen (vgl. ebd.).

Der Capability-Approach berührt Zielfragen, und die Idee einer inklusiven Gesellschaft ist sehr nahe an den Positionen von Sen und Nussbaum, indem sowohl Fragen von Benachteiligung, Marginalisierung und Minderheitenrechten wie auch der individuellen Wahlmöglichkeiten thematisiert werden. Terzi (2010, S. 71 ff.) sieht den politischen Charakter einer inklusiven Pädagogik in der besonderen Betonung der Menschenrechtsperspektive und der Übernahme des sozialen Modells von Behinderung. Da der Ansatz inklusiver Pädagogik nicht in der Lage sei, Schädigungen und Behinderungen zu benennen, sei es mit ihm auch nicht möglich, Fragen der Verteilungsgerechtigkeit von Ressourcen zu diskutieren (vgl. a. a. O., S. 82 f.).

Wo die Stärken des Capability-Approach liegen, lässt sich auch am Nachwort von Lorella Terzi zur in Abschnitt 3.5 dargestellten Diskussion zwischen Warnock und Norwich um das Konzept der „special educational needs" aufzeigen (vgl. Warnock/Norwich/Terzi 2010, S. 143–164). Terzi erweitert den Begriff „needs" um das Konzept der „capabilities", das in der Schulentwicklungsdiskussion zuvor unbekannt war, aber ihrer Meinung nach möglicherweise den Weg zur Lösung des „dilemma of difference" weisen kann. Beiden Konzepten, „special educational needs" wie auch „Behinderung", möchte sie das Konzept „Capability for functionings" entgegensetzen (a. a. O., S. 152). Entsprechend Terzis Erläuterungen kann der Begriff als Potenzial für Handlungs- und Lebensbereiche verstanden werden.

Als Grund für die Einführung des Capability-Begriffs durch Sen sieht Terzi den Wunsch, sowohl das individuelle Wohlergehen des Kindes wie auch die Gerechtigkeit von gesellschaftlichen und institutionellen Arrangements zu beurteilen (vgl. a. a. O., S. 149). Für eine Anwendung des Capability-Approach im Bildungswesen stehe das Wohlergehen im Mittelpunkt, aber auch die Absicherung gleicher Möglichkeiten und Chancen für den Erwerb von Funktionsfähigkeiten („functionings") wie z. B. Lesen und Schreiben (vgl. a. a. O., S. 149 f.).

Terzi sieht einen doppelten Gewinn in der Einführung des Capability-Approach zu Bildungsfragen im Bereich von „disabilities" und „special educational needs". So gehe die Betonung auf der Begrenzung von Potentialen über die einseitige Sicht von nur individuellen oder nur sozialen Faktoren hinaus, zugunsten einer Betrachtung der verschiedenartigen Beziehungen unterschiedlicher Faktoren zur Darstellung menschlicher Vielfalt („diversity") (vgl. a. a. O., S. 150). Der Wechsel vom

Bedarf zum Potenzial und die Betonung auf dem Wohlergehen des Kindes im Bildungswesen, das eng mit den von ihm gewünschten Handlungen zur Erreichung von Wahlmöglichkeiten zusammenhänge, überwinde die Passivität, die durch den Begriff der „special educational needs“ suggeriert werde (vgl. a. a. O., S. 151).

3.7 Bildungswissenschaftliche und bildungspolitische Perspektiven

Die äußere Trennung 10 bis 14-jähriger Schüler/-innen in verschiedene Schultypen, die lange mit dem Verweis auf unterschiedliche Begabungen begründet wurde, ist eine Gemeinsamkeit Deutschlands, der Schweiz und Österreichs und gleichzeitig ein Unterscheidungsmerkmal zur Schulstruktur der meisten anderen Länder weltweit. Als Relikt gesellschaftlicher Ausdifferenzierungen des 19. Jahrhunderts steht sie schon seit den 1920er Jahren bei Schulreformerinnen und -reformern zur Disposition. Die Gliederung der Sekundarstufe in organisatorisch getrennte Schulformen hat eine politische Dimension, was Veränderungsprozesse schnell zum Spielball unterschiedlicher gesellschaftlicher Interessen macht. Institutionelle Strukturen wechseln daher ihre Namen und Begründungen, wobei die Schulgliederung über Jahrzehnte hinweg ein erstaunliches Beharrungsvermögen zeigte. So sind die regelmäßig wiederkehrenden Diskussionen seit der deutschen Gesamtschuldiskussion der 1970er Jahre von zwei gleichzeitig oder alternativ verlaufenden Mustern geprägt: Nach Strukturreformvorschlägen für den Bereich der Sekundarstufe I entsteht eine öffentliche Auseinandersetzung, bei der nicht selten bildungsbürgerlich orientierte Eltern- im Verbund mit Lehrerverbänden weiterführender Schulen, politischen Parteien und manchmal auch den zugehörigen Vertreterinnen und Vertretern der obersten Stellen der Schuladministration sich gegen strukturelle Änderungen wehren. Bildungspolitische Diskussionen führen zu eher moderaten Veränderungen, begleitet nicht selten von der Umetikettierung bestehender Institutionen, die aber die schulischen Kernstrukturen weitgehend unangetastet lassen. Für diese beiden Diskursmuster der Schulstrukturdebatte zur äußeren Gliederung der Sekundarstufe I lassen sich aus allen drei deutschsprachigen Ländern zahllose Beispiele aus den letzten Jahrzehnten nennen. Neben diesen Besonderheiten der deutschsprachigen Länder gibt es aber Problemlagen, die sich überall stellen können, wo Versuche zur Umgestaltung des Bildungswesens hin zur Inklusion unternommen werden, wie dieses Kapitel auch anhand internationaler Literatur aufzeigen wollte.

Der Versuch, inklusive Pädagogik und Schulentwicklungsforschung zu verknüpfen, bewegt sich nur allzu leicht auf ausschließlich bildungspolitischem Terrain und artikuliert sich damit als Teil einer sozialen Bewegung für Bildungsreformen.

Lehrerinitiativen im Verbund mit Bildungswissenschaftlerinnen und -wissenschaftlern im Umfeld des Index für Inklusion sind hierzu zu rechnen. Es ist aber auch der gegenteilige Zugang denkbar, indem skeptische Positionen die Schulstrukturdebatte dominieren. Dies findet sich nicht selten bei den Vertreterinnen und Vertretern der sonderpädagogischen Institutionen, insbesondere Schulleitungen und Schulverwaltungen. Auf wissenschaftlicher Ebene kann das Buch von Otto Speck (2010) als Artikulation dieser Strömung des Unbehagens mit der neuen Entwicklung betrachtet werden.

Die Autor/-innen dieses Kapitels plädieren für einen wissenschaftlichen Zugang – der trotz der Unterstützung der gesellschaftspolitischen Zielsetzungen einer inklusiven Pädagogik – auch durch kritische Distanz im Forschungsgeschäft geprägt ist und, ausgehend vom neuen Denken der ICF/ICF-CY wie auch den sozialphilosophischen Positionen des „Capability-Approach", Instrumente der Schulentwicklungsforschung neu sondieren möchte. Inklusive Pädagogik, pädagogische Weiterentwicklungen auf der Basis von ICF/ICF-CY und „Capability-Approach" sind aktuell in drei verschiedenen Diskurslinien lokalisiert, die nur in geringem Kontakt miteinander stehen. Eine Verbindung der drei Ansätze kann zu Synergieeffekten führen und die Schulentwicklungsforschung um wesentliche inhaltliche und methodische Aspekte bereichern.

Literatur

Ainscow, Mel: Achieving excellence and equity – Reflections on the development of practices in one local district over 10 years. In: School Effectiveness and School Improvement 21 (2010), S. 75–92

Ainscow, Mel: From special education to effective schools for all. A review of progress so far. In: Florian, Lani (Hrsg.): The SAGE Handbook of Special Education. London, Thousand Oaks, New Delhi: Sage, 2007, S. 146–159

Ainscow, Mel/Booth, Tony/Dyson, Alan: Inclusion and the standards agenda – Negotiating policy pressures in England. In: International Journal of Inclusive Education 10 (2006), S. 295–308

Arnardóttir, Oddný M./Quinn, Gerard (Hrsg.): The UN Convention on the Rights of Persons with Disabilities. Leiden, Boston: Nijhoff, 2009

Artiles, Alfredo/Kozleski, Elisabeth/Dorn, Sherman/Christensen, Carol: Chapter 3: Learning in Inclusive Education Research. Re-mediating Theory and Methods With a Transformative Agenda. In: Review of Research in Education 30 (2006), S. 65–108

Avramidis, Elias/Wilde, Alison: Evaluating the social impacts of inclusion through a multimethod research design. In: Education 3–13 37 (2009), S. 323–334

Ben-Yehuda, Simcha/Leyser, Yona/Last, Uriel: Teacher educational beliefs and sociometric status of special educational needs (SEN) students in inclusive classrooms. In: International Journal of Inclusive Education 14 (2010), S. 17–34

Biewer, Gottfried: Grundlagen der Heilpädagogik und Inklusiven Pädagogik. Bad Heilbrunn: Klinkhardt (UTB), 2. Aufl. 2010

Biewer, Gottfried: „Inclusive Education“ – Effektivitätssteigerung von Bildungsinstitutionen oder Verlust heilpädagogischer Standards? In: Zeitschrift für Heilpädagogik 56 (2005), S. 101–108

Biewer, Gottfried: „Inclusive Schools“ – Die Erklärung von Salamanca und die internationale Integrationsdebatte. In: Gemeinsam leben 8 (2000), S. 152–155

BMASK (Bundesministerium für Arbeit, Soziales und Konsumentenschutz): Ergänzende Richtlinien zur Förderung von Arbeitsmöglichkeiten für behinderte Menschen im Rahmen der Beschäftigungsoffensive der Bundesregierung (Abschnitt 4: Clearing) gültig ab 2008 (2008) Im Internet unter www.bmask.gv.at/cms/site/attachments/2/8/8/CH0292/CMS1220346918410/rl_reb.pdf (15. 09. 2010)

BMUK (Bundesministerium für Unterricht, Kunst und Kultur) (Hrsg.): Lehrplan für das Berufsvorbereitungsjahr an Sonderschulen. Wien: BMUK, 2001

Booth, Tony/Ainscow, Mel: Index for inclusion. Developing Learning and Participation in Schools. Bristol: CSIE, 2002

Booth, Tony/Ainscow, Mel: Index für Inklusion. Lernen und Teilhabe in der Schule der Vielfalt entwickeln. Entwickelt von Tony Booth und Mel Ainscow. Übersetzt, für deutschsprachige Verhältnisse bearbeitet und herausgegeben von Ines Boban und Andreas Hinz. (2003) Im Internet unter http://www.eenet.org.uk/resources/docs/Index%20German.pdf (13. 8. 2010)

Bundessozialamt: Geschäftsbericht 2008 (2008) Im Internet unter www.bundessozialamt.gv.at/basb/Neuigkeiten/Geschaeftsbericht_2008 (15. 09. 2010)

Carrington, Suzanne/Holm, Kris: Students direct inclusive school development in an Australian secondary school. An example of student empowerment. In: Australasian Journal of Special Education 29 (2005), S. 155–177

Carrington, Suzanne/Robinson, Robyn: A case study of inclusive school development. A journey of learning. In: International Journal of Inclusive Education 8 (2004), S. 141–153

Cigman, Ruth (Hrsg.): Included or Excluded? The challenge of the mainstream for some SEN children. Abingdon, New York: Routledge, 2007

Clark, Catherine/Dyson, Alan/Millward, Alan (Hrsg.): Towards Inclusive Schools? London: Fulton, 1995

Curcic, Svjetlana: Inclusion in PK-12. An international perspective. In: International Journal of Inclusive Education 13 (2009), S. 517–538

Deppeler, Joanne/Harvey, David: Validating the British Index for Inclusion for the Australian context. Stage one. In: International Journal of Inclusive Education 8 (2004), S. 155–184

Eglseer, Thomas/Lechner, Ferdinand/Riesenfelder, Andreas: Evaluierung der Beschäftigungsoffensive 2004–2006. Überarbeiteter Endbericht. Wien: L & R Sozialforschung, 2008

Ellger-Rüttgardt, Sieglind: Nationale Bildungspolitik und Globalisierung. Die Herausforderungen der UN-Konvention über die Rechte von Menschen mit Behinderungen. Pädagogik wird international. In: Zeitschrift für Heilpädagogik 59 (2008), S. 442–450

Fasching, Helga: Beraterinnen und Berater für die berufliche Integration von Menschen mit Behinderungen. In: Vierteljahresschrift für Heilpädagogik und ihre Nachbargebiete (VHN) (2007), S. 315–323

Fasching, Helga/Felkendorff, Kai: Länderbericht Österreich. In: Hollenweger, Judith/Hasemann, Klaus/Hübner, Peter (Hrsg.): Behinderungen beim Übergang von der Schule ins Erwerbsleben. Expertenberichte aus drei deutschsprachigen Ländern. Zürich: Pestalozzianum, 2007, S. 67–101

Fasching, Helga/Mursec, Diana: Schulische Ausgangssituation und Übergang in Ausbildung und Beruf in Österreich. Dokumentation der bundesweiten Befragung der Bezirksschulinspektor/innen und Eltern. Datenband I der dreibändigen Reihe „Die Übergangs-, Unterstützungs- und Beschäftigungssituation von Menschen mit einer intellektuellen Beeinträchtigung in Österreich“. Wien: Universität Wien, 2010

Fasching, Helga/Niehaus, Mathilde: Berufsvorbereitung und berufliche Integration. In: Gasteiger-Klicpera, Barbara/Julius, Henri/Klicpera, Christian (Hrsg.): Sonderpädagogik der sozialen und emotionalen Entwicklung. Handbuch Sonderpädagogik. Band 3. Göttingen: Hogrefe, 2008, S. 727–739

Fearnley-Sander, Mary/Moss, Julianne/Harbon, Lesley: Reading for meaning: problematizing inclusion in Indonesian civic education. In: International Journal of Inclusive Education 8 (2004), S. 203–219

Florian, Lani (Hrsg.): The SAGE Handbook of Special Education. London, Thousand Oaks, New Delhi: Sage, 2007

Grubich, Rainer: Inklusive Pädagogik. Beiträge zu einem anderen Verständnis von Integration. Aspach: Innsalz, 2005

Grünke, Mathias/Leidig, Torsten: Der Übergang Schule/Beruf. In: Walter, Jürgen/Wember, Frank B. (Hrsg.): Sonderpädagogik des Lernens. Band 2. Handbuch Sonderpädagogik. Göttingen: Hogrefe, 2007, S. 844–856

Heung, Vivian: Can the introduction of an inclusion index move a system forward? In: International Journal of Inclusive Education 10 (2006), S. 309–322

Hick, Peter: Supporting the development of more inclusive practices using the index for inclusion. In: Educational Psychology in Practice 21 (2005), S. 117–122

Hinz, Andreas: Von der Integration zur Inklusion – terminologisches Spiel oder konzeptionelle Weiterentwicklung? In: Zeitschrift für Heilpädagogik 53 (2002), S. 354–361

Hollenweger, Judith/Lienhard, Peter: Schulische Standortgespräche. Ein Verfahren zur Förderplanung und Zuweisung von sonderpädagogischen Maßnahmen. Zürich: Bildungsdirektion Kanton Zürich, 4. Ausgabe 2008

Lechner, Ferdinand/Riesenfelder, Andreas/Wetzel, Gottfried/Wetzel, Petra/Willsberger, Barbara/Eglseer, Thomas: Evaluierung Clearing. Endbericht (2006) Im Internet unter www.lrsocialresearch.at/files/Eval_Clearing_Endbericht_L&R_Sozialforschung.pdf (25. 09. 2010)

Lee, Ju-Hwa: Inklusion. Eine kritische Auseinandersetzung mit dem Konzept von Andreas Hinz. Oberhausen: Athena, 2010

Liesen, Christian/Hoyningen-Süess, Ursula/Bernath, Karin (Hrsg.): Inclusive Education: Modell für die Schweiz? Internationale und nationale Perspektiven im Gespräch. Bern: Haupt, 2007

Mitra, Sophie: The Capability Approach and Disability. In: Journal of Disability Policy Studies 16 (2006), S. 236–247

Mortier, Kathleen/Hunt, Pam/Desimpel, Lore/Van Hove, Geert: With parents at the table: creating supports for children with disabilities in general education classrooms. In: European Journal of Special Needs Education 24 (2009), S. 337–354

Niedermair, Claudia: Brückenbau Schule-Arbeitswelt: Aufgaben der Schule an dieser Schnittstelle mit Beispielen von Good Practice. In: Felkendorff, Kai/Lischer, Emil (Hrsg.): Barrierefreie Übergänge? Jugendliche mit Behinderungen und Lernschwierigkeiten zwischen Schule und Berufsleben. Zürich: Pestalozzianum, 2005, S. 62–77

Nilsen, Sven: Moving towards an educational policy for inclusion? Main reform stages in the development of the Norwegian unitary school system. In: International Journal of Inclusive Education 14 (2010), S. 479–497

Norwich, Brahm: Dilemmas of Difference, Inclusion and Disability. London, New York: Routledge, 2008

Nussbaum, Martha: Frontiers of Justice. Disability – Nationality – Species Membership. Cambridge (Massachusetts), London: The Belknap Press of Harvard University Press, 2007

Nussbaum, Martha/Sen, Amartya (Hrsg.): The Quality of Life. Oxford, New York: Oxford University Press, 1993

Pijl, Sip Jan/Frostad, Per/Flem, Annlaug: The Social Position of Pupils with Special Needs in Regular Schools. In: Scandinavian Journal of Educational Research 52 (2008), S. 387–405

Prengel, Annedore: Pädagogik der Vielfalt. Verschiedenheit und Gleichberechtigung in Interkultureller, Feministischer und Integrativer Pädagogik. Wiesbaden: VS, 3. Aufl. 2006

Rieser, Richard: Implementing Inclusive Education. A Commonwealth Guide to Implementing Article 24 of the UN Convention on the Rights of People with Disabilities. London: Commonwealth Secretariat, 2008

Rioux, Marcia: Disability Rights in Education. In: Florian, Lani (Hrsg.): The SAGE Handbook of Special Education. London, Thousand Oaks, New Delhi: Sage, 2007, S. 107–116

Rose, Chad Allen/Espelage, Dorothy Lynn/Monda-Amaya: Bullying and victimisation rates among students in general and special education: a comparative analysis. In: Educational Psychology 27 (2009), S. 761–776

Sen, Amartya: Inequality Reexamined. Oxford, New York: Oxford University Press, 1992 (Reprint 2009)

Shah, Sonali: Special or mainstream? The views of disabled students. In: Research Papers in Education 22 (2007), S. 425–442

Smith, Rebecca/Leonard, Pauline: Collaboration for Inclusion. Practitioner Perspectives. In: Equity & Excellence in Education 38 (2005), S. 269–279

Specht, Werner: Schülerinnen und Schüler mit sonderpädagogischem Förderbedarf an der Nahtstelle Schule – Beruf. In: Specht, Werner/Wetzel, Gottfried/Wetzel, Petra/Rutte, Volker (Hrsg.): Jugendliche mit Behinderungen zwischen Schule und Beruf. Berichte aus dem Projekt Schnittstelle: Schule – Arbeitswelt – Soziale Integration. Graz: Zentrum für Schulentwicklung, 2001, S. 7–76

Speck, Otto: Schulische Inklusion aus heilpädagogischer Sicht. Rhetorik und Realität. München: Reinhardt, 2010

Stechow, Elisabeth von/Hofmann, Christiane (Hrsg.): Sonderpädagogik und Pisa. Kritisch-konstruktive Beiträge. Bad Heilbrunn: Klinkhardt, 2006

Terzi, Lorella: Justice and Equity in Education. A Capability Perspective on Disability and Special Educational Needs. London, New York: Continuum, 2010

Thoma, Pius/Rehle, Cornelia (Hrsg.): Inklusive Schule. Leben und Lernen mittendrin. Bad Heilbrunn: Klinkhardt, 2009

UNESCO: Guidelines for Inclusion. Ensuring Access to Education for All. Paris: UNESCO, 2005

UNESCO: Policy Guidelines on Inclusion in Education. Paris: UNESCO, 2009

UNESCO: The Salamanca Statement and Framework for Action on Special Needs Education. Access and Quality. Salamanca, Spain, 7–10 June 1994. Paris: UNESCO, 1994

Vaughan, Mark: An Index for Inclusion. In: European Journal of Special Needs Education 17 (2002), S. 197–201

Villa, Richard/Thousand, Jacqueline (Hrsg.): Creating an Inclusive School. Alexandria (Virginia, USA): Association for Supervision and Curriculum Development, 2. Aufl. 2005

Vislie, Lise: From integration to inclusion: focusing global trends and changes in the western European societies. In: European Journal of Special Needs Education 18 (2003), S. 17–35

Warnock, Mary/Norwich, Brahm/Terzi, Lorella: Special Educational Needs. A New Look. London, New York: Continuum, 2010

Wetzel, Gottfried/Wetzel, Petra: Betreuung behinderter Jugendlicher an der Schnittstelle von Schule und Beruf – eine internationale Vergleichsstudie. In: Specht, Werner/Wetzel, Gottfried/Wetzel, Petra/Rutte, Volker (Hrsg.): Jugendliche mit Behinderungen zwischen Schule und Beruf. Berichte aus dem Projekt Schnittstelle: Schule – Arbeitswelt – Soziale Integration. Graz: Zentrum für Schulentwicklung, 2001, S. 77–146

WHO/DIMDI: Internationale Klassifikation der Funktionsfähigkeit, Behinderung und Gesundheit. Neu-Isenburg: MMI, 2005

Wocken, Hans: Integration & Inklusion. Ein Versuch die Integration vor der Abwertung und die Inklusion vor Träumereien zu retten. In: Stein, Anne-Dore/Krach, Stefanie/Niediek, Imke (Hrsg.): Integration und Inklusion auf dem Weg ins Gemeinwesen. Möglichkeitsräume und Perspektiven. Bad Heilbrunn: Klinkhardt, 2010, S. 204–234

Wocken, Hans: Sonderpädagogischer Förderbedarf als systemischer Begriff. In: Sonderpädagogik 26 (1996), S. 34–38

Zigmond, Naomi/Kloo, Amanda/Volonino, Victoria: What, Where, and How? Special Education in the Climate of Full Inclusion. In: Exceptionality 17 (2009), S. 189–204

4 Inklusionsdidaktische Netze – Konturen eines Unterrichts für alle (dargestellt am Beispiel des Sachunterrichts)

Joachim Kahlert & Ulrich Heimlich

Vorbemerkung

Eine inklusive Schule, in der Kinder und Jugendliche mit und ohne Behinderung[3] zusammen und voneinander lernen können, muss einen Unterricht anbieten, der dem Zusammenspiel sehr unterschiedlicher sozialer, emotionaler und kognitiver Fähigkeiten, Bedürfnisse und Entwicklungsmöglichkeiten Rechnung trägt.

Zwar gilt die Orientierung an den Lernvoraussetzungen von Schülerinnen und Schülern sowohl in der allgemeinen Didaktik als auch in allen Fachdidaktiken seit langem als ein Qualitätsmerkmal von Unterricht. Doch die traditionell jahrgangsorientierte Regelschule macht es leicht, die Illusion zu pflegen, die Passung zwischen Inhalten und Lernvoraussetzungen sei in erster Linie eine Frage jahrgangsorientierter Lehrpläne und Standards, die mit mehr oder weniger moderater Differenzierung umgesetzt werden. Nachhilfe, Klassenwiederholung, unbefriedigende oder gar fehlende Schulabschlüsse markieren jenen bitteren Teil der Realität, der zur Aufrechterhaltung dieser Illusion beiträgt.

Eine inklusionsorientierte Schule mit ihrem Anspruch, alle Kinder und Jugendlichen nach bestem pädagogischen Wissen (und Gewissen!) zu fördern, schafft eine völlig andere Ausgangslage. Jahrgangszugehörigkeit oder andere subjektferne Abstraktionen liefern für methodische und didaktische Entscheidungen keine tragfähigen Merkmale (mehr). Nicht nur jedes Kind, auch jede Lerngruppe ist anders. Welche Unterstützung bekommen die Kinder und Jugendlichen auch außerhalb der Schule? Wer kann sich gut, wer bislang nur mit größeren Anstrengungen auf andere einstellen? Welches Kind benötigt besonderen Zuspruch? Welche Kooperationsformen sind in der Klasse möglich? Wie weit entwickelt sind Abstraktions-, Kombinations- und Erinnerungsfähigkeit der Schülerinnen und Schüler, die miteinander lernen sollen? Und auch: Mit welcher Unterstützung seitens der Eltern, des Kollegiums, der Schulleitung kann man rechnen?

Der folgende Beitrag arbeitet vor dem Hintergrund eines inklusiven Bildungsverständnisses Möglichkeiten einer inklusiven Didaktik in der Grundschule heraus. Dabei werden, konkretisiert am Lernbereich Sachunterricht, fachdidaktische Überlegungen und der Beitrag der sonderpädagogischen Förderung zur inklusiven Didaktik in der Grundschule aufeinander bezogen. Auf dieser Grundlage soll ein Konzept für den inklusiven Unterricht in der Grundschule entwickelt werden, das zwei zentrale Fragestellungen berührt:

3 Wir schließen uns hier dem Verständnis in Artikel 1 der UN-Konvention an: „Zu den Menschen mit Behinderungen zählen Menschen, die langfristige körperliche, seelische, geistige oder Sinnesbeeinträchtigungen haben, welche sie in Wechselwirkung mit verschiedenen Barrieren an der vollen, wirksamen und gleichberechtigten Teilhabe an der Gesellschaft hindern können." Zwischen Deutschland, Liechtenstein, Österreich und der Schweiz abgestimmte Übersetzung Übereinkommen über die Rechte von Menschen mit Behinderungen. In: www.institut-fuer-menschenrechte.de/fileadmin/user_upload/PDF-Dateien/Pakte_Konventionen/CRPD_behindertenrechtskonvention/crpd (Aufrufdatum 25. 03. 2011)

1. Wie muss der gemeinsame Unterricht in der Grundschule gestaltet sein, damit alle Schüler/-innen teilhaben können?
2. Wie muss sonderpädagogische Förderung gestaltet sein, damit sie den gemeinsamen Unterricht in der Grundschule wirksam unterstützen kann?

Diese und viele weitere Erwägungen werden nötig, damit Lehrerinnen und Lehrer die Ausgangslage der Kinder mit größt*möglicher* Klarheit erfassen und Förderangebote für alle auf höchst*möglichem* methodischen und didaktischen Niveau entwickeln können. In dem Maße, wie ihnen dies gelingt, gelingt Inklusion, verstanden als „wirksame individuell angepasste Unterstützungsmaßnahmen in einem Umfeld, das die bestmögliche schulische und soziale Entwicklung gestattet" (Artikel 24 (2) e).

Damit wollen wir nicht in eine verbreitete Anspruchsrhetorik gegenüber Lehrerinnen und Lehrern einstimmen. Die Adjektive „höchst- und größt*möglich*" sollen keine ausufernden Anforderungen markieren, sondern eine tendenziell pragmatische Orientierung im Umgang mit der Dialektik von Ansprüchen und den jeweiligen Möglichkeiten zum Ausdruck bringen.

In bildungswissenschaftlichen Diskursen, gerade auch im Zusammenhang mit Inklusion, werden Ansprüche an Schule und Unterricht adressiert, denen jeder zustimmen kann, weil es ihnen an der Konkretion in realen Kontexten fehlt: Jedem Kind gerecht werden, den Unterricht auf der Basis fundierter Diagnosen gestalten, immer neue Differenzierungsmöglichkeiten schaffen und anderes mehr. Solche kontextfrei formulierten Ansprüche lassen Antworten auf die Frage völlig offen, wie mit den immer begrenzten pädagogischen Ressourcen wie Zeit, Zuwendung und Aufmerksamkeit, aber auch Wissen, Können und Einfallsreichtum der Lehrkräfte umzugehen ist. Diese pädagogischen Ressourcen sind nicht beliebig ausbaubar. Individualisierung ist nicht beliebig möglich, Diagnose ist immer begrenzt. Selbst die emphatischsten Lehrkräfte können einzelnen Schülern/-innen nur begrenzt Aufmerksamkeit bieten. Die wirksamsten Fortbildungsprogramme brauchen Zeit, ehe sie hinreichend viele Lehrkräfte erreichen. Und die kreativsten Lehrkräfte stoßen mit ihren Differenzierungsideen an die Grenzen aufeinander aufbauender Curricula.

Nicht zuletzt deshalb münden solche Ansprüche häufig in einer Vertagungsprogrammatik. Sie generieren Forderungen nach einer besseren Lehrerbildung, nach mehr Fortbildung, nach mehr Lehrern, nach kleineren Klassen, nach Schulentwicklung – nahezu jede neue pädagogische Aufgabe zieht die immer gleichen Forderungen nach sich. Sie sind deshalb nicht falsch, ja, sie sind zum Teil sogar notwendig. Doch der mögliche Nutzen erweist sich selbst unter optimalen bildungs- und sozialpolitischen Rahmenbedingungen erst in einer unbestimmten Zukunft. Bedauerlicherweise sind diese optimalen Rahmenbedingungen nie gegeben. Vielmehr hängt deren Realisierung von einem im Ergebnis kaum vorherzusehenden politischen Interessensausgleich im Kampf um knappe Ressourcen – sowohl materieller als auch ideeller Art (Macht, Einfluss, Anerkennung) ab. Daher sollte ergänzend gefragt werden: Was ist schon heute an Verbesserungen möglich?

Diese Frage ist keine Resignation vor den Widerständen gegen aufwändige Reformen. Vielmehr berücksichtigt sie, dass Kinder und Jugendliche schon jetzt, auch unter den gegebenen Bedingungen, ein Recht auf optimal mögliche Förderung haben. Zukünftige Schülergenerationen mögen, wenn alles gut geht, von den mitunter leidenschaftlich debattierten und hart umkämpften Veränderungsvorschlägen profitieren. Aber für die Kinder und Jugendlichen, die heute, morgen und in naher Zukunft unterrichtet werden, stehen nur die Möglichkeiten zur Verfügung, die unter den gegebenen Bedingungen ausgeschöpft werden können.

Der vorliegende Beitrag orientiert sich an dem Grundsatz, dass Beste aus dem zu machen, was an Möglichkeiten vorhanden ist. Und kleine Fortschritte in der Gegenwart müssen die Chancen auf große Fortschritte in der Zukunft ja nicht verringern – im Gegenteil.

Zunächst wird herausgearbeitet, warum eine inklusionsorientierte Schule und ein ihr angemessener Unterricht eine Wiederbelebung bildungstheoretischer Reflexion und Kommunikation wünschenswert macht (4.1). Im zweiten Teil werden Grundsätze der sonderpädagogischen Förderung in der inklusiven Didaktik vorgestellt (4.2). Dabei wird deutlich, dass sowohl fachlich-curriculare als auch entwicklungsbezogene Aspekte berücksichtigt werden müssen, um gemeinsame Lernumgebungen zu schaffen, die für alle förderlich sind. Als „Schnittmenge" der beiden behandelten Themenkomplexe bieten sich auf der *inhaltlichen Ebene* „inklusionsdidaktische Netze" an, die einen Lerngegenstand (z. B. im Lernbereich Sachunterricht) aus unterschiedlichen fachlichen Perspektiven betrachten. Auf der *methodischen Ebene* spricht aus den bisher vorliegenden Erfahrungen einiges für Elemente des offenen Unterrichts (wie Freiarbeit, Wochenplan, Stationenlernen usf.) und des Projektunterrichts, da diese Unterrichtskonzepte sowohl den gemeinsamen Lerngegenstand als auch differenzierte und individualisierte Lernwege beinhalten. Als eine Unterstützung dafür wird das Konzept der inklusionsdidaktischen Netze vorgestellt und an einem inhaltsbezogenen Beispiel aus dem Sachunterricht fachlich-curricular und entwicklungsbezogen konkretisiert (4.3). Der Beitrag schließt mit einem Ausblick auf den möglichen Nutzen des Reflexions- und Planungsansatzes der inklusionsdidaktischen Netze auch für andere Fächer sowie für die Lehreraus- und -fortbildung (4.4).

4.1 Inklusive Bildung – zur notwendigen Wiederbelebung bildungstheoretischer Reflexionen

In einer demokratischen Gesellschaft ist es die vornehmste Aufgabe des Schulsystems, die Entwicklung von Kindern und Jugendlichen so zu unterstützen, dass sich deren Persönlichkeit nach Maßgabe von Anlagen und Fähigkeiten entwickeln kann. Als Leitbild für alle Beteiligten wirken dabei Vorstellungen über Bildung. Sie bieten eine Verständigungsbasis über Fach- und Schulkulturen hinweg und tragen dazu bei, in den Entscheidungs- und Handlungsverstrickungen des pädagogischen Alltags die Sinnfrage nicht aus dem Auge zu verlieren.

Von den zahlreichen Versuchen zu erläutern, was unter Bildung zu verstehen ist, orientieren wir uns – einmal mehr – an dem Vorschlag Hennig Kößlers: „Erwerb eines Systems moralisch erwünschter Einstellungen durch die Vermittlung und Aneignung von Wissen derart, dass Menschen im Bezugssystem ihrer geschichtlich-gesellschaftlichen Welt wählend, wertend und stellungnehmend ihren Standort definieren, Persönlichkeitsprofil bekommen und Lebens- und Handlungsorientierung gewinnen" (Kößler 1997, S. 113).

Die Betonung von Werten ist dabei nicht allein als Anspruch an Schülerinnen und Schüler oder, allgemein, an die jeweils nachwachsende Generation zu verstehen. Sie ist generationsübergreifend adressiert. Dabei ist nicht die Anpassung an jeweils vorherrschende Moralstandards gemeint, sondern die Orientierung des Handelns über den unmittelbaren Zweck hinaus. Nicht allein funktionale Ziel-Mittel-Kalküle sollen das eigene Handeln begleiten, sondern auch die Bereitschaft, Ziele und Handlungen vor dem Hintergrund von Anforderungen zu beurteilen und zu rechtfertigen, die das Zusammenleben für alle zumindest erträglich, besser noch förderlich machen. Danach ist gebildet, wer (s)einen guten Weg findet zwischen dem allzeit präsenten Streben nach Entfaltung der eigenen Person und der Berücksichtigung von Interessen aller, die am sozialen Geschehen teilhaben. In diesem Verständnis erweist sich Bildung nicht nur am Haben, sondern auch am Sein (vgl. Fromm 1979). Es zählen nicht allein und nicht vor allem standardisiert beschriebene Kompetenzen, das Wissen, die Fähigkeiten und Einstellungen, die jemand *hat*, sondern auch die Qualität der Beziehungen, die jemand zu seiner Umwelt, ihren Menschen und ihrer Kultur *einnimmt*. Bildung wird nicht nur individuumszentriert gedacht. Vielmehr wird – in dialektischer Tradition – berücksichtigt, dass Individualität sich nur im Kontext einer sozialen Gemeinschaft entwickeln kann (vgl. schon Simmel 1888/1983; Mead 1934/1993; S. 216ff.; Luhmann 1985, S. 296ff.), mit all ihren Möglichkeiten und Anforderungen.

Dies gilt gerade auch in einer um Individualisierung bemühten inklusiven Schule: Individualisierung im Unterricht dient der Erweiterung der Möglichkeit, am sozial-kulturellen Leben zunehmend *selbstbestimmt* und mit dem *Verständnis für die Belange anderer* teilzuhaben, das der individuellen Einsichtsfähigkeit *angemessen* ist. Diese Bildungsvorstellung begnügt sich nicht damit, das Individuum – ob ressourcen- oder defizitorientiert – dabei zu unterstützen, mit den Anforderungen der Umwelt zurechtzukommen. Sie schließt auch die Erwartung an die Umwelt ein, sich an die Entwicklungsmöglichkeiten des Individuums anzupassen. Teilhabe ist keine Einbahnstraße. Daher markieren auch und gerade in einer inklusiven Schule „Selbstbestimmungsfähigkeit", „Mitbestimmungsfähigkeit" und „Solidaritätsfähigkeit" (Klafki 2007, S. 94ff.) das normative Spannungsfeld, in dem pädagogisch professionelle Entscheidungen getroffen und gerechtfertigt werden sollten.

Allerdings sind diese Ansprüche nicht immer gleichsinnig umzusetzen. Deshalb treten in der inklusiven Schule Wertekonflikte beim pädagogischen Handeln auf. Sie anzuerkennen schärft das pädagogische Gewissen: Ist jede Maßnahme, die funktioniert, jedes Kriterium, mit dem evaluiert, jede Anforderung, die gestellt wird, auch sinnvoll mit Bezug auf das einzelne Kind und mit Bezug auf die Gruppe? Diese und andere Fragen, die den pädagogischen Alltag begleiten, lassen sich nicht allein mit diagnostischer Kompetenz und fachdidaktischem Wissen beantworten. Beides ist notwendig, aber nicht hinreichend.

So bieten zum Beispiel die aus der empirischen Bildungsforschung extrahierten Merkmale „guten Unterrichts" wie Qualität des Materials, Passung, Adaptivität, Klarheit, Methodenvariation, Individualisierung und Motivierung nicht mehr (aber auch nicht weniger!) als ein Kriterienraster für die Reflexion bei der Planung, Durchführung und Evaluation von Unterricht (vgl. dazu abwägend: Helmke 2009, S. 168 ff.). Sie liefern Orientierungswissen und können als eine Art Grammatik des guten Unterrichts verstanden werden. Aber so wenig die einwandfreie Beherrschung der Regeln einer Sprache garantiert, dass man damit brauchbare oder gar gute literarische Werke hervorbringt, so wenig garantiert das Wissen um Merkmale guten Unterrichts die Gestaltung guten Unterrichts. Dies gilt bereits für Klassen der Regelschule und in weitaus größerem Maße für inklusionsorientierte Klassen. Einer auf Generalisierbarkeit ausgerichteten quantifizierenden empirischen Bildungsforschung liegt folgende Annahme zugrunde: Bei entsprechender Gestaltung der Stichprobe ließen sich die in den erforschten Klassen vorhandenen Bedingungen in einem praktisch bedeutsamen Maße auch in anderen Klassen wiederfinden. Die Nutzung von Erkenntnissen zur Steuerung des sozialen Prozesses „Unterricht" setzt voraus, dass man an Eigenschaften, Bedingungen und Verarbeitungsprozessen Lernender anknüpfen kann, die vernünftigerweise als allen Lernenden gemeinsam gegeben unterstellt werden können. Es ist hier nicht der Ort, die umstrittene Tragfähigkeit dieses Ceteris-paribus-Vorbehalts zu diskutieren. Aber es ist wohl nicht zu bestreiten, dass in einem inklusionsorientierten Unterricht die Annahme „sonst gleicher Bedingungen" noch gewagter ist als für den traditionellen Regelschulbetrieb.

Wenn man – in Übereinstimmung mit der VN-Behindertenrechtskonvention (VN-BRK) – anerkennt, dass „Behinderung aus der Wechselwirkung zwischen Menschen mit Beeinträchtigungen und einstellungs- und umweltbedingten Barrieren entsteht, die sie an der vollen, wirksamen und gleichberechtigten Teilhabe an der Gesellschaft hindern" (Präambel, Punkt e), dann bekommen die besonderen Bedingungen der jeweiligen Lerngruppe ein noch größeres Gewicht für die pädagogisch zu treffenden Entscheidungen als generalisierende Einsichten über erfolgreichen Unterricht. Inklusion erfordert Individualisierung so weit wie möglich unter Berücksichtigung des sozialen Systems so weit wie nötig. Ein didaktisches Denken in Kategorien von Standardschülern, Standardklassen und Standardangeboten nützt dabei noch weniger als sonst (vgl. Blaseio 2011). Und schließlich ist es ein bildungstheoretisch gut begründbares pädagogisches Anliegen, die Vielseitigkeit von Weltzugängen des einzelnen Menschen zu fördern, also die Fähigkeit zur rationalen Verarbeitung von Umweltinformationen ebenso wie emotionale, ästhetische, mimetische und kinästhetische Verarbeitungsweisen (vgl. z.B. von Hentig 1996).

Hinzu kommt, dass die soziale Gemeinschaft „Unterricht" Kompromisse verlangt zwischen dem Wunsch nach möglichst differenzierter Erfassung und Berücksichtigung der Lernvoraussetzungen jedes einzelnen Kindes und dem Zwang, unter den Bedingungen knapper pädagogischer Ressourcen eine für alle zufriedenstellende und förderliche Lernumgebung zu gestalten: Zeit, Aufmerksamkeit für den einzelnen Schüler, Wahrnehmung von Lernschwierigkeiten und -fortschritten sind nicht beliebig vermehrbar.

Nicht nur die pädagogischen Fähigkeiten der jeweiligen Lehrkraft oder ihr professionelles Können, sondern der Unterricht als soziales Geschehen setzt der Individualisierung Grenzen. Die gewollte Einbettung individuellen Lernens in eine Lernumgebung, die der Einzelne mit anderen teilt, schränkt den Spielraum ein, der den subjektiv ausgeprägten Lernstilen und Bearbeitungsweisen eingeräumt werden kann. Differenzierungsangebote können diesen Spielraum ausweiten, aber die Organisationsform des Lernens in Gruppen bzw. in der Schulklasse macht es nicht möglich, individuellen Interessen, Lernstilen, Verarbeitungsweisen beliebig weit entgegenzukommen. Nicht jede Aktivität, nicht jede Idee, nicht jede Inanspruchnahme von Zeit, pädagogischem Engagement, Zuwendung anderer, sachlicher Mittel etc. kann akzeptiert werden, wenn möglichst vielen die Chance gegeben werden soll, im Unterricht eine individuell förderliche Auseinandersetzung mit den jeweiligen Inhalten zu finden.

Diese Einschränkungen gelten auch für die Realisierung von Erwartungen an die Diagnostik. Selbst die versierteste Lehrkraft kann nicht mehr (sie sollte aber auch nicht weniger) tun, als auf der Basis einer angemessenen Diagnose der Lernvoraussetzungen Lernangebote zu arrangieren, von denen sie – möglichst gut begründbar – annehmen kann, dass sie für die Bildungsentwicklung der Schülerinnen und Schüler förderlich sind. Allerdings lässt sich weder die Lernausgangslage noch das Lernen beliebig umfassend und genau erschließen. Ob man Kinder einzeln oder in Gruppen befragt, ihr Verhalten beobachtet, auswertet, was sie malen, erzählen oder aufschreiben, oder sie mit spezialisierten Instrumenten nach allen Regeln der diagnostischen Kunst untersucht – nie erhält man Einblick in das, was tatsächlich gerade im lernenden Kind vor sich geht, sondern nur Einblick in das, was die jeweilige Beobachtungsweise hergibt. So bleibt – bei allem Respekt vor der diagnostischen Qualität von Instrumenten und der diagnostischen Kompetenzen der Lehrenden – eine Erkenntnisgrenze, die nicht überschreitbar ist.

Bereits Martinus J. Langeveld hat darauf hingewiesen, (nicht nur) Kinder würden sich ihre Welt mit „persönlicher Sinngebung" konstruieren (Langeveld 1956, S. 105). Jedes Kind gibt der Welt – oder weniger totalisierend formuliert – den Ereignissen, den Zuständen, denen es gewahr wird, einen Sinn und bringt somit seine eigene Welt mit hervor (vgl. Langeveld 1956, S. 93). An diese „persönliche Sinngebung" kann Unterricht nicht unmittelbar anknüpfen. Die persönliche Sinngebung ist von Kind zu Kind verschieden und unterliegt einer von Erkenntnis nicht einholbaren Dynamik. Sie wird immer neu geschaffen, ist selbst dem konstruierenden Subjekt nicht immer vollständig bewusst und offenbart sich anderen, wie zum Beispiel Lehrerinnen und Lehrern, nie direkt, sondern über Äußerungen. Diese mögen mimisch, gestisch, sprachlich oder im engeren Sinne vergegenständlichend sein – wie malen, bauen, werken –, doch sie geben nur interpretationsbedürftige Indizien für ein weitaus reicheres Innenleben. Als Ganzes ist dieses nicht mitteilbar und für einen anderen auch nicht verfügbar. Die konstruktiven Akte der persönlichen Sinngebung garantieren letztlich die Unverfügbarkeit des Lernenden für die Lehrenden.

Dies gilt bereits auf der Ebene eines Einzelunterrichts: Der Lehrende kann nie sicher sein, dass das, was er aufgrund seiner Beobachtungen des Lernenden für verstanden, motivierend, nicht verstanden etc. hält, auch von diesem genau so verarbeitet wird. Verschiedene Methoden mögen die Grenze dieses Nichtwissens verschieben, aber sie lösen sie nicht auf. „Lautes Denken“ muss interpretiert werden, Nachfragen kann man nicht beliebig oft stellen, ohne zu riskieren, dass der Lernende aus der Kommunikation aussteigt. Beobachtbare Leistungen erlauben Aussagen über den Erfolg eines Angebots, aber nicht über den Verarbeitungsprozess des Lernenden.

So mögen Lernumgebungen nach allen Regeln des „state-of-the-art“ gestaltet sein, doch letztlich entscheiden die subjektiven Wahrnehmungen, die subjektiv verfügbaren Assoziationen und damit die individuellen kognitiven Konstruktionen darüber, welche tatsächlichen Effekte bei den Schülerinnen und Schülern erreicht werden. Und weil „jeder Lernende das gleiche Objekt oder Ergebnis etwas anders interpretiert“ (Gerstenmaier/Mandl 1995, S. 875), ist die Lernumgebung, wie sie von Lehrenden arrangiert wurde, nicht identisch mit der Lernumgebung, wie sie auf den einzelnen Lernenden wirkt. Es gibt keinen direkten Weg in den Kopf des Schülers, sondern nur den Umweg über die Gestaltung von Lernumgebungen. Die pädagogische Beherrschbarkeit und psychologische Steuerbarkeit des Lernens ist begrenzt (vgl. Luhmann/Schorr 1982; Luhmann 1985/2004). Bereits John Dewey hielt es deshalb für geboten, zwischen der Planung des Lehrers und dem sich tatsächlich abspielenden Lernprozess zu unterscheiden (vgl. Dewey 1910, hier 1951, S. 214 ff.).

So bleiben – bei aller diagnostischen, fachlichen und methodisch-didaktischen Kompetenz der Lehrkräfte im Unterricht allgemein und im inklusionsorientierten Unterricht im Besonderen – Ungewissheiten, die nicht auflösbar sind. Daher sind die täglich zu treffenden Entscheidungen der Lehrkräfte nicht nur nach bestem pädagogischem *Wissen* zu beurteilen und zu rechtfertigen, sondern auch mit pädagogischem *Gewissen*. Dieses findet seine professionelle, kommunikations- und somit verständigungsfähige Grundlage in Bildungsvorstellungen. Damit diese wiederum nicht im Ideenhimmel wohlklingender Formulierungen bleiben, müssen sie mit Blick sowohl auf fachlich-curriculare Inhalte als auch auf entwicklungsorientierte Fördermöglichkeiten konkretisiert werden.

Die inklusionsorientierte Didaktik bietet dafür bisher wenig Anregungen (vgl. Seitz 2005, S. 4 f.; Giest 2011). Dabei kann es ohnehin nicht darum gehen, mehr oder weniger differenziert ausgerichtete Unterrichtsvorschläge zu unterbreiten. Kein Unterrichtskonzept ist unter den Bedingungen von Inklusion auf ein anderes Unterrichtskonzept zu übertragen. Statt pädagogische Fertigware zu liefern, die auch dann nicht individuell ist, wenn sie in Form von Differenzierungsvorschlägen einzeln verpackt wird, käme es darauf an, ein Planungsinstrument zu entwickeln, das die Lehrerinnen und Lehrer dabei unterstützt, die Entwicklungspotenziale der Kinder und die Potenziale der Inhalte, die den Unterricht gemeinsam tragen sollen, lerngruppenspezifisch zu erschließen.

Mit dem Vorschlag, in „inklusionsdidaktischen Netzen“ zu denken, wollen wir die didaktisch-methodische Fantasie von Lehrerinnen und Lehrern auf der Basis ihrer pädagogischen und fachlichen Kompetenzen anregen. Es geht dabei darum, sowohl den Entwicklungsbedingungen des einzelnen Kindes als auch den Potenzialen der Inhalte gerecht zu werden. Dabei liegt ein Modell aus der Sachunterrichtsdidaktik zugrunde (vgl. Kahlert 2009, S. 216 ff.), sodass dieser Ansatz hier in Bezug auf den Sachunterricht konkretisiert wird (4.3). Zuvor sollen jedoch Grundsätze einer sonderpädagogischen Förderung dargelegt werden, die die Erweiterung des bisherigen Modells um entwicklungsorientierte Aspekte begründen und tragen.

4.2 Sonderpädagogische Förderung in der inklusiven Didaktik

Seit den Empfehlungen der Kultusministerkonferenz zur sonderpädagogischen Förderung aus dem Jahre 1994 (vgl. Drave/Rumpler/Wachtel 2000) hat ein Öffnungsprozess in der Heil- und Sonderpädagogik stattgefunden, der sich in den Jahren zuvor bereits abzeichnete. Sonderpädagogische Förderung ist nicht mehr an den besonderen Förderort (Förderschulen, sonderpädagogische Förderzentren) gebunden. Sie kann und soll seither vermehrt auch in der allgemeinen Schule stattfinden. Es ist zwar bis heute nicht gelungen, in Deutschland die Anteile der Schüler/-innen mit sonderpädagogischem Förderbedarf in allgemeinen Schulen im bundesweiten Durchschnitt deutlich über 20 Prozent hinaus auszuweiten (18,4 Prozent im Schuljahr 2008/2009, vgl. Kultusministerkonferenz 2010). Gleichwohl verfügen inzwischen viele sonderpädagogische Lehrkräfte und viele Lehrkräfte der allgemeinen Schulen[4] über Erfahrungen mit der Gestaltung eines gemeinsamen Unterrichts für Kinder und Jugendliche mit und ohne sonderpädagogischem Förderbedarf. Sonderpädagoginnen und -pädagogen versuchen ihre spezifische fachliche Kompetenz in den Unterricht der allgemeinen Schulen einzubringen. Dabei stellt sich im Sinne eines Rückblicks auf diese Erfahrungen die

4 Mit „allgemeinen Schulen“ meinen wir hier die allgemeinbildenen Schulen mit Ausnahme der Förderschulen (ein anderer Sprachgebrauch dafür lautet auch „Regelschulen“).

Frage, wie sonderpädagogische Förderung bisher gestaltet worden ist, damit sie im integrativen Unterricht der allgemeinen Schule unterstützend wirken kann. In einem zweiten Schritt ist es nun erforderlich, nach einem Konzept sonderpädagogischer Förderung für den inklusiven Unterricht der Zukunft zu fragen. Damit wird implizit vorausgesetzt, dass sonderpädagogische Förderung in diesem zu entwickelnden Unterrichtskonzept im Rahmen einer inklusiven Schule einen bedeutenden Stellenwert hat. Zugleich ist all denen Positionen im fachlichen Diskurs eine deutliche Absage erteilt, die davon ausgehen, dass sonderpädagogische Förderung in diesem zukünftigen Prozess der Unterrichtsentwicklung in der inklusiven Schule keine Rolle spielen soll. Im Gegenteil: Es wird hier davon ausgegangen, dass sonderpädagogische Förderung im inklusiven Unterricht unverzichtbar ist und nach allen vorliegenden Praxiserfahrungen sogar noch weiter ausgebaut werden muss. Die folgenden Überlegungen zum Stellenwert sonderpädagogischer Förderung im Rahmen inklusiver Didaktik werden jeweils durch Beispiele aus der sonderpädagogischen Förderpraxis eingeleitet, um darauf aufbauend die konzeptionellen Basiselemente herauszuarbeiten.

4.2.1 Sonderpädagogische Förderung als Handlungskonzept

Für die sonderpädagogische Förderung gilt heute mehr denn je, dass ihre Qualität in einer überprüfbaren Art unter Beweis gestellt werden muss. Dazu ist zunächst einmal zu klären, was den Kern der sonderpädagogischen Förderung ausmacht.

- **Individuelle Fördersituation:**

Bei Sven (6;7 Jahre) hat sich im Laufe des ersten Grundschuljahres gezeigt, dass er über sehr wenig Sachwissen[5] verfügt. Pflanzen und Tiere der näheren Umgebung kennt er kaum aus eigener Anschauung. Im Tierpark war er noch nie. Auch Spaziergänge im Wald oder Wanderungen gehören nicht zu seinen Freizeitbeschäftigungen. Nur das Fernsehen scheint ihn zu interessieren. Hier verfolgt er jedoch am liebsten die Zeichentrickserien. Wenn im Unterricht etwas selbst ausprobiert oder gestaltet werden soll, beteiligt er sich nicht und überlässt gerne anderen die aktive Rolle. Am Unterrichtsgespräch nimmt er fast gar nicht teil. Nur in den Pausen ist er mit Freude an den Bewegungsspielen beteiligt. Auch im Sportunterricht zeigt er sich motiviert. Im Lesen, Schreiben und Rechnen erfüllt Sven die bisherigen Anforderungen gerade noch. Die Förderdiagnostik, die von der Sonderpädagogin, Frau M., durchgeführt wurde, ergibt, dass Sven über unterdurchschnittliche kognitive Fähigkeiten verfügt. Besonders wenig ausgeprägt ist das allgemeine Wissen. In der Testsituation zeigt sich gleichzeitig ein verzögertes Arbeitstempo. Allgemein fällt auf, dass schulische Anforderungen Sven nur wenig motivieren können. Für die Förderplanung im Klassenverband der Grundschule stellt sich nun die Frage, wie sein Allgemeinwissen und seine Lernmotivation gefördert werden können, um größere Lernrückstände in der nahen Zukunft ausschließen zu können.

5 Mit „Sachwissen" ist hier und im Folgenden nicht nur deklaratives Wissen, sondern Wissen, Können und Verstehen in den Inhaltsfeldern des Sachunterrichts gemeint.

In diesem Beispiel aus der sonderpädagogischen Förderpraxis wird bereits deutlich, dass sonderpädagogische Förderung stets einen fachlich-curricularen und einen individuell-entwicklungsbezogenen Aspekt hat. Dahinter steht die Erfahrung, dass Schüler/-innen mit sonderpädagogischem Förderbedarf (insbesondere im Förderschwerpunkt Lernen) zusätzlich zu den Problemen mit den fachlichen Anforderungen in der allgemeinen Schule (Lesen, Schreiben, Rechnen, Sachwissen) in der Regel weitere Lernprobleme im Bereich basaler Kompetenzen wie Aufmerksamkeit, Konzentration, Motivation, Kognition, Sensomotorik, Sprache sowie sozialer und emotionaler Kompetenz aufweisen. Im Grunde können gerade im Förderschwerpunkt Lernen häufig alle weiteren Problemschwerpunkte aus dem Spektrum der sonderpädagogischen Förderbedarfe mit betroffen sein. Dies macht auch die hohe Komplexität der sonderpädagogischen Förderung im Förderschwerpunkt Lernen aus.

• Was ist sonderpädagogische Förderung?

Was aber ist das Typische an diesem pädagogischen Handlungskonzept? Gehen wir von der Wortbedeutung des Begriffs „Förderung“ aus, so ist damit zunächst einmal nicht mehr gemeint als „jemanden weiter nach vorn bringen“. Insofern handelt es sich beim Begriff der Förderung nicht um einen genuin pädagogischen bzw. heil- oder sonderpädagogischen Begriff. Er wird auch in der Alltagssprache z. B. im Bergbau, im Verkehrswesen oder in Bezug auf unterschiedliche Formen der finanziellen Unterstützung bzw. das Weiterkommen in der beruflichen Karriere verwendet. Insofern teilt er bis zu einem gewissen Grade das Schicksal des Begriffs „Behinderung“ als zentraler Kategorie der Heil- und Sonderpädagogik. Vom Begriffsverständnis her bilden „fördern“ und „behindern“ jedoch durchaus einen Gegensatz. Mit der Bevorzugung des Begriffs der sonderpädagogischen Förderung im Vergleich zum Begriff der Behinderung wollte die Kultusministerkonferenz 1994 deshalb auch explizit einen Perspektivenwechsel in der sonderpädagogischen Förderung einleiten: von der Behinderungsorientierung hin zur Förderungsorientierung (vgl. Drave/Rumpler/Wachtel 2000). Sie hat damit Anschluss an die internationale Entwicklung zur „special needs education“ und den Begriff „special educational needs“ gesucht. In der Übersetzung bedeutet dies zwar „spezielle Erziehungs- bzw. Bildungsbedürfnisse“ (vgl. Speck 2008, S. 251). Im deutschen Sprachraum hat sich indessen der Begriff „sonderpädagogischer Förderbedarf“ durchgesetzt.

In der Regel verbinden wir im alltäglichen Sprachgebrauch mit dem Begriff der Förderung ein passives Geschehen im Sinne von *Fremd-Förderung*: jemand oder etwas wird gefördert oder befördert. Kritisiert wird daran die mangelnde Berücksichtigung des Rechts auf Selbstbestimmung, das selbstverständlich auch für Kinder und Jugendliche mit sonderpädagogischem Förderbedarf gilt. In Vergessenheit geraten ist dabei das aktive Begriffsverständnis im Sinne eines Vorgangs der *Selbst-Förderung*. Kinder und Jugendliche setzen sich aber auch selbst Lernziele, strengen sich an, um diese zu erreichen, und überprüfen, ob sie das tatsächlich geschafft haben. Sie fördern sich also in gewisser Weise auch selbst. Wir sollten deshalb behutsam umgehen mit einem rein passiven Verständnis von Förderung.

Gleichzeitig führen die begrifflichen Überlegungen zu einem weiten Verständnis von Förderung. Mit sonderpädagogischer Förderung ist nicht nur der Einsatz spezifischer Fördermaterialien in der Interaktion mit Kindern und Jugendlichen, die einen sonderpädagogischen Förderbedarf haben, gemeint. Sonderpädagogische Förderung im weiteren Sinne umfasst sowohl die *Diagnose* als auch die *Intervention* und die *Evaluation*. Begleitend finden häufig kommunikative Prozesse mit allen Beteiligten im Rahmen von *Beratung* statt. Zu einem pädagogischen Handlungskonzept wird sonderpädagogische Förderung allerdings erst, wenn diese Einzelaspekte in einen systematischen *Begründungszusammenhang* hineingestellt werden (vgl. Heimlich 2008).

- **Prozessmodell sonderpädagogischer Förderung**

Stellen wir uns sonderpädagogische Förderung ganz praktisch als Prozess vor, so ergibt sich folgender systematischer Zusammenhang dieser Komponenten sonderpädagogischer Förderung:

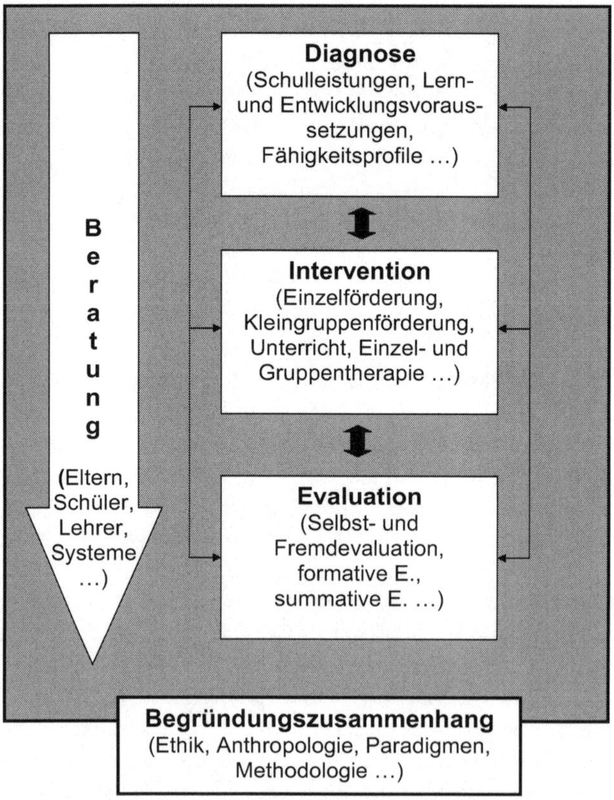

Abb. 4.1: Prozessmodell sonderpädagogischer Förderung

– Sonderpädagogische Förderdiagnostik

Sonderpädagogische Förderung beginnt mit einer Phase der eingehenden Förderdiagnostik ausgehend von einem Lern- und Entwicklungsproblem. Wenn das Lernen schwierig wird, so ist es zunächst einmal erforderlich, genau abzuklären, worin das jeweilige Lernproblem besteht. Der Augenschein trügt auch in diesem Fall häufig. Sonderpädagogische Förderdiagnostik (vgl. Bundschuh 2007) richtet ihr Interesse von daher zuallererst auf eine möglichst genaue Abklärung der zugrunde liegenden Problemlage beim Kind. Dabei hat sich die Erkenntnis durchgesetzt, dass die Probleme des Kindes nicht isoliert für sich betrachtet werden können, sondern stets in sein jeweiliges Umfeld hineinzustellen sind. Neben der erschwerten Lernsituation des Kindes gilt es ebenso, die häufig problematische Lebenssituation in den Blick zu nehmen.

Mit der Kind-Umfeld-Analyse (vgl. Sander 2002) liegt ein ökologisches Rahmenkonzept für die sonderpädagogische Förderdiagnostik vor, in dem nicht mehr nach den individuellen Defiziten des Kindes gefragt, sondern vielmehr auf die Suche nach den Ressourcen gegangen wird. Diese „Schatzsuche" richtet sich sowohl auf die individuellen Potenziale des einzelnen Kindes als auch auf die Unterstützungsmöglichkeiten in seinem Umfeld. Neben die förderdiagnostische Abklärung der Lernprobleme eines Kindes mit Hilfe von Fehleranalysen und förderdiagnostischen Tests (z. B. bezogen auf den Entwicklungsstand im Lesen, Schreiben, Rechnen und beim Sachwissen) treten deshalb gleichwertig die Beobachtung in unterschiedlichen Lern- und Lebenssituationen sowie Gespräche mit allen Beteiligten (vgl. Heimlich/Lotter/März 2003). Förderausschüsse mit allen pädagogischen Fachkräften und den Eltern haben in vielen Fällen zusätzlich zu einer Klärung des Förderbedarfs und der Vorbereitung des integrativen Settings in der allgemeinen Schule beigetragen. Basis jeglicher sonderpädagogischen Förderung ist stets der jeweilige Lern- und Entwicklungsstand des Kindes, also seine individuellen Fähigkeiten. Diese *Kompetenzorientierung* ist für die moderne Sonderpädagogik konstitutiv.

– Sonderpädagogische Intervention

Bezogen auf die sonderpädagogische Intervention im engeren Sinne, beispielsweise im Förderschwerpunkt Lernen (vgl. Lauth/Grünke/Brunstein 2004), kann zwischen direkten und indirekten Förderstrategien unterschieden werde. *Direkte Förderung* findet immer dann statt, wenn das jeweilige Lernproblem (z. B. im Lesen, Schreiben, Rechnen oder beim Sachwissen) unmittelbar zum Gegenstand der Förderung gemacht wird (vgl. Wember 1999). Wenn ein Kind beispielsweise Probleme im Bereich des Sachwissens hat, dann sollte es auch in diesem Lernbereich gefördert werden. Darüber hinaus haben Heil- und Sonderpädagoginnen und -pädagogen aber stets auch Interesse daran, mögliche Ursachen und Bedingungsfaktoren für Lernschwierigkeiten zu klären und hier mit der Förderung anzusetzen. Immer dann, wenn kognitive, sensomotorische, kommunikative, soziale und emotionale Voraussetzungen des Lernens gefördert werden, sprechen wir von *indirekter För-*

derung. Voraussetzung dafür ist wiederum eine genaue Kenntnis der verschiedenen Entwicklungsbereiche eines Kindes. Beide Förderstrategien sollten in einem ausgewogenen Verhältnis zueinander stehen. In der bundesdeutschen Heil- und Sonderpädagogik wurden lange Zeit die indirekten Förderkonzepte favorisiert. Die Erfolge mit direkten Förderansätzen besonders im angloamerikanischen Raum sprechen allerdings eindeutig für eine stärkere Berücksichtigung dieser Vorgehensweise.

Realisiert werden kann sonderpädagogische Intervention in sehr unterschiedlichen Formen. Sowohl im Klassenunterricht als auch in der Kleingruppen- und Einzelförderung können sonderpädagogische Aspekte berücksichtigt werden. Sonderpädagogische Intervention ist deshalb auch nicht zu reduzieren auf die Einzelfördersituation außerhalb des Klassenverbandes. Weder in Förderschulen bzw. Förderzentren noch in allgemeinen Schulen wird die Qualität sonderpädagogischer Förderung erst an der Einzelfördersituation ablesbar. Besondere Anforderungen an die Gestaltung der Umgebung und die personale Ausstattung wie Qualifikation ergeben sich jedoch stets im therapeutischen Setting, das ebenfalls zum Handlungsrepertoire der Sonderpädgogik in der allgemeinen Schule zählt (vgl. Ellinger/Wittrock 2005).

– Sonderpädagogische Evaluation

Erst seit kurzer Zeit wird gezielt nach den Erfolgen sonderpädagogischer Intervention gefragt (vgl. Grünke 2008). In dem Maße, wie sonderpädagogische Interventionen in der allgemeinen Schule stattfinden, stehen auch die Effekte dieser Maßnahmen stärker im Blickpunkt. Nicht alles, was in der Vergangenheit als sonderpädagogischer Standard in die Interventionsplanung einging, hielt einer Überprüfung stand. Besonders indirekte Förderansätze (z. B. psychomotorische Förderung bei Rechtschreibproblemen, Handzeichensysteme zur Unterstützung des Leselernprozesses) sind mit Zweifeln an ihre Wirksamkeit konfrontiert worden (vgl. Lauth/Grünke/Brunstein 2004). Evaluation sonderpädagogischer Intervention findet gegenwärtig vielfach noch im dialogischen Verfahren über Auswertungsgespräche der beteiligten pädagogischen Fachkräfte in größeren zeitlichen Abständen im laufenden Interventionsprozess statt – im besten Fall mit Eltern und Kindern (*formative Evaluation*). Der Einsatz von standardisierten Evaluationsinstrumenten (z. B. förderdiagnostische Tests) nach einem längeren Interventionsprozess dürfte demgegenüber noch die Ausnahme darstellen (*summative Evaluation*). In jedem Falle gilt, dass die Evaluation sonderpädagogischer Förderung zukünftig einen sehr viel höheren Stellenwert einnehmen wird, weil die Sonderpädagogik durch das neue Leitbild der Inklusion eine größere Aufmerksamkeit in der bildungspolitischen Landschaft erhält.

– Sonderpädagogische Beratung

Sonderpädagogische Förderung ist insgesamt auf Kooperation und Kommunikation zwischen allen Beteiligten – gleich an welchem Förderort – angewiesen. Ohne

Beratung ist sonderpädagogische Förderung schlichtweg in der Praxis nicht mehr durchführbar. Dabei kommt es insbesondere darauf an, dass die Beteiligten sich „auf Augenhöhe" begegnen und in der jeweiligen Beratungssituation als gleichberechtigte und aktive Teilnehmer/-innen betrachtet werden. Die Kommunikation sollte so ausgelegt sein, dass ein Prozess des gegenseitigen Sichberatens stattfinden kann. Im *Modell der kooperativen Beratung* (vgl. Mutzeck 2008) kommt dieses Anliegen besonders gut zum Ausdruck. Auch Kinder und ihre Eltern sind dabei als kompetente Gesprächspartner/-innen zu betrachten, die ihre eigenen Fähigkeiten zur Lösung des Problems der sonderpädagogischen Förderung einbringen. Das Wissen der Eltern über den bisherigen Entwicklungsverlauf ihrer Kinder und die hinter ihnen liegenden Lernwege kann z. B. das förderdiagnostische Wissen der Sonderpädagoginnen und -pädagogen, das nur ein punktuelles Bild aus wenigen Momentaufnahmen liefert, wirksam ergänzen. Darüber hinaus sind Sonderpädagogen/-innen im Rahmen ihrer Tätigkeit in der allgemeinen Schule aber auch mit der Beratung von Lehrkräften beschäftigt. Das kann bis zur Beratung eines ganzen Teams einer Schule oder der Schule als System reichen, wenn z. B. im Rahmen eines Schulentwicklungsprojektes der Umgang mit Aggression und Gewalt im Sinne eines Präventionsprogrammes in der gesamten Schule geändert werden soll. In jedem Fall benötigen sonderpädagogische Lehrkräfte gegenwärtig gute professionelle Kompetenzen in der Beratung und Kommunikation mit unterschiedlichen Personengruppen.

– Begründungszusammenhänge sonderpädagogischer Förderung

Neben die Handlungsfähigkeit von Sonderpädagoginnen und -pädagogen tritt nun im professionellen Zusammenhang stets auch die Fähigkeit, über ihr konkretes Tun zu reflektieren. Nachdenken über sonderpädagogische Förderung findet z. B. schon dann statt, wenn sich sonderpädagogische Lehrkräfte mit Eltern, Kindern und anderen Lehrkräften über die geplanten sonderpädagogischen Interventionen beraten. Die Beteiligten sind nicht nur daran interessiert zu erfahren, *wie* effektiv eine sonderpädagogische Intervention sein könnte, sondern wollen auch wissen, *warum* ausgerechnet diese Maßnahmen vorgeschlagen werden. Sonderpädagoginnen und -pädagogen geraten in solchen Gesprächen rasch unter einen erhöhten Legitimationsdruck und müssen gelernt haben, ihr Handeln zu begründen. Gegenwärtig lassen sich einige zentrale Begründungsansätze unterscheiden, die im Sinne von Paradigmen eine gewisse Anerkennung im fachlichen Diskurs erfahren haben (vgl. Heimlich 2009, S. 203 ff.).

Im *materialistischen Paradigma* sonderpädagogischer Förderung wird besonders die Entwicklungsorientierung betont. Im Anschluss an den russischen Psychologen Lev S. Vygotskij (1896–1934) sprechen wir in diesem Zusammenhang von der „Zone der nächsten Entwicklung". Vygotskij hat mit seinen Forschungen zur Entwicklung der Sprache von Kindern dazu beigetragen, dass wir heute den Entwicklungsstand eines Kindes als Basis sonderpädagogischer Intervention betrachten können („Zone der aktuellen Entwicklung", vgl. Vygotskij 2002). Davon ausgehend ist es mit Hilfe entwicklungspsychologischer Kenntnisse möglich, zukünftige Entwicklungsziele abzuleiten und in eine entwicklungsorientierte Förderung einzubringen. Sonderpädagogische Förderung bezieht sich seither in einem basalen Sinne auf die Förderung von zentralen Entwicklungsbereichen in sensomotorischer, kommunikativer, kognitiver, emotionaler und sozialer Hinsicht (vgl. Feuser 1998).

Demgegenüber betont das *interaktionistische Paradigma* die Bedeutung der sozialen Beziehungen für die sonderpädagogische Förderung. Erst wenn wir in einen intensiven Dialog mit Kindern mit sonderpädagogischem Förderbedarf eintreten, werden wir überhaupt eine Grundlage für Fördermaßnahmen entwickeln können. Ohne Vertrauen in eine verlässliche Bezugsperson sind auch noch so ausgeklügelte sonderpädagogische Interventionen zum Scheitern verurteilt. Zugleich werden aus dieser Betrachtungsweise heraus soziale Prozesse deutlich, die den Umgang mit Behinderung in der Gesellschaft verstehen lehren. Kinder mit sonderpädagogischem Förderbedarf stehen nach wie vor in der großen Gefahr, gesellschaftlich ausgegrenzt und an den Rand gedrängt zu werden. Ihr Sonderstatus führt zu Etikettierung und Stigmatisierung und bleibt so nicht ohne Folgen für das Selbstbild (vgl. Goffman 1967). Dieser „Teufelskreis“ ist auch bei der sonderpädagogischen Förderung zu berücksichtigen und nach Möglichkeit zu unterbrechen, indem gezielt gegen soziale Diskriminierungen in Schule und Unterricht vorgegangen wird. Dieses Problem stellt sich mit der vermehrten Integration sonderpädagogischer Förderung in die allgemeine Schule umso dringlicher (vgl. Wocken 1998).

Schließlich lehrt das *ökologische Paradigma* sonderpädagogischer Förderung die Bedeutung des Umfelds für die Entstehung und Verfestigung von Behinderung. Behinderung wird geradezu als „gestörte Integration in das Umfeld-System“ definiert (vgl. Sander 1999) und verweist so auf den Kind-Umfeld-Zusammenhang jeglicher sonderpädagogischen Förderung. Damit ist neben den vielfältigen sozialen Beziehungen auch die Qualität der räumlich-materiellen Umwelt von Kindern gemeint, nicht nur in der Familie und im Wohnumfeld, sondern auch in der Schule (vgl. Bronfenbrenner 1989). Kinder mit sonderpädagogischem Förderbedarf sind angewiesen auf eine Lernumgebung, die sich durch sensorische Multifunktionalität auszeichnet und ihren individuellen Förderbedürfnissen so auf möglichst vielfältige Art zu entsprechen versucht.

• Didaktik sonderpädagogischer Förderung

Immer dann, wenn dieses Prozessmodell als Basis für die sonderpädagogische Förderplanung herangezogen wird, treten wir ein in einen Prozess der didaktischen Reflexion (vgl. Heimlich/Wember 2007). Nach der Ermittlung der Lern- und Entwicklungsausgangslage von Kindern gilt es, aus einem möglichen Spektrum von notwendigen Fördermaßnahmen diejenigen für die Intervention begründet auszuwählen, die zum gegebenen Zeitpunkt als besonders dringlich angesehen werden müssen. Hier ist in der Regel eine didaktische Reduktion erforderlich, weil Kinder mit sonderpädagogischem Förderbedarf häufig einen Förderbedarf in mehreren Lern- und Entwicklungsbereichen aufweisen. Dieser kann jedoch meist nicht gleichzeitig angegangen werden, da das die Kinder und auch die Lehrkräfte völlig überfordern würde.

Ein Auswahlkriterium dabei kann z. B. sein, dass die Lern- und Entwicklungsbereiche in den Vordergrund gestellt werden, die auch kurzfristig größere Erfolge erwarten lassen. Dahinter steht die Überlegung, dass Schüler/-innen mit sonderpädagogischem Förderbedarf bereits mit Versagenserlebnissen konfrontiert wurden und von daher ihre Lernmotivation vielfach erst wieder rekonstruiert werden muss. Diese Motivationsprobleme können bis zur Ablehnung schulischer Lernprozesse oder auch zur Meidung der Schule insgesamt führen. Eine vielversprechende Förderstrategie ist auch das Ansetzen an mindestens zwei Problembereichen, z. B. die Förderung des Sachwissens und der Lernmotivation, indem neben den Förderinhalten aus dem Lernbereich Sachunterricht durch handlungsorientierte Lernangebote und Möglichkeiten der individuellen Selbst- sowie Partnerkontrolle auch die Lernmotivation gezielt weiterentwickelt wird. Auch die Ressourcen für sonderpädagogische Förderung in zeitlicher, räumlicher und personeller Hinsicht sind in der Planungsphase genau zu überprüfen, bevor der Förderprozess im Detail starten kann. Die Planung der sonderpädagogischen Förderung zählt zu den entscheidenden Qualitätsstandards, unabhängig davon, an welchem Förderort dies realisiert wird (vgl. Wember/Prändl 2009).

Zum Förderplan selbst liegen inzwischen gut erprobte und praxiswirksame Handreichungen vor (vgl. Eggert 1997; Mutzeck 2000). Als Basiskomponenten sollten in jedem Fall die konkreten Förderbereiche, die daraus abgeleiteten Fördermaßnahmen im Sinne einer begründeten Auswahl sowie die Organisation der Förderung und der geplante Förderverlauf dokumentiert sein. Im Gesamtverlauf der sonderpädagogischen Förderung wird sich allenfalls zu Beginn ein ausführlicher Förderplan erstellen lassen, während zur Fortschreibung der Förderung nach der Zwischenevaluation auch Kurzformen eingesetzt werden können (vgl. Heimlich/Lotter/März 2005). Für die Planung einzelner Fördermaßnahmen bieten sich unterschiedliche zeitliche Reichweiten an, die letztlich nur individuell – bezogen auf das einzelne Kind und seinen Lern- bzw. Entwicklungsstand – ausgerichtet werden können. Neben der mittelfristigen Planung einer längeren Fördereinheit über mehrere Schulwochen hinweg ist aber auch an die Feinplanung der einzelnen Förderstunde zu denken. Hier ergeben sich neben motivierenden Spiel- und Bewegungsformen zum Einstieg unterschiedliche Detailplanungen bezogen auf die je spezifische Fördermaßnahme, die bisweilen auch Trainingscharakter mit festen Zielsetzungen, programmartigen Aufgabensets und regelmäßiger Erfolgskontrolle enthalten können (vgl. Klauer 1991). Eine allgemeine Beschreibung der didaktischen Lösungsansätze fällt auf dieser Ebene allerdings schwer, weil sich der Förderprozess hier zunehmend individualisiert.

Die Didaktik der sonderpädagogischen Förderung überschreitet insofern den ausschließlichen Bezug zur Unterrichtsebene „Schulklasse“, weil sie neben dem Klassenunterricht auch die Einzel- und Kleingruppenförderung umfasst. Es stellt sich unter integrativem und inklusivem Aspekt allerdings nun die Frage, wie diese Standards der sonderpädagogischen Förderung (vgl. Wember/Prändl 2009) in die allgemeine Schule einbezogen werden können.

4.2.2 Sonderpädagogische Förderung im integrativen Unterricht

In den letzten vier Jahrzehnten der Integrationsentwicklung hat sich in Deutschland gezeigt, dass die Qualität sonderpädagogischer Förderung auch in der allgemeinen Schule sichergestellt werden kann (vgl. Heimlich 1999; 2003). Besonders in den Modellversuchen der 1980er Jahre wurde der gemeinsame Unterricht in der allgemeinen Schule auf „Herz und Nieren" geprüft. Dabei zeigte sich im Ergebnis, dass alle Schüler/-innen in Bezug auf Toleranz und Umgang mit Unterschieden davon profitieren, sich die Schulleistungen der Schüler/-innen mit sonderpädagogischem Förderbedarf teilweise sogar verbesserten und sich die der Schüler/-innen ohne sonderpädagogischen Förderbedarf jedenfalls nicht verschlechterten. Auch die Zufriedenheit der Eltern sowie der Lehrkräfte stieg in Verbindung mit den Erfahrungen, die sie mit der Integration sammeln konnten (vgl. zusammenfassend Heimlich 2003, S. 177 ff.). Wir können davon ausgehen, dass der gemeinsame Unterricht in der allgemeinen Schule ein fachlich gut abgesichertes und langjährig erprobtes Konzept darstellt, das in allen Ländern Deutschlands mehr oder weniger umfangreich in die Unterrichtspraxis umgesetzt wird.

- **Integrative Lernsituation**

In der Klasse 2 einer integrativen Grundschule wird das Projekt „Was ist bloß im Boden los?" durchgeführt. Die Schüler/-innen haben bereits Erfahrungen mit mehreren Umweltprojekten gemacht und kennen sich in der Kleingruppenarbeit gut aus. Aus einer Reihe von Themenvorschlägen für das Projekt haben Schüler/-innen und Lehrkräfte das Projektthema gemeinsam ausgesucht. In der gemeinsamen Planungsphase werden nun Ideen zum Projektthema gesammelt. Auf einer Lerntheke haben die Lehrkräfte Broschüren, Experimentierbücher und viel Bildmaterial vorbereitet. Bestaunt wird von allen ein kleines Terrarium, in dem sich ein Regenwurm durch die Erde bohrt. Zum Einstieg singen alle miteinander das Lied „Hörst du die Regenwürmer husten?". Dann wird beschlossen, dass Info-Poster über das Thema „Boden" für eine Ausstellung gestaltet werden sollen. Eine Gruppe will außerhalb des Schulgebäudes nach Bodentieren Ausschau halten und diese im Terrarium in den Klassenraum mitbringen. Auch die gewaltige Sprungkraft des Springschwanzes wollen einige Schüler/-innen erkunden. Die Experimentiergruppe möchte schließlich die Wasserdurchlässigkeit verschiedener Bodenarten überprüfen. Wieder andere Schüler/-innen wollen sich mit dem Maulwurf beschäftigen und ein Maulwurfspiel entwickeln. Nachdem sich die Gruppen zusammengefunden haben, erhalten alle eine Projektmappe, in der die Tagesprotokolle und andere interessante Fundstücke gesammelt werden können. Nun kann die Arbeit losgehen.

Der hier vorgestellte Ausschnitt aus einer längeren Phase des Projektunterrichts enthält bereits die Grundelemente einer integrativen Didaktik. Das zentrale didaktische Prinzip lautet dabei schlicht: Es werden so vielfältige Lernwege zu einem gemeinsamen Lerngegenstand entwickelt wie erforderlich und sinnvoll möglich. Dabei ist neben den sprachlich-kognitiven Anforderungen besonders auf handlungsorientierte, kreative und multisensorische Lernerfahrungen zu achten. Auf diese Weise soll sichergestellt werden, dass Schüler/-innen mit sonderpädagogischem Förderbedarf auch einen für sie zu bewältigenden Lernzugang zum gemeinsamen Thema finden können. Damit ist gleichsam das *integrative Moment* dieser Lernsituation charakterisiert.

Für Schüler/-innen mit sonderpädagogischem Förderbedarf ergibt sich in der allgemeinen Schule häufig das Problem, dass Lerninhalte zu früh oder gar ausschließlich auf der symbolischen Ebene dargeboten werden. Dies ist besonders zu Beginn der Grundschulzeit problematisch, weil Schüler/-innen mit sonderpädagogischem Förderbedarf in der Regel mit einem etwa zweijährigen Entwicklungsrückstand in die Schule eintreten und in kognitiver Hinsicht noch auf der Stufe der konkreten Operation stehen (vgl. Wember 1986). Die didaktische Herausforderung des gemeinsamen Unterrichts besteht also besonders darin, Lerninhalte von der abstrakt-symbolischen Ebene auf eine anschaulich-handlungsorientierte Ebene zu transferieren. Sonderpädagogische Förderung wirkt sich hier gleichsam implizit auf die Gestaltung des integrativen Unterrichts aus. Dies wird besonders bei den Unterrichtsprinzipien deutlich, die die innere Seite dieses Unterrichtskonzeptes ausmachen.

• Prinzipien des integrativen Unterrichts

Mit Unterrichtsprinzipien sind hier allgemeine Handlungsorientierungen der Lehrkräfte gemeint, die in ihre konkrete Unterrichtsgestaltung einfließen (vgl. Glöckel 1996). Als hilfreich für den integrativen Unterricht haben sich auf der *Schülerseite* besonders Prinzipien wie Selbsttätigkeit, Handlungsorientierung, Lernen mit Stimulierung mehrerer Sinne und soziales Lernen erwiesen. Über die Berücksichtigung dieser Prinzipien wird ein Unterricht ermöglicht, in dem die Schüler/-innen aktiv Lernende sein sollen, vielfältige sinnliche Lernerfahrungen machen und dabei selbst gewählte soziale Kontakte knüpfen können. Der integrative Unterricht sollte also besonders umfassende Möglichkeiten für Schüler/-innen bieten, Lerngegenstände selbst zu konstruieren und selbst zu entdecken.

Demgegenüber ist auf der *Inhaltsseite* des integrativen Unterrichts auf Prinzipien wie Zielorientierung, Bedürfnis- und Situationsorientierung sowie Fächerverbindung zu achten. Aufgrund der heterogenen Lernbedürfnisse in integrativen Klassen ist es erforderlich, auch die Lernziele zu differenzieren und zu individualisieren. Hilfreich ist ebenfalls die Orientierung auf die lebensweltlichen Erfahrungen der Schüler/-innen und der Versuch, diese in den Unterricht einzubinden. Dabei wird nach allen vorliegenden Erfahrungen ein Unterricht entstehen, der über die traditionellen Fächergrenzen hinausragt und fächerverbindende Elemente stärker betont. In jedem Fall sind Lehrkräfte im integrativen Unterricht auch gefordert, ihre strukturelle sowie curriculare Kompetenz einzubringen und instruierende Unterrichtsphasen bereitzuhalten, gerade wenn es um neue Lerninhalte geht. Schüler/-innen mit gravierenden Lernschwierigkeiten profitieren von solchen Unterrichtsphasen besonders (vgl. Hartke 2003). Auch im integrativen Unterricht sollten von daher Phasen der *Instruktion* und Phasen der *Konstruktion* in einem ausgewogenen Verhältnis zueinander stehen (vgl. Reinmann-Rothmeier/Mandl 2001).

- **Formen des integrativen Unterrichts**

Betrachten wir die äußere Seite des integrativen Unterrichts, so treten zunächst einmal zahlreiche *schülerorientierte Unterrichtsformen* wie Freiarbeit, Wochenplan, Gesprächskreis und Stationenlernen in den Blickpunkt (vgl. Meyer 1994). Gerade aufgrund der großen Heterogenität in integrativen Klassen ist es unabdingbar, die Lerntätigkeiten der Schüler/-innen so zu organisieren, dass möglichst individuelle Lernwege entstehen können und jeder Schüler bzw. jede Schülerin auf dem jeweiligen Entwicklungsniveau arbeiten kann. Gerade Freiarbeit und Wochenplan bieten sich an, um die notwendige Individualisierung und Differenzierung vornehmen zu können. Die Wochenpläne können z. B. so aufbereitet werden, dass jede Schülerin und jeder Schüler im Rahmen der Freiarbeit je individuelle Aufgabenstellungen bearbeiten. Im Extremfall kann es hier so weit gehen, dass innerhalb einer Stunde jede Schülerin und jeder Schüler an einer anderen Aufgabe arbeitet. Die Gemeinsamkeit im integrativen Unterricht wird dann wiederum durch den Gesprächskreis mit allen Schülern/-innen und allen Lehrkräften oder durch die Arbeit an einem gemeinsamen Thema im Rahmen des Stationenlernens hergestellt.

Aber der integrative Unterricht benötigt ebenso eher *lehrerorientierte Unterrichtsformen* wie Lehrgänge, Übungsphasen sowie Einzel- und Kleingruppenförderung. In lehrgangsartigen Unterrichtsphasen werden neue Lerninhalte von der Lehrkraft in einer strukturierten und sachkompetenten Weise aufbereitet und präsentiert. Aus sonderpädagogischer Sicht gilt es dabei vor allem auf unterschiedliche Präsentationsformen zu achten, damit auch hier unterschiedliche Lernzugänge eröffnet werden. Von der Lehrkraft vorbereitete und kontrollierte Übungen dienen der Festigung und Sicherung eines Lerninhaltes, wobei insbesondere in diesem Bereich auf vielfältige und aktive Lernangebote zu achten ist. Gerade Übungsphasen sollten sich durch ein hohes Maß an Differenzierung auszeichnen. Wenn diese Differenzierungsangebote nicht mehr im Klassenverband bewältigt werden können, dann ist es sinnvoll, in kleinen Gruppen bis hin zur Einzelförderung zu arbeiten. Immer wieder stellen sich bei Schülerinnen und Schülern im integrativen Unterricht Bedürfnisse nach ungestörten Lernphasen und nach Rückzugsmöglichkeiten ein. Bei spezifischen Förderangeboten können sonderpädagogische Lehrkräfte im integrativen Unterricht Schüler/-innen mit sonderpädagogischem Förderbedarf auch aus dem Klassenverband herausnehmen und separat fördern.

Fassen wir die Erfahrungen mit dem integrativen Unterricht in Deutschland zusammen, so ergibt sich durchaus das Bild eines differenzierten und individualisierenden Unterrichtsgeschehens. Problematisch erscheint an diesem Konzept allerdings zunehmend, dass für Kinder mit sonderpädagogischem Förderbedarf wiederum besondere Lernwege, besondere Organisationsformen und besondere

Förderangebote unterbreitet werden. Das damit verbundene Risiko der sozialen Ausgrenzung und Diskriminierung im Klassenverband darf nicht unterschätzt werden. Insofern ist es angezeigt, über Möglichkeiten der Weiterentwicklung des integrativen Unterrichts unter dem neuen Leitbild der Inklusion nachzudenken.

4.2.3 Sonderpädagogische Förderung im inklusiven Unterricht

Im Unterschied zum integrativen Unterricht versucht der inklusive Unterricht nun noch einen Schritt weiterzugehen und die Teilhabe aller Schüler/-innen in allen Unterrichtsphasen zu gewährleisten (vgl. Seitz 2005). Als hilfreich erweist sich hier beispielsweise das Modell von Jerome S. Bruner (vgl. Oerter/Montada 2002, S. 166 f.), der zwischen enaktiven, ikonischen und symbolischen Ebenen der Repräsentation von Unterrichtsinhalten unterscheidet. Der eine gemeinsame Lerninhalt kann sowohl handelnd als auch bildlich und mit Hilfe von abstrakten Zeichen wie Buchstaben oder Zahlen dargestellt werden.

- **Inklusive Lernsituation**

In der integrativen Klasse 7 der Mittelschule steht der Satz des Pythagoras auf dem Programm. Nachdem der Klassenlehrer erläutert hat, dass dieser Zusammenhang besonders in der Vermessungstechnik bis heute Anwendung findet, präsentiert er mit Hilfe einer Zeichnung an der Tafel zunächst die Formulierung des geometrischen Gesetzes (*symbolische Ebene*): Das Quadrat über der Hypothenuse ist im rechtwinkligen Dreieck gleich der Summe aus den Quadraten über den Katheten. Abgekürzt lautet diese Aussage: $a^2 + b^2 = c^2$. Nun wird die Länge der Seiten des rechtwinkligen Dreiecks ausgemessen und in die Formel eingegeben, um die Aussage am konkreten Beispiel zu überprüfen. Der zugrunde liegende Zusammenhang kann aber auch mit Hilfe eines Quadratzentimeter-Messblattes (als Folie) gezeigt werden, mit dem die Zahl der Quadratzentimeter schlicht ausgezählt und verglichen wird (*ikonische Ebene*). Zum Schluss zeigt der Lehrer den Schülerinnen und Schülern das Montessori-Material, in dem es ebenfalls eine Lösung gibt. Verschiedenfarbige Quadratzentimeter-Plättchen sind hier in die Quadrate über den Seiten des rechtwinkligen Dreiecks eingelassen. Nebeneinander gelegt kann so die Übereinstimmung des Flächeninhaltes ebenfalls deutlich gemacht werden (*enaktive Ebene*). Auch die Schüler/-innen mit dem Förderschwerpunkt Lernen und dem Förderschwerpunkt geistige Entwicklung haben an dieser einleitenden Unterrichtsphase teilgenommen. Alle Schüler/-innen sollen von allen Repräsentationsformen des Lerninhaltes profitieren. Erst danach werden inklusive Lerngruppen (drei Schüler/-innen ohne und ein Schüler/eine Schülerin mit sonderpädagogischem Förderbedarf) gebildet, in denen die verschiedenen Lösungswege noch einmal durchgespielt werden können.

Auch im inklusiven Unterricht lässt sich demnach ein gemeinsamer Lerngegenstand ausmachen. Im Unterschied zum integrativen Unterricht enthält der inklusive Unterricht jedoch den Anspruch, dass alle Schüler/-innen an allen Lernangeboten teilhaben *können* und von allen Lernangeboten auch profitieren. Die Schüler/-innen ohne sonderpädagogischem Förderbedarf sollen ebenfalls auf der enaktiven und der ikonischen Ebene lernen, damit sie den Lerninhalt möglichst von vielen Seiten aus erschließen können – und eben nicht nur abstrakt-symbolisch. Der *inklusive Moment* in der Stunde zum Satz des Pythagoras ergibt sich demnach daraus, dass alle Schüler/-innen alle Repräsentationsstufen durchlaufen können. Für Schüler/-innen mit dem Förderschwerpunkt geistige Entwicklung wird die symbolische Ebene in der Regel eine Überforderung darstellen. Sie können aber über die enaktive Ebene genauso beteiligt werden und sich im Rahmen der inklusiven Kleingruppenarbeit wiederum aktiv einbringen.

Entscheidende Voraussetzung für einen inklusiven Unterricht ist deshalb eine veränderte Lernkultur, wie sie Horst Rumpf (vgl. 2010, S. 10 f.) beschreibt. Nach seiner Auffassung ist die gegenwärtige Schule viel zu sehr auf einen Lernbegriff im Sinne von Wissenserwerb und Kompetenz ausgerichtet. Demgegenüber sei ein Lernen erforderlich, dass unter die Haut geht, sinnlich erfahrbar wird und sich auf die Begegnung mit dem Fremden, Fragmentarischen und Widerständigen einlässt (ebd.). Inklusiver Unterricht darf von daher nicht nur auf Sprache und Denken abzielen, sondern steht vielmehr vor der Aufgabe, alle Lern- und Entwicklungsmöglichkeiten von Schülerinnen und Schülern auszuschöpfen. Aus sonderpädagogischer Sicht sollten bei der inhaltlichen und methodischen Ausgestaltung stets die verschiedenen *Entwicklungsbereiche* berücksichtigt werden. Vor dem Hintergrund der modernen Entwicklungspsychologie ist dabei insbesondere an kognitive, kommunikative, sensomotorische, soziale und emotionale Aspekte zu denken (vgl. Oerter/Montada 2002; Werning u. a. 2002).

Auch eine inklusiv ausgerichtete Förderdiagnostik muss sich konsequent auf die Erfassung des Entwicklungsstandes der Schüler/-innen in den verschiedenen Entwicklungsbereichen beziehen, um darauf aufbauend individuelle, entwicklungsorientierte Fördermaßnahmen im gemeinsamen Unterricht anzubieten.

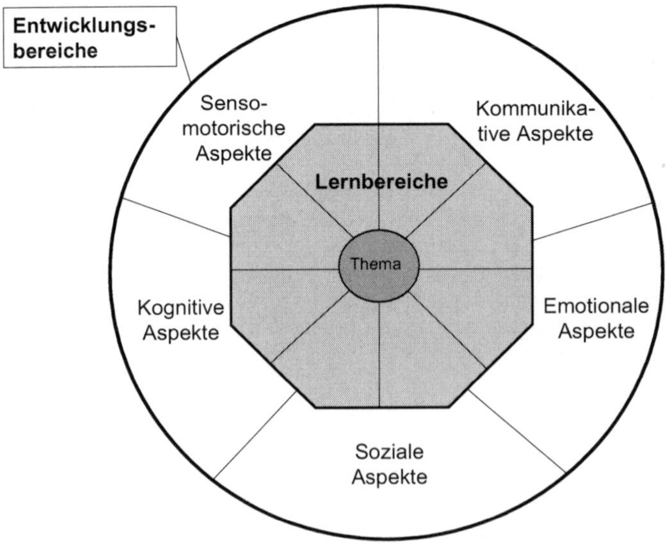

Abb. 4.2: Inklusionsdidaktische Netze

Ein Unterrichtsthema (z. B. im Sachunterricht) kann aus unterschiedlichen fachwissenschaftlichen Perspektiven heraus betrachtet werden (vgl. Kahlert 2009). Diese Perspektiven sind ebenfalls in den jeweiligen Unterrichtsstunden einer Unterrichtseinheit präsent. Aus sonderpädagogischer Sicht entscheidend ist jedoch die multidimensionale Ausgestaltung eines Unterrichtsthemas und seiner fachlichen Perspektiven im Sinne der verschiedenen Entwicklungsbereiche aller Schüler/-innen. Letztlich stehen wir im inklusiven Unterricht vor der Aufgabe, den zentralen Grundsatz von Johan Amos Comenius (1592–1670), nach dem der Unterricht in der allgemeinen Schule die Aufgabe hat, allen alles zu lehren, in die Neuzeit zu übertragen (vgl. Comenius 1992). „Allen alles zu lehren" bedeutet im inklusiven Unterricht tatsächlich, dass alle Schüler/-innen an allen Lerninhalten beteiligt sind. Dies ist gegenwärtig sicher nicht mehr ausschließlich mit dem von Comenius angestrebten „Frontalunterricht" zu leisten und macht insofern auch veränderte Rahmenbedingungen erforderlich. Gleichwohl ist der didaktische Kern des inklusiven Unterrichts damit nach wie vor treffend umschrieben.

4.2.3 Zusammenfassung

Bei der Entwicklung eines inklusiven Bildungssystems im Sinne der VN-BRK kommt dem inklusionsorientierten Unterricht eine Schlüsselrolle zu. In vielen inklusionsorientiert arbeitenden Schulen ergeben sich derzeit bereits „inklusive Momente" im gemeinsamen Unterricht. Die darauf aufbauende Unterrichtsentwicklung zielt insbesondere auf einen deutlichen Ausbau der Differenzierung und Individualisierung in allen allgemeinen Schulen ab. Sonderpädagogische Förderung wächst in diesem Entwicklungsprozess mehr und mehr in die allgemeine Schule hinein und findet im inklusiven Unterricht gleichsam implizit statt: im differenzierten Klassenunterricht mit der gesamten Lerngruppe, in der Freiarbeit und im Wochenplanunterricht, beim Stationenlernen, in Förderstunden und in der Einzel- sowie Kleingruppenförderung. Immer wenn es um die Förderung basaler Kompetenzen im Sinne der kognitiven, kommunikativen, sensomotorischen, sozialen und emotionalen Entwicklungsbereiche geht, sind sonderpädagogische Lehrkräfte mit ihrer Diagnose-Förderkompetenz unverzichtbar. Sie wirken gleichsam als „Botschafter/-innen der Individualisierung" in den allgemeinen Schulen auf dem Weg zur Inklusion.

Im folgenden Abschnitt wird am Beispiel des Sachunterrichts konkretisiert, wie entwicklungsorientierte und fachlich-lebensweltliche Perspektiven integriert werden können.

4.3 Das Potenzial der Inhalte und die entwicklungsorientierten Möglichkeiten der Kinder

Die Lehr-Lern-Forschung weist seit geraumer Zeit darauf hin, dass Lernen unterstützt wird, wenn Schülerinnen und Schüler attraktive Ziele wahrnehmen (vgl. Aebli 1987), in ihren Interessen angesprochen werden (vgl. Schiefele/Krapp/Schreyer 1993) und Selbstbestimmung beim Lernen erfahren (vgl. Deci/Ryan 1993). In jüngerer Zeit werden auch neurowissenschaftliche Erkenntnisse bemüht, um diese Anforderungen an anregende und nachhaltig wirksame Lernumgebungen zu untermauern (vgl. Hüther 2006; Roth 2006).

Daher reicht es nicht aus, Lernangebote allein an der Logik von Schulfächern, Fachsystematiken und Fachdidaktiken zu orientieren. Vielmehr kommt es auch darauf an, Schülerinnen und Schülern zu ermöglichen, das in Fächern angebotene Wissen zu ihren bisherigen Vorstellungen und zu ihrem Können in Beziehung zu setzen, sei es als Ergänzung, Erweiterung, Verfeinerung oder als Erneuerung. Sie sollten Gelegenheit haben, zu einem Sachverhalt die ihnen naheliegenden Deutungen, gewohnten Sichtweisen und Interpretationen einzubringen und zu formulieren (vgl. Gerstenmaier/Mandl 1995), das bereits vorhandene Wissen problembezogen zu rekonstruieren und die darin enthaltenen Annahmen zu prüfen (vgl. Hasselhorn/Mähler 1998). Der Bezug auf das, was Lernende bereits können, was sie erfahren haben, was sie beschäftigt, ist somit notwendige Voraussetzung für einen Wissenserwerb, der von Verstehen begleitet ist und zu dauerhaft verfügbarem und damit anwendbarem Wissen führen soll. *Alle* Schülerinnen und Schüler sollten daher im Unterricht nicht als Rezipienten vorgefertigten Wissens, sondern als Beobachter *ihrer* Welt angesprochen werden.

Gleichwohl ist die Orientierung am geordneten Wissen der Fächer nötig, zumindest dann, wenn es auch um die kognitive Förderung und Entwicklung aller Kinder und um einen Zugewinn an Selbstständigkeit im Umgang mit den Anforderungen des Alltagslebens geht. So hängt es von der Verfügbarkeit von spezifischem Wissen ab, wie gut es gelingt, auf einem Gebiet neues Wissen zu erwerben (vgl. Helmke/Schrader 1998, S. 25), sich neue Informationen zu merken (vgl. Weinert 1994, S. 196 ff.) und sie für die Lösung von Aufgaben und Problemen produktiv zu verarbeiten (vgl. Klieme u. a. 2003, S. 75 ff.).

Inklusionsdidaktische Netze sollen Lehrerinnen und Lehrer dabei unterstützen, die Potenziale der Kinder und die Potenziale der Inhalte, die im Unterricht Gemeinsamkeit tragen sollen, lerngruppenspezifisch zu erschließen. Das Bild von inklusionsdidaktischen Netzen, die es zu knüpfen gilt, ist bewusst gewählt. Verknüpft werden sollen verschiedene fachliche Perspektiven für die Entfaltung eines Themengebiets mit den Erfahrungs- und Entwicklungsbereichen der Kinder. Dabei wird eine Arbeitsgrundlage geschaffen, die es erlaubt, den subjektunabhängig geltenden fachlichen Ansprüchen und der Komplexität des jeweils zu bearbeitenden Sachverhalts ebenso Rechnung zu tragen wie den jeweils konkreten, von Lerngruppe zu Lerngruppe variierenden emotionalen, kognitiven, sozialen und inhaltlichen Lernvoraussetzungen. Dies geschieht in drei Reflexionsstufen:

- Reflexionsstufe I: fachliche Perspektiven und lebensweltliche Dimensionen verbinden,
- Reflexionsstufe II: Erweiterung um entwicklungsorientierte Aspekte,
- Reflexionsstufe III: Auswahl der für die eigene Lerngruppe förderlichen Ideen.

Fachliche Perspektiven lassen sich als theoriefähige, das heißt im Prinzip begründbare Konstruktionsrichtungen ansehen, mit denen erste Ideen für die Strukturierung eines Themengebietes gefunden, abgeglichen, kombiniert und dann, je nach Auswahl und Adressaten, weiter entfaltet werden können. Die Perspektiven transportieren fachliche Ansprüche und Möglichkeiten (vgl. Übersicht 4.1, S. 178 f.), sind aber nicht einzelnen Schulfächern eins zu eins zuzuordnen. Ausschlaggebend für die Auswahl der Perspektiven ist ihr fokussierender Blick auf jene Dimensionen des Zusammenlebens, die zur Erschließung von Erfahrungen und von fachlich tragfähigem neuen Wissen und Können für die Lernenden bedeutsam sind. Daher geht es weder darum, die verschiedenen Perspektiven scharf voneinander abzugrenzen, noch darum, mit der Summe aller Perspektiven einen Sachverhalt vollständig zu erschließen. Vielmehr kommt es darauf an, der Aufmerksamkeit bei der Entfaltung eines Themas verschiedene, fachlich und lebensweltbezogen begründbare Richtungen zu geben, um so „multiple Kontexte" (Gerstenmaier/Mandl 1995, S. 879) zu erschließen (vgl. Hinz 2011, S. 34 f.).

Der zentrale Gedanke dieser ersten Reflexionsstufe ist es, die für die Bewältigung von Umweltanforderungen didaktisch ergiebigen Erfahrungsbereiche des Alltagslebens mit dazu korrespondierenden fachlichen Perspektiven zu jeweils bipolaren Betrachtungsweisen auf den Unterrichtsinhalt zu verknüpfen. Die Erfahrungen der Kinder organisieren sich nicht in der Perspektive von Fächern. Aber wenn sie durch Orientierungen bereichert werden sollen, die sich auf zuverlässiges, belastbares, geprüftes und anschlussfähiges Wissen über Phänomene, Sachverhalte, Ereignisse und Beziehungen stützen, dann kommt das aus Fachkulturen gewonnene, gepflegte, organisierte und strukturierte Wissen ins Spiel.

Um zu verdeutlichen, was mit der bipolaren Betrachtungsweise gemeint ist:

- In der Lebenswelt aller Kinder, die zusammen unterrichtet werden, spielt die Begegnung mit Technik eine Rolle. Je nach Lernvoraussetzungen und bisher möglichen Erfahrungen haben sie dabei verschiedene Eindrücke, Einsichten, Gewohnheiten und Vorwissen entwickelt. Aber alle haben Erfahrung mit Technik, die – je nach Entwicklungsmöglichkeit – aufgegriffen werden kann. Die technische Perspektive richtet die Aufmerksamkeit unter anderem auf ausgewählte Verfahren, Konstrukte und Funktionen und fragt nach, welche Potenziale ein Unterrichtsinhalt hat, um den Kindern der jeweiligen Lerngruppe förderliche Anregungen zu geben sich mit Eigenschaften von Stoffen und ihrer Nutzbarkeit zu beschäftigen (siehe Abb. 4.1, S. 178 f.).

- Kinder machen im Laufe der Vor- und Grundschulzeit die Erfahrung, dass Handlungen nicht nur zweckorientiert, nach ihrem unmittelbaren Erfolg, bewertet werden, sondern auch nach den zugrunde liegenden Absichten. In die Lebenswelt ist daher eine ethische Dimension eingewoben. Fachlich korrespondiert mit ihr die ethische Perspektive, die Anstöße zum Nachdenken darüber gibt, was im Leben wichtig, erlaubt und sinnvoll ist, was einen stört und warum es stört (siehe Übersicht 4.1).
- Eine andere Dimension, die die Lebenswelt aller durchzieht, ist die ökonomische Dimension. Jedes Kind macht die Erfahrung, dass etwas, was man möchte (im weitesten Sinne: Güter), knapp ist und dass die Befriedigung des Bedürfnisses bzw. Wunsches Aufwand verursacht, sei er finanziell, zeitlich, gegenständlich, sozial oder emotional. Damit korrespondiert eine wirtschaftliche Perspektive, die fachliches Wissen zum Beispiel über die Bedingungen des Tauschens, Kaufens und Herstellens bereitstellt (siehe Übersicht 4.1).

Weitere Perspektiven werden in Übersicht 4.1 konkretisiert.

- ***Übersicht 4.1:* Themenfelder bipolar entfalten – fachlich-curriculare und lebensweltbezogene Zugänge**

Die lebensweltlich orientierte Dimension *„Mit anderen zusammenleben"*

- knüpft an die Erfahrung an, dass man im Umgang mit anderen Regeln, Verständigung, Arrangements benötigt.
- Sie korrespondiert mit jener *fachlichen Perspektive,* die man am ehesten als *soziologisch* bezeichnen könnte. Diese lenkt die Aufmerksamkeit auf die Beziehungen des Einzelnen zu anderen, zur Familie, zu Freunden, Bekannten, zur Schulklasse. Dabei rücken Handlungsmotive, Bedingungen und Effekte zwischenmenschlichen Handelns in den Mittelpunkt sowie Werte, Normen, Regeln und Institutionen, die das Handeln orientieren.

Die lebensweltlich orientierte Dimension *„Kaufen, tauschen, herstellen und handeln"*

- greift die für alle Menschen geltende Erfahrung auf, dass die Mittel zur Befriedigung von Wünschen und Bedürfnissen knapp sind und ihre Nutzung Kosten verursacht.
- Fachlich entspricht sie der *wirtschaftlichen Perspektive,* die unter anderem Informationen über die Herstellung ausgewählter Güter bereitstellt sowie über die Rolle der Arbeitsteilung, über Bedarf und Bedarfsdeckung, Angebot und Nachfrage, den Weg ausgewählter Produkte vom Hersteller zum Verbraucher, Funktion, Entstehung und Entwicklung von Märkten, die Rolle des Geldes, die Funktion und die Gestaltung von Preisen, das Verbraucherverhalten sowie über die Folgen wirtschaftlichen Handelns für die Umwelt.

Die lebensweltlich orientierte Dimension *„Interessen vertreten und sich verständigen"*

- beachtet die Erfahrung, dass man sich mit anderen verständigen muss, um eigene Ziele zu erreichen und dass es Regeln geben muss, damit jeder das Recht hat, für seine Anliegen und Überzeugungen einzutreten.
- Als *politische Perspektive* im engeren Sinne rücken Strategien und Möglichkeiten der zielbezogenen Gestaltung des Zusammenlebens in den Mittelpunkt der Aufmerksamkeit (sich einigen, Kompromisse machen, Mehrheiten respektieren, Minderheiten schützen, Fairness im Umgang miteinander, Respekt vor Regeln und Absprachen, mitbestimmen und delegieren ...)

Die lebensweltlich orientierte Dimension „*Wahrnehmen und empfinden, darstellen und gestalten*“

- bezieht die Erfahrung ein, dass es unterschiedliche Gewohnheiten und Ausdrucksmöglichkeiten für Wahrnehmungen und Empfindungen gibt.
- Als fachlich formulierte *ästhetische Perspektive* richtet sie die Aufmerksamkeit auf die gezielte Erkundung von Formen der Realitätswahrnehmung (z. B. Anschauen, Betrachten, Beurteilen, Träumen, Empfinden, Beobachten, Erforschen ...), auf die Leistungen und Grenzen der Sinne sowie auf Ausdrucksmöglichkeiten, die Musik, Tanz, Bewegung, Kleidung, Rollenspiel, Theater, Malen und Zeichnen, Werken und Bauen eröffnen.

Die lebensweltlich orientierte Dimension „*Natürliche Phänomene und Gegebenheiten*“

- setzt an der Erfahrung an, dass es Ereignisse, Abläufe und Gegebenheiten gibt, die sich (auch) ohne menschliches Zutun entwickeln, und zwar nach Regelmäßigkeiten (Gesetzen), die bestenfalls erkannt und angewendet, nicht aber verändert oder gar aufgehoben werden können.
- In einer *naturwissenschaftlichen Perspektive* kommen Stoffe und ihre Eigenschaften, energetische Abläufe, Eigenschaften von Körpern (Masse, Volumen, Gewicht), Kräfte und ihre Wirkungen ins Spiel sowie Formen und Vielfalt des Lebens, Eigenschaften lebender Systeme und ihrer Beziehungen zur Umwelt (u. a. Bedürfnisse von Lebewesen, Gefährdungen von Lebewesen, Pflegen von Tieren und Pflanzen, ausgewählte Lebensräume; energetischer und stofflicher Austausch lebender Systeme mit ihrer Umwelt; Wachstum, Reifung, Lernen; Körper und Gesundheit; Gebrauch der Sinne).

Die lebensweltlich orientierte Dimension „*Die bebaute und technisch gestaltete Umwelt*“

- greift die Erfahrung auf, dass sich Eigenschaften der Materie und Beziehungen zwischen Materie nutzbar machen lassen.
- Als *technische Perspektive* geht sie auf die zweckorientierte Nutzung von Wissen und/oder Erfahrung ein, wie zum Beispiel Bauen und Konstruieren, Ersinnen und Erschaffen, ausgewählte Produktionsverfahren, Technik im Alltag, Versorgungs- und Entsorgungssysteme, soziale, wirtschaftliche und ökologische Aspekte der Technik, Risiken ausgewählter Technologien.

Mit der lebensweltlich orientierten Dimension „*Räume hier und anderswo*“

- rückt die Erfahrung in den Mittelpunkt, dass Umwelt durch Räume strukturiert wird.
- Fachlich korrespondiert damit die *geografische Perspektive*, die natürliche Gegebenheiten des Raumes und deren Veränderungen durch Menschen behandelt: räumliche Ordnung, Klima und Wetter, Wechselwirkung zwischen natürlichen Gegebenheiten und menschlichen Siedlungs- und Produktionsweisen, sich orientieren mit Karte und anderen Hilfsmitteln, Verhalten im Verkehr, an ausgewählten Orten, Verbindungen durch Wege und Straßen, markante Örtlichkeiten.

Die lebensweltlich orientierte Dimension „*Wandel im Zusammenleben*“

- berücksichtigt die bereits Kindern zugängliche Erfahrung, dass sich die Bedingungen und Formen des Zusammenlebens verändern.
- Als *geschichtliche Perspektive* bearbeitet sie Veränderungen menschlicher Bedürfnisse und Gewohnheiten anhand von Lebensbereichen, die auf Interesse der Kinder stoßen (Schule früher/heute; Bekleidung, Spiel ...), macht das Gewordensein heutiger Formen des Zusammenlebens bewusst und führt in den kritischen Gebrauch von Quellen ein.

Die lebensweltlich orientierte Dimension *„Was ist erlaubt? Was ist gut und richtig?"*

- zieht die auch Kindern schon vertraute Frage nach der Sinnhaftigkeit des Lebens in Betracht.
- Als fachliche *ethisch/philosophische Perspektive* gibt sie Anstöße darüber nachzudenken, was ein gelingendes Leben ist und was Verantwortung (vor sich selbst, vor anderen, vor Gott) bedeutet. Sie unterstützt die Haltung, dass Lebewesen wertvoll sind und Respekt verdienen und bahnt Einsicht in die verschiedenen Formen des Umgangs mit dem Wissen um die Endlichkeit des individuellen Daseins und der Begrenztheit des menschlichen Wissens (Glaube, Hoffnung, Erinnern, Trost, Trauer, Angst, Mut) an.

Wie sich die Möglichkeiten eines Themenbereichs im inklusionsdidaktischen Netz entfalten, wird in den Übersichten 4.2 a–c gezeigt.

Übersicht 4.2 a stellt das Grundgerüst der inklusionsdidaktischen Netze dar. Ein Themenbereich wird sowohl unter lebensweltlichen Dimensionen und fachlichen Perspektiven (vgl. zum Doppelbezug Lebenswelt – Fach die Übersicht 4.1) als auch im Hinblick auf Entwicklungsbereiche der Kinder nach seiner didaktischen Ergiebigkeit befragt.

Übersicht 4.2 b konkretisiert diesen Reflexions- und Planungsansatz anhand eines Themenschwerpunkts (Wasser und Wasserbelastung). Zunächst werden die lebensweltlichen und fachlichen Potenziale des Unterrichtsinhalts erschlossen. So entsteht ein inhaltliches Ideengerüst (Übersicht 4.2 b, I), das durch Überlegungen zu den Entwicklungsbereichen ergänzt wurde (Übersicht 4.2 b, II).

Auf der anschließenden Reflexionsstufe wird entschieden, welche Angebote für die konkrete Lerngruppe sinnvoll und ergiebig sind. Damit konkretisiert sich die Vernetzung zwischen lebensweltlich-fachbezogenen Perspektiven und Entwicklungsbereichen bezogen auf die jeweilige Lerngruppe und unter Berücksichtigung der jeweiligen Rahmenbedingungen des Unterrichts (vgl. Übersicht 4.2 c).

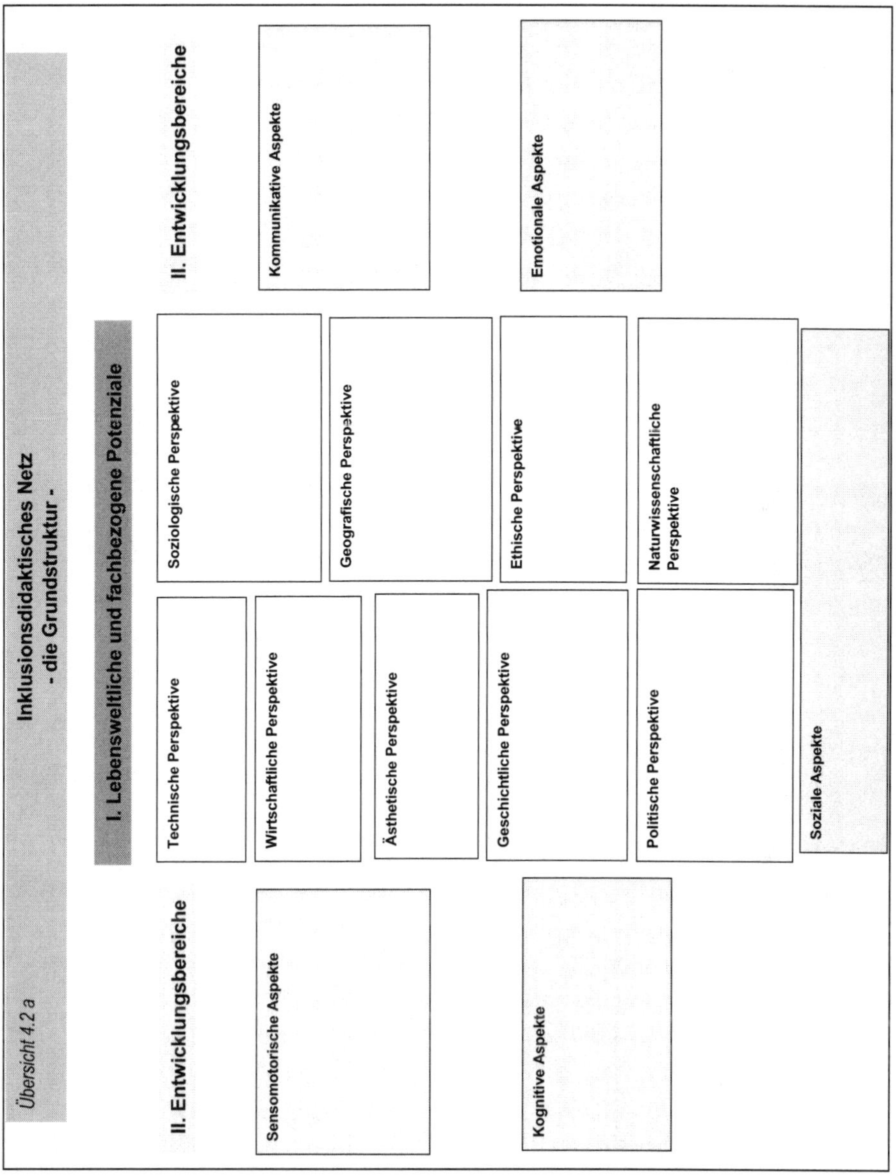
Übersicht 4.2 a
Inklusionsdidaktisches Netz
- die Grundstruktur -
I. Lebensweltliche und fachbezogene Potenziale
II. Entwicklungsbereiche
Sensomotorische Aspekte
Kognitive Aspekte
Technische Perspektive
Wirtschaftliche Perspektive
Ästhetische Perspektive
Geschichtliche Perspektive
Politische Perspektive
Soziale Aspekte
Soziologische Perspektive
Geografische Perspektive
Ethische Perspektive
Naturwissenschaftliche Perspektive
II. Entwicklungsbereiche
Kommunikative Aspekte
Emotionale Aspekte

Übersicht 4.2 b

Inklusionsdidaktisches Netz

Themenschwerpunkt: Wasser und Wasserbelastung

I. Lebensweltliche und fachbezogene Potenziale

Technische Perspektive
- Bereitstellung von Trinkwasser **(b)**
- einfache Reinigungsverfahren
- Exkursion zu einem Wasserwerk ...

Soziologische Perspektive
- Nutzung von Wasser (als Trinkwasser, Abwasser, Freizeit, Transport, Lebensraum) **(1)**
- Nutzungskonflikte
- Versorgung mit Wasser als kommunale Aufgabe **(c)**
- soziales Leben am Wasser ...

Wirtschaftliche Perspektive
- Kosten der Wasserversorgung
- Preise für Trinkwasser
- Bedürfnis nach Wasser und Bedürfnisse nach Getränken ...

Geographische Perspektive
- Klimazonen und Niederschläge
- Wasserknappheit in ausgewählten Regionen der Erde
- Lebensbedingungen in ausgewählten Regionen
- geologische Bedingungen für Quellen und Wasservorräte ...

Ästhetische Perspektive
- Erlebnisse mit Wasser
- Stimmungen am Wasser
- Musik über Wasser
- Wasserszenen malen, gestalten ...

Geschichtliche Perspektive
- Wasserversorgung früher
- Fallstudien über Wasserverschmutzungen
- Umweltbelastungen durch Färber und Gerber
- Bewässerungskulturen ...

Ethische Perspektive
- Nutzung von Wasser und Störungen anderer Menschen **(2)**
- Bedrohung anderer Lebewesen
- Wasserreichtum hier und Wasserknappheit anderswo ...

Politische Perspektive
- Regeln für die Wassernutzung **(3)**
- Vereinbarungen, Kontrollen
- Einflussmöglichkeiten zur Verbesserung der Wasserqualität ...

Naturwissenschaftliche Perspektive
- Verdunstung, Kondensation, Niederschläge **(a)**
- feste, flüssige und gasförmige Stoffe
- Wasser als Lebensgrundlage
- Verschmutzungen von Wasser...

II. Entwicklungsbereiche

Sensomotorische Aspekte
- fließendem, rauschendem, tröpfelndem Wasser zuhören, unterscheiden **(e)**
- Gewicht des täglichen Trinkwasserbedarfs
- Auftrieb spüren
- Wasserkreislauf vereinfacht mit Bewegung darstellen ...

Kognitive Aspekte
- Gegenstände, die schwimmen und sinken
- ein Wasserwerk kennenlernen
- verschiedene Möglichkeiten der Wassergewinnung unterscheiden (Brunnen früher, heute...) **(d)**..

II. Entwicklungsbereiche

Kommunikative Aspekte
- von Erlebnissen mit Wasser berichten
- schreiben, malen
- Wortfelder/ -karten: Wasser holen, Wasser schöpfen, Wasser trinken **(f)** ...

Emotionale Aspekte
- Empfindungen mit Wasser **(5)**
- Stimmungen am Wasser **(5)**
- Stimmung bei Regen
- Wie fühlt sich Durst an? ...

Soziale Aspekte
- gemeinsam schwimmen/baden gehen; Auftrieb spüren
- verschiedene Fotos von Gewässern (See, Fluss, verschmutzes Gewässer, Schiffe etc.); wo kann man gut, wo nicht gut baden? **(4)**

Übersicht 4.2 c

Inklusionsdidaktisches Netz
Lerngruppenorientierte Verknüpfungen zum Themenschwerpunkt Wasser und Wasserbelastung

I. Lebensweltliche und fachbezogene Potenziale

Technische Perspektive
- Bereitstellung von Trinkwasser (b)
- einfache Reinigungsverfahren
- Exkursion zu einem Wasserwerk ...

Wirtschaftliche Perspektive
- Kosten der Wasserversorgung
- Preise für Trinkwasser
- Bedürfnis nach Wasser und Bedürfnisse nach Getränken ...

Ästhetische Perspektive
- Erlebnisse mit Wasser
- Stimmungen am Wasser
- Musik über/zum Wasser
- Wasserszenen malen, gestalten…

Geschichtliche Perspektive
- Wasserversorgung früher
- Fallstudien über Wasserverschmutzungen
- Umweltbelastungen durch Färber und Gerber
- Bewässerungskulturen ...

Politische Perspektive
- Regeln für die Wassernutzung (3)
- Vereinbarungen, Kontrollen
- Einflussmöglichkeiten zur Verbesserung der Wasserqualität ...

Soziologische Perspektive
- Nutzung von Wasser (als Trinkwasser, Abwasser, Freizeit, Transport, Lebensraum) (1)
- Nutzungskonflikte
- Versorgung mit Wasser als kommunale Aufgabe (c)
- soziales Leben am Wasser ...

Geographische Perspektive
- Klimazonen und Niederschläge
- Wasserknappheit in ausgewählten Regionen der Erde
- Lebensbedingungen in ausgewählten Regionen
- geologische Bedingungen für Quellen und Wasservorräte ...

Ethische Perspektive
- Nutzung von Wasser und Störungen anderer Menschen (2)
- Bedrohung anderer Lebewesen
- Wasserreichtum hier und Wasserknappheit anderswo ...

Naturwissenschaftliche Perspektive
- Verdunstung, Kondensation, Niederschläge (a)
- feste, flüssige und gasförmige Stoffe
- Wasser als Lebensgrundlage
- Verschmutzungen von Wasser…

II. Entwicklungsbereiche

Sensomotorische Aspekte
- fließendem, rauschendem, tröpfelndem Wasser zuhören, unterscheiden (e)
- Gewicht des täglichen Trinkwasserbedarfs
- Auftrieb spüren
- Wasserkreislauf vereinfacht mit Bewegung darstellen ...

Kognitive Aspekte
- Gegenstände, die schwimmen und sinken
- ein Wasserwerk kennenlernen
- verschiedene Möglichkeiten der Wassergewinnung unterscheiden (Brunnen früher, heute…) (d) ...

II. Entwicklungsbereiche

Kommunikative Aspekte
- von Erlebnissen mit Wasser berichten
- schreiben, malen
- Wortfelder/ -karten: Wasser holen, Wasser schöpfen, Wasser trinken (f) ...

Emotionale Aspekte
- Empfindungen mit Wasser (5)
- Stimmungen am Wasser (5)
- Stimmung bei Regen
- Wie fühlt sich Durst an? ...

Soziale Aspekte
- Gemeinsam schwimmen/ baden gehen; Auftrieb spüren
- Verschiedene Fotos von Gewässern (See, Fluss, verschmutztes Gewässer, Schiffe etc.); wo kann man gut, wo nicht gut baden? (4)

So wäre es zum Beispiel denkbar, in einer Klasse die Beobachtungen von Kondensationsphänomenen („nasse Scheiben“) zum Anlass zu nehmen, die Zusammenhänge zwischen Verdunstung, Kondensation und Niederschlägen aufzugreifen (Übersicht 4.2 c, naturwissenschaftliche Perspektive, a). Dies könnte zur Bereitstellung von Trinkwasser fortgeführt (Übersicht 4.2 c, technische Perspektive, b) und als Aufgabe der Gemeinde vertieft werden (Übersicht 4.2 c, soziologische Perspektive, c). Mit Orientierung auf den kognitiven Entwicklungsbereich besonders zu fördernder Kinder könnte die Exkursion zu einem Wasserwerk vorbereitet werden, indem Bildkarten die Wasserversorgung heute und früher veranschaulichen (Übersicht 4.2 c, d). Unter sensomotorischen Aspekten wäre es möglich, fließendes, rauschendes und tröpfelndes Wasser zu unterscheiden (Übersicht 4.2 c, e). Kommunikative Aspekte ließen sich, je nach Entwicklungsstand und -möglichkeiten, durch Arbeit an Wortfeldern schulen (Übersicht 4.2 c, f).

In einer anderen Klasse mit anderen Interessen und Lernvoraussetzungen würde der Lernanlass möglicherweise eher über Nutzungskonflikte bei der Verwendung von Wasser gegeben sein (Übersicht 4.2 c, soziologische Perspektive, 1). Über die Betrachtung von ethischen Fragen bei der Nutzung von Wasser (Übersicht 4.2 c, ethische Perspektive, 2) käme man zur Beschäftigung mit Regeln des Zusammenlebens (Übersicht 4.2 c, politische Perspektive, 3). Auch hier bietet das inklusionsdidaktische Netz weitere Anregungen für die Kinder mit sonderpädagogischem Förderbedarf: Verschiedene Fotos von Gewässern zeigen verschiedene Nutzungsarten (Übersicht 4.2 c, sozialer Aspekt, 4); Empfindungen und Stimmungen am Wasser hängen auch davon ab, wer sich noch dort aufhält und was dort geschieht (Übersicht 4.2 c, emotionaler Aspekt, 5).

Denkbar wären noch viele andere Unterrichtsvorhaben. Inklusionsdidaktische Netze sind ein heuristisches, ideengenerierendes Instrument. Dabei geht es nicht darum, die generierten Facetten und Ideen zu einem Sachverhalt vollständig „abzuarbeiten“. Die Funktion des inklusionsdidaktischen Netzes besteht vielmehr darin, bewusst einen Überschuss an Möglichkeiten zu produzieren. Auf dieser Grundlage kann dann, fachlich gehaltvoll und den jeweiligen Lernvoraussetzungen angemessen, der gemeinsame Unterricht für alle entworfen werden, mit jeweiligen Differenzierungen für die verschiedenen Lernvoraussetzungen und Entwicklungsbedürfnisse der Kinder.

Was sinnvoll und ergiebig ist, hängt von den konkreten Lernvoraussetzungen in der Klasse und den besonderen Entwicklungsmöglichkeiten der Kinder ab. Ebenso wird man entscheiden müssen, ob das Themengebiet mit den auszuwählenden Facetten eher als klassische Unterrichtseinheit, als Projekt oder auch in Form von Lernstationen zu bearbeiten ist. Entscheidend ist, dass die Entfaltung des didaktischen Potenzials eine sachorientierte Grundlage hervorbringt, die flexibel genug ist, um den spezifischen Lernvoraussetzungen und -interessen der jeweiligen Lerngruppe Raum zu geben.

Das Modell der inklusionsdidaktischen Netze versteht sich mit Blick auf die Kooperation zwischen Wissenschaft und Schulpraxis als „Arbeitsmodell“ im Sinne Karl-Heinz Flechsigs (1991). Arbeitsmodelle bieten keine Rezepte für die Praxis.

Sie sind nicht so konkret, dass sie nur in einer bestimmten Situation eingesetzt werden können oder aus dieser hervorgehen, aber sie sind auch nicht so abstrakt, dass sie nicht oder nur schwer in eine bestimmte Situation übertragen werden können. Somit nehmen sie eine Mittlerrolle ein zwischen einer eher theoretisch orientierten Begründung von Anforderungen und Beispielen für eine Umsetzung dieser Anforderungen. Diese Beispiele sind keine Handlungsvorschrift, sondern veranschaulichen die Grundidee und sollen als ideeninduzierende Anregung für die Kooperation von Lehrkräften dienen (siehe Übersicht 4.3).

Übersicht 4.3: Wie man mit inklusionsdidaktischen Netzen arbeiten kann

- Sie haben – allein oder zusammen mit ihren Kooperationspartnern – einen Themenbereich für den Sachunterricht gewählt?
- Beginnen Sie, über das Thema aus dem Blickwinkel der verschiedenen Perspektiven und Entwicklungsbereiche nachzudenken.
- Machen Sie sich erste Aufzeichnungen von Ihren Ideen.
- Nach und nach entsteht Ihr inklusionsdidaktisches Netz. Sie werden erstaunt sein über Ihre Einfälle.
- Entscheiden Sie, was von den Ideen und Facetten für Ihre Lerngruppe und Ihren besonders zu fördernden Kindern ergiebig ist (und warum).
- Können Sie dabei nicht auch die Schüler einbeziehen?
- Welche Methoden bieten sich an (Partnerarbeit, Einzelarbeit, Gruppenarbeit, Stationenarbeit, Unterricht mit der gesamten Klasse…)?
- Warum tun Sie sich nicht mit weiteren Kolleginnen und Kollegen zusammen, die wiederum ihre Ideen zum inklusionsdidaktischen Netz beisteuern?
- Wäre das nicht etwas für die nächste Konferenz zur Einbeziehung weiterer Kolleginnen und Kollegen?

4.4 Ausblick: Inklusiver Unterricht in der Grundschule

Die an einem Sachunterrichtsinhalt konkretisierten Möglichkeiten „inklusionsdidaktischer Netze" lassen sich auch für andere Aufgaben- und Themengebiete erschließen:

- *Inklusionsorientierte Professionalisierung des Lehrerhandelns*: Ein inklusionsorientierter Unterricht ist nicht allein fachlich determiniert. Wie weit Bezüge zu den Erfahrungen der Kinder und Jugendlichen hergestellt werden, welche besonderen Entwicklungsangebote sinnvoll sind, wie die Zusammenarbeit zwischen Schülerinnen und Schülern mit unterschiedlichen Entwicklungsmöglichkeiten förderlich für alle gestaltet werden kann, ist weder allein vom Unterrichtsgegenstand noch von den Lernvoraussetzungen und Entwicklungsmöglichkeiten der Kinder her gesehen zu entscheiden. Die Themen und Inhalte müssen unter

Berücksichtigung beider Blickrichtungen jeweils spezifisch für die Lerngruppe erschlossen werden.

- *Schrittweise Steigerung der didaktischen Komplexität*: Die Arbeit mit inklusionsdidaktischen Netzen erlaubt es, die dafür zu beherrschende Komplexität nach und nach zu steigern. Man beginnt mit Überlegungen zum fachlich-lebensweltlichen Potenzial der Inhalte. Daran schließen sich die jeweiligen Überlegungen zu den Entwicklungsbereichen an. So entsteht eine breite Palette an inhaltlichen und entwicklungsorientierten Möglichkeiten, die als Grundlage für individuell abgestimmte Differenzierungen und für verschiedene Lernwege mit jeweils unterschiedlichem Schwerpunkt genutzt werden kann.
- *Anschlussfähigkeit für verschiedene Unterrichtsmethoden*: Inklusionsdidaktische Netze generieren Aspekte des Themengebiets und zeigen so Zugänge zu problem-, situations- und handlungsorientierten Arbeitsweisen. Zudem bieten sie die inhaltlichen Anregungen für die gerade auch aus sonderpädagogischen Gründen wünschenswerten Kooperationsformen wie Partner- und Gruppenarbeit.
- *Inhaltliche Grundlegung einer inklusionsorientierten Schulentwicklung*: Inklusionsdidaktische Netze können die Zusammenarbeit innerhalb der Schule sowie mit außerschulischen Einrichtungen fördern. Die Erschließung des Themas im inklusionsdidaktischen Netz wirft Fragen auf, zu deren Behandlung unterschiedliche Experten herangezogen werden. Damit schaffen inklusionsdidaktische Netze Anknüpfungsmöglichkeiten für die Kooperation im Kollegium sowie mit externen Partnern der Schule.
- *Lehrerbildung*: An Hochschulen und in der zweiten Ausbildungsphase können Gruppen von Studierenden und Referendaren aus verschiedenen Fachrichtungen und Lehramtsstudiengängen (Grundschule, Förderschule, weiterführende Schule) ausgewählte Perspektiven zu einem Themenbereich konkretisieren und so arbeitsteilig zur Entfaltung des inklusionsdidaktischen Netzes beitragen. Werden Vorschläge zu einem Themengebiet zwischen Seminaren für verschiedene Lehrämter erarbeitet, ausgetauscht, verglichen und diskutiert, lernen die Studierenden auch die Denkweise anderer Studienrichtungen kennen, was wiederum eine gute Voraussetzung für die spätere Zusammenarbeit in der inklusiven Schule ist. Der Aufwand für die Kooperation zwischen Studierenden sonderpädagogischer Fachrichtungen und anderer Lehramtsstudiengänge ist gering: Absprache über die Themengebiete und Einigung auf drei bis fünf Termine, bis zu denen die jeweiligen Vorschläge vorliegen, ausgetauscht, besprochen und rückgemeldet werden. Angesichts des geringen Zusatzaufwands können inklusionsdidaktische Netze auch die Kooperation zwischen Seminaren an Universitäten und Ausbildungsseminaren in der zweiten Phase der Lehrerbildung tragen, sodass unterschiedliche Blickrichtungen auf das Berufsfeld „Schule und Unterricht“ thematisiert und reflektiert werden. Studierende und Referendare tauschen ihre inklusionsdidaktischen Netze aus und erweitern somit ihre jeweiligen pädagogischen Perspektiven.

Auch ein inklusionsorientierter Unterricht ist so letztlich nicht ohne die gesellschaftliche Perspektive der Inklusion realisierbar. Insofern vermag eine Aussage des amerikanischen Erziehungswissenschaftlers und Philosophen John Dewey (1859–1952) zu seiner Vorstellung von einer demokratischen Schule in einer demokratischen Gesellschaft auch das neue Leitbild der Inklusion treffend zusammenzufassen. In einem kurzen Beitrag aus dem Jahre 1939 charakterisierte er sein „demokratisches Glaubensbekenntnis" so:

„The task of democracy is forever that of creation of a freer and more humane experience in which all share and to which all contribute" (Dewey 1939/1988, S. 236).

Diese Erfahrung, die alle teilen und zu der alle etwas beitragen, ist letztlich auch die Erfahrung, die zu „inklusiven Momenten" im gemeinsamen Unterricht führt. Ohne die Möglichkeit, außerhalb von Bildungseinrichtungen in der Gesellschaft ebenfalls eine solche inklusive Erfahrung zu machen, blieben die Bemühungen um einen inklusionsorientierten Unterricht und eine inklusive Schule gleichwohl begrenzt.

Literatur

Aebli, Hans: Grundlagen des Lehrens. Eine allgemeine Didaktik auf psychologischer Grundlage. Stuttgart: Klett-Cotta, 1987

Blaseio, Beate: Inklusives Sachlernen in den Grundschullehrplänen Deutschlands. In: Giest u. a., a. a. O., 2011, S. 89–96

Bronfenbrenner, Urie: Die Ökologie der menschlichen Entwicklung. Natürliche und geplante Experimente. Frankfurt a. M.: Fischer, 1989

Bundschuh, Konrad: Förderdiagnostik konkret. Theoretische und praktische Implikationen für die Förderschwerpunkte Lernen, geistige, emotionale und soziale Entwicklung. Bad Heilbrunn: Klinkhardt, 2007

Comenius, Johann Amos: Große Didaktik. Übersetzt und hrsg. v. Andreas Flitner. Stuttgart: Klett-Cotta, 7. Auflage 1992 (Erstausgabe: 1657)

Deci, Edward L./Ryan, Richard M.: Die Selbstbestimmungstheorie der Motivation und ihre Bedeutung für die Pädagogik. In: Zeitschrift für Pädagogik 39 (1993), S. 223–238

Dewey, John: Wie wir denken. Eine Untersuchung über die Beziehung des reflektiven Denkens zum Prozeß der Erziehung. Zürich: Morgarten Verlag Conzett & Huber, 1910/1951

Dewey, John: Creative Democracy – The Task Before Us. In: John Dewey. The Later Works, 1925–1953. Vol. 14: 1939–1941. Ed. By Boydston, J. A. Carbondale u. Edwardsville: Southern Illinois University Press, 1988, S. 225–230

Drave, Wolfgang/Rumpler, Franz/Wachtel, Peter (Hrsg.): Empfehlungen zur sonderpädagogischen Förderung. Allgemeine Grundlagen und Förderschwerpunkte (KMK) mit Kommentaren. Würzburg: edition bentheim, 2000

Eggert, Dietrich: „... von den Stärken ausgehen". Individuelle Entwicklungspläne (IEP) in der Lernförderungsdiagnostik. Dortmund: borgmann, 2. Auflage 1997

Ellinger, Stephan/Wittrock, Manfred (Hrsg.): Sonderpädagogik in der Regelschule. Konzepte – Forschung – Praxis. Stuttgart: Kohlhammer, 2005

Fromm, Erich: Haben und Sein. München: dtv, 1979

Feuser, Georg: Gemeinsames Lernen am gemeinsamen Gegenstand. Didaktisches Fundamentum einer Allgemeinen (integrativen) Pädagogik. In: Hildeschmidt, Anne/Schnell, Irmtraud (Hrsg.): Integrationspädagogik. Auf dem Weg zu einer Schule für alle. Weinheim, München: Juventa, 1998, S. 19–35

Flechsig, Karl-Heinz: Kleines Handbuch didaktischer Modelle. Nörten-Hardenberg: Zentrum für didaktische Studien e.V., 1991

Giest, Hartmut: Sachunterricht und Inklusion. In: Giest u.a., a.a.O., S. 13–21

Giest, Hartmut/Kaiser, Astrid/Schomaker, Claudia (Hrsg.): Sachunterricht – auf dem Weg zur Inklusion. Bad Heilbrunn: Klinkhardt, 2011

Glöckel, Hans: Vom Unterricht. Bad Heilbrunn: Klinkhardt, 3. Auflage 1996

Gerstenmaier, Jochen/Mandl, Heinz: Wissenserwerb unter konstruktivistischer Perspektive. In: Zeitschrift für Pädagogik 41, 1995, S. 867–888

Goffman, Erving: Stigma. Über Techniken der Bewältigung beschädigter Identität. Frankfurt a.M.: Suhrkamp, 1967 (amerik. Originalausgabe: 1963)

Grünke, Mathias: Evaluation der Förderung. In: Arnold, Karl-Heinz/Graumann, Olga/Rakhkochkine, Anatoli (Hrsg.): Handbuch Förderung. Weinheim u. Basel: Beltz, 2008, S. 170–174

Hartke, Bodo: Offener Unterricht bei besonderem Förderbedarf. In: Leonhardt, Annette/Wember, Franz B. (Hrsg.): Grundfragen der Sonderpädagogik. Bildung – Erziehung – Behinderung. Ein Handbuch. Weinheim, Basel, Berlin: Beltz, 2003, S. 770–790

Hasselhorn, Marcus/Mähler, Claudia: Wissen, das auf Wissen baut: Entwicklungspsychologische Erkenntnisse zum Wissenserwerb und zum Erschließen von Wirklichkeit im Grundschulalter. In: Kahlert, Joachim (Hrsg.): Wissenserwerb in der Grundschule. Bad Heilbrunn: Klinkhardt, 1998, S. 73–89

Heimlich, Ulrich: Integrative Pädagogik. Eine Einführung. Stuttgart: Kohlhammer, 2003

Heimlich, Ulrich: Heil- und Sonderpädagogik. In: Faulstich-Wieland, Hannelore/Faulstich, Peter (Hrsg.): Erziehungswissenschaft. Ein Grundkurs. Reinbek bei Hamburg: Rowohlt, 2008, S. 510–531

Heimlich, Ulrich: Lernschwierigkeiten. Sonderpädagogische Förderung im Förderschwerpunkt Lernen. Bad Heilbrunn: Klinkhardt, 2009

Heimlich, Ulrich/Lotter, Monika/März, Martina: Diagnose und Förderung im Förderschwerpunkt Lernen. Donauwörth: Auer, 2005

Heimlich, Ulrich/Wember, Franz B. (Hrsg.): Didaktik des Unterrichts im Förderschwerpunkt Lernen. Stuttgart: Kohlhammer, 2007

Helmke, Andreas: Unterrichtsqualität und Lehrerprofessionalität. Seelze: Kallmeyer, 2009

Helmke, Andreas/Schrader, Friedrich-Wilhelm: Entwicklung im Grundschulalter. In: Pädagogik 50, 1998, S. 24–28

Hentig, Hartmut. v.: Bildung – ein Essay. München: Hanser Verlag, 1996

Hinz, Andreas: Inklusive Pädagogik – Vision und konkretes Handlungsprogramm für den Sachunterricht? In: Giest u.a., a.a.O., S. 23–38

Hüther, Gerald: Wie lernen Kinder? Voraussetzungen für gelingende Bildungsprozesse aus neurobiologischer Sicht. In: Caspary, Ralf (Hrsg.): Lernen und Gehirn. Freiburg, Basel, Wien: Herder, 2006, S. 70–84

Kahlert, Joachim: Der Sachunterricht und seine Didaktik. Bad Heilbrunn: Klinkhardt, 3. Auflage 2009

Klafki, Wolfgang: Neue Studien zur Bildungstheorie und Didaktik. 6. neu ausgestattete Auflage. Weinheim u. Basel: Beltz, 2007

Klauer, Karl-Josef: Denktraining für Kinder I und II. Ein Programm zur intellektuellen Förderung. Göttingen: Hogrefe, 1991

Klieme, Eckard u. a.: Zur Entwicklung nationaler Bildungsstandards. Expertise, herausgegeben vom Bundesministerium für Bildung und Forschung. Bonn, 2003

Kößler, Henning: Bildung und Identität. In: ders: Selbstbefangenheit – Identität – Bildung. Beiträge zur Praktischen Anthropologie. Weinheim u. Basel: Beltz, 1997, S. 107–121

Sekretariat der Kultusministerkonferenz (Bearb.): Sonderpädagogische Förderung in Schulen 1999 bis 2008. Statistische Veröffentlichungen der Kultusministerkonferenz. Dokumentation Nr. 1989, 20. März 2010 (www.kmk.org/fileadmin/pdf/Statistik/Dok_189_SoPaeFoe_2008.pdf, aufgerufen am 12. 04. 2011)

Langeveld, Martinus J.: Studien zur Anthropologie des Kindes. Tübingen: Niemeyer, 1956

Lauth, Gerhard/Grünke, Mathias/Brunstein, Joachim C. (Hrsg.): Interventionen bei Lernstörungen. Göttingen u. a.: Hogrefe, 2004

Luhmann, Niklas: Soziale Systeme. Grundriß einer allgemeinen Theorie. Frankfurt am Main: Suhrkamp, 2. Auflage 1985

Mead, Georg Herbert: Geist, Identität und Gesellschaft. Frankfurt a. M.: Suhrkamp, 9. Auflage 1934/1993

Meyer, Hilbert: Unterrichts-Methoden. Band I: Theorieband. Frankfurt a. M.: Cornelsen scriptor, 6. Auflage 1994

Mutzeck, Wolfgang: Förderplanung. Grundlagen, Methoden, Alternativen. Weinheim: Deutscher Studien Verlag, 2000

Mutzeck, Wolfgang: Kooperative Beratung. Grundlagen, Methoden, Training, Effektivität. Weinheim u. Basel: Beltz, 6. Auflage 2008

Oerter, Rolf/Montada, Leo (Hrsg.): Entwicklungspsychologie. Weinheim: PsychologieVerlags-Union/Beltz, 5. Auflage 2002

Reinmann-Rothmeier, Gabi/Mandl, Heinz: Unterrichten und Lernumgebungen gestalten. In: Krapp, Andreas/Weidenmann, Bernd (Hrsg.): Pädagogische Psychologie. München: PsychologieVerlagsUnion/Beltz, 4. Auflage 2001, S. 601–646

Rumpf, Horst: Was hätte Einstein gedacht, wenn er nicht Geige gespielt hätte? Gegen die Verkürzungen des etablierten Lernbegriffs. Weinheim, München: Juventa, 2010

Sander, Alfred: Behinderungsbegriffe und ihre Konsequenzen für die Integration. In: Eberwein, Hans (Hrsg.): Integrationspädagogik. Weinheim u. Basel: Beltz, 1999, S. 99–207

Sander, Alfred: Kind-Umfeld-Analyse: Diagnostik bei Schülern und Schülerinnen mit besonderem Förderbedarf. In: Mutzeck, Wolfgang (Hrsg.): Förderdiagnostik. Konzepte und Methoden. Weinheim u. Basel: Weinheim, Beltz, 3. Auflage 2002, S. 12–24

Schiefele, Ulrich/Krapp, Andreas/Schreyer, Inge: Metaanalyse des Zusammenhangs von Interesse und schulischer Leistung. In: Zeitschrift für Entwicklungspsychologie und Pädagogische Psychologie 25 (1993), S. 120–148

Schreier, Helmut u. a.: Sachunterricht können. Ein Modell für Lehrerbildung auf der Grundlage des Perspektivrahmens Sachunterricht. Braunschweig: Westermann, 2011

Seitz, Simone: Zeit für inklusiven Sachunterricht. Baltmannsweiler: Schneider Verlag Hohengehren, 2005

Simmel, Georg: Die Ausdehnung der Gruppe und die Ausbildung der Individualität. In: ders.: Schriften zur Soziologie. Eine Auswahl, herausgegeben von Heinz-Jürgen Dahme und Otthein Rammstedt. Frankfurt a. M.: Suhrkamp, 4. Auflage 1888/1983, S. 53–60

Speck, Otto: System Heilpädagogik. Eine ökologisch reflexive Grundlegung. München, Basel: Reinhardt, 6. Auflage 2008

Vygotskij, Lev S.: Denken und Sprechen. Psychologische Untersuchungen. Weinheim u. Basel: Beltz, 2002 (russ. Originalausgabe: 1934)

Weinert, Franz Emanuel: Lernen lernen und das eigene Lernen verstehen. In: Reusser, Kurt/Reusser-Weyeneth, Marianne (Hrsg.): Verstehen. Psychologischer Prozess und didaktische Aufgabe. Bern: Huber, 1994, S. 183–206

Wember, Franz B.: Piagets Bedeutung für die Lernbehindertenpädagogik. Untersuchungen zur kognitiven Entwicklung und zum schulischen Lernen bei Sonderschülern. Heidelberg: Edition Schindele, 1986

Wember, Franz B.: Besser lesen mit System. Ein Rahmenkonzept zur individuellen Förderung bei Lernschwierigkeiten. Berlin u. a.: Luchterhand, 1999

Wember, Franz B./Prändl, Stephan (Hrsg.): Standards der sonderpädagogischen Förderung. München, Basel: Reinhardt, 2009

Werning, Rolf/Balgo, Rolf/Palmowski, Winfried/Sassenroth, Martin: Lernen, Verhalten, Sprache, Bewegung und Wahrnehmung. München, Wien: Oldenbourg, 2002

Wocken, Hans: Gemeinsame Lernsituationen. Eine Skizze zur Theorie des gemeinsamen Unterrichts. In: Hildeschmidt, Anne/Schnell, Irmtraud (Hrsg.): Integrationspädagogik. Auf dem Weg zu einer Schule für alle. Weinheim, München: Juventa, 1998, S. 37–52

5 Sonderpädagogische Professionalität und Inklusion: Welchen Beitrag leistet das Studium der Sonderpädagogik?

Ewald Kiel, Sabine Weiß & Agnes Braune

Vorbemerkung

Mit der Ratifizierung des Artikels 24 der „VN-Konvention für die Rechte von Menschen mit Behinderung" (VN-BRK) steht Deutschland vor radikalen Veränderungen im Schulsystem. Das differenzierte deutsche Sonderschulsystem ist aufgefordert, sich zusammen mit den allgemeinen Schulen hin zu einem inklusiven Schulsystem zu entwickeln. Es sollen nicht mehr 80 Prozent der Schülerinnen und Schüler mit sonderpädagogischem Förderbedarf an Sonderschulen unterrichtet werden und nur 20 Prozent an allgemeinen Schulen. Stattdessen gilt es, das Verhältnis umzukehren: 80 Prozent der Schülerinnen und Schüler sollen dann die allgemeinen Schulen und nur 20 Prozent Förderschulen besuchen (Heimlich 2011, S. 44). Dies erfordert eine verstärkte Zusammenarbeit von Lehrkräften an Sonderschulen mit Lehrkräften an allgemeinen Schulen.

Diese Veränderung im Schulsystem und diese veränderte Zusammenarbeit von Lehrkräften aus unterschiedlichen Schulformen werfen eine Reihe von Fragen auch für die erste Ausbildungsphase der Lehrerbildung auf:

1. Was verbindet die unterschiedlichen Lehramtsstudierenden miteinander?
2. Was trennt die unterschiedlichen Lehramtsstudierenden voneinander?
3. Was kennzeichnet Studierende der Sonderpädagogik im Hinblick auf eine spätere Zusammenarbeit mit Lehrkräften aus allgemeinen Schulen?

Diese Fragen, in deren Mittelpunkt die Voraussetzungen für eine spätere Zusammenarbeit von Lehrkräften verschiedener Schularten stehen, werden u. a. in der Studie „Wirksamkeit von Lehrerbildung" adressiert. Die vom Bayerischen Staatsministerium für Unterricht und Kultus und vom Bayerischen Staatsministerium für Wissenschaft, Forschung und Kunst geförderte Studie der Universitäten München und Passau untersucht 1438 Lehramtsstudierende aller Schulformen, 960 Studierende aus München und 478 aus Passau. 9,5 Prozent aller Studierenden haben sich für das Lehramt für Sonderpädagogik entschieden. Zu berücksichtigen ist, dass bezogen auf die Studienorte in dieser Studie nur in München der Studiengang Lehramt für Sonderpädagogik gewählt werden kann. Ziel der Studie ist

- die Analyse von Studien- und Berufswahlmotivation, Berufsfeldvorstellungen und Kompetenzentwicklung,
- die Entwicklung, der Einsatz und die Evaluation von Beratungs- und Coachinginstrumenten für Lehramtsstudierende,
- der Einsatz und die Evaluation von Lehrveranstaltungen, die eine biografisch orientierte Professionalisierung anbahnen,
- die Entwicklung von qualitativen und quantitativen Instrumenten zur Überprüfung und ggf. Korrekturempfehlung von Berufswahlentscheidungen,
- die Entwicklung von Instrumenten zur Kompetenzmessung von Lehramtsstudierenden sowie

- die Gewinnung von Kriterien für die organisatorische, hochschuldidaktische und inhaltliche Gestaltung modularisierter Lehrerbildung.

5.1 Die Abiturnote als Indikator für den Studienerfolg

Allen Assessmentbemühungen und fachbezogenen Leistungstests zum Trotz erweist sich die Abiturnote als der beste Indikator für einen Studienerfolg (vgl. Rindermann/Oubaid 1999 a, b). Vergleicht man die Mittelwerte der Abiturnoten aller untersuchten Studierenden, ergibt sich der Befund, dass die Abiturnote für die Studierenden der Sonderpädagogik im Mittelwert bei 2,45 liegt. Damit ist deren Abiturnote besser als von angehenden Lehrkräften der Hauptschule (M = 2,87) oder der Realschule (M = 2,63), hingegen schlechter im Vergleich zum Gymnasium (M = 2,28) oder der Grundschule (M = 2,31). Dies ist angesichts des hohen Numerus clausus für das Lehramt für Sonderpädagogik erstaunlich, könnte sich aber dadurch erklären lassen, dass eine Reihe von Studierenden der Sonderpädagogik mit schlechterem Abiturschnitt erst nach einer beruflichen Ausbildung in das Studium einsteigt und bei der geringen Anzahl der untersuchten Probanden diese „Ausreißer" den Mittelwert nach unten bzw. nach oben drückt. Aufgrund der Mittelwerte ist nicht davon auszugehen, dass Studierende der Sonderpädagogik im Studium erfolgreicher sein werden als die anderer Lehrämter.

5.2 Die Studien- und Berufswahlmotivation der Lehrämter

Im Rahmen einer Faktorenanalyse wurden 16 Faktoren mit einer Varianzaufklärung von 60,529 Prozent identifiziert, die für die Berufswahlmotivation bedeutsam sind. Zu diesen Faktoren gehören unter anderem „Idealismus", „adressatenbezogene pädagogische Motivation", „Herausforderung und Gestaltungsmöglichkeiten", „Einfluss anderer", „Schüler fördern", „berufliche und finanzielle Sicherheit", „fachspezifisches Interesse", das „Lehramt als Notlösung". Hier zeigen sich deutliche Unterschiede zwischen den Lehrämtern. Exemplarisch sei hier auf drei Faktoren eingegangen:

- *Adressatenbezogene pädagogische Motivation*: Hinter diesem Faktor verbergen sich Items wie „Ich habe das Studium ergriffen, weil ich großes Interesse am Unterrichten habe; weil ich großes Interesse am Erziehen habe; weil ich Freude am Zusammensein mit Kindern und Jugendlichen habe". Angehende Förder-

schullehrkräfte haben eine signifikant höhere adressantenbezogene Motivation als die aller anderen Schularten. Besonders ausgeprägt ist der Unterschied zum gymnasialen Lehramt, welches die geringste adressatenbezogene pädagogische Motivation aufweist. Hier zeigt sich die jahrelange gymnasiale Tradition, sich als Fachvertreter zu verstehen und weniger als Pädagogen (vgl. Caselmann 1949).
- *Fachspezifisches Interesse*: Dieses setzt sich zusammen aus Items wie „Ich habe das Studium gewählt, weil ich ein großes Interesse an einem oder mehreren Unterrichtsfächern habe, weil ich ein großes Interesse am wissenschaftlichen Arbeiten habe, weil mich die intellektuelle Auseinandersetzung reizt". Hier verhält es sich genau umgekehrt zum vorher genannten Faktor, das fachspezifische Interesse der Studierenden für Sonderpädagogik ist deutlich geringer als das von Studierenden des gymnasialen Lehramts (vgl. Weiß/Braune/Kiel 2010) und aller anderen Lehrämter mit Ausnahme der Grundschule. Zwischen Studierenden des Lehramts für Grundschule und des Lehramts für Sonderpädagogik kann kein signifikanter Unterschied festgestellt werden. Ebenso ist der Unterschied zum Lehramt Hauptschule sehr gering. Hieraus ergibt sich der Schluss, dass sich Studierende der Sonderpädagogik wohl eher als Pädagogen verstehen als die Vertreter anderer Schulformen.
- *Schüler fördern*: Diese Skala umfasst Items wie „Kinder und Jugendliche mit ungünstigen Bildungsvoraussetzungen fördern, begabte Kinder und Jugendliche zu fördern, lernschwache Kinder und Jugendliche zu fördern". Auch bei diesem Faktor liegen Sonderpädagogik, Hauptschule und Grundschule dicht beieinander und unterscheiden sich signifikant von gymnasialen Lehramt und der Realschule, die über eine deutlich geringere diesbezügliche Motivation verfügen.

Insgesamt scheint sich bei den drei Faktoren die alte Dichotomie von Caselmann zu bestätigen, gemäß der es „paidotrophe" Lehrkräfte gibt, welche eher an der Förderung und der pädagogischen Begleitung von Schülern interessiert sind, und „logothrophe" Lehrkräfte, die sich eher als Vertreter des Faches sehen und an der Auseinandersetzung mit inhaltlichen Gegenständen des Faches interessiert sind (vgl. Caselmann 1949).

5.3 Unsicherheitsvermeidung und Selbstwirksamkeit

Der Organisationspsychologe Geert Hofstede (2001) hat kulturübergreifend verschiedene Dimensionen des Verhaltens in Organisationen untersucht. Eine dieser Dimensionen umfasst den Umgang mit Unsicherheit, genauer gesagt die Frage, ob eine unsichere Situation eher als Entwicklungschance, als Möglichkeitsraum etwas zu gestalten gesehen oder eher als Bedrohung verstanden wird. In Hofstedes Messinstrument, dem „Uncertainty Avoidance Index" (UAI) wird, je niedriger der

Indexwert ist, eine unsichere Situation eher als Chance begriffen. Je höher der Indexwert ist, desto mehr herrscht das Bedürfnis nach Regeln, Strukturen, Orientierungssicherheit vor. Diese Dimension von Hofstede gehört zu den weltweit in empirischen Untersuchungen am häufigsten verwendeten Messskalen. In einem Vortrag am 22. Januar 2009 in München spricht Hofstede von durchschnittlich zwei Aufsätzen in Fachzeitschriften pro Tag, die den „Uncertainty Avoidance Index" heranziehen.

Durch ein in München von Thomas Lerche entwickeltes Verfahren lassen sich für die Indexwerte von Hofstede für Gruppenvergleiche Signifikanzen ermitteln. Für die einzelnen Schularten ergeben sich folgende Werte für die Dimension der Unsicherheitsvermeidung:

Tab. 5.1: Unsicherheitsvermeidung von Studierenden nach Lehramtsstudiengängen

	Studierende gesamt UAI *(n)*	**weibliche Studierende UAI *(n)***	**männliche Studierende UAI *(n)***
Grundschule	74,3 *(288)*	76,0 *(266)*	56,3 *(20)*
Hauptschule	71,1 *(156)*	70,6 *(105)*	70,6 *(49)*
Realschule	74,0 *(312)*	77,8 *(236)*	65,1 *(73)*
Gymnasium	60,2 *(493)*	63,2 *(327)*	63,2 *(164)*
Sonderpädagogik	64,3 *(131)*	66,7 *(111)*	38,8* *(18)*

Interpretiert man diese Werte, werden gravierende Unterschiede zwischen Studierenden der Sonderpädagogik und z. B. denen des Grundschulbereichs deutlich (vgl. Weiß/Braune/Steinherr/Kiel 2009). Angehende Lehrkräfte in den sonderpädagogischen Studiengängen begreifen unsichere Situationen eher als eine Chance für Entwicklungsmöglichkeiten als angehende Lehrkräfte des Grundschullehramts. Geschlechtsspezifisch betrachtet erscheint es so, dass Männer in beiden Schulformen mit unsicheren Situationen eher umgehen können. Im Förderschulbereich ist dies besonders stark ausgeprägt, wobei jedoch anzumerken ist, dass die Stichprobe nur 18 Männer umfasst und hier die Gefahr einer Stichprobenverzerrung vorliegt. Andererseits konnte bei der Gesamtstichprobe grundsätzlich festgestellt werden, dass Männer unsichere Situationen eher als Chance begreifen. Besonders interessant ist die Tatsache, dass es im gymnasialen Bereich überhaupt keine geschlechtsspezifischen Unterschiede gibt: Männer und Frauen haben dort das gleiche Verhältnis im Umgang mit unsicheren Situationen.

Ausgehend von dem Instrument von Jerusalem/Schwarzer (1999) wurde auch die Selbstwirksamkeitserwartung von Studierenden aller Lehrämter untersucht. Unter Selbstwirksamkeitserwartung versteht man die Überzeugung und das Vertrauen in sich selbst, um in spezifischen Situationen ein oder mehrere Ziele durch den effektiven Einsatz adäquater Verhaltensweisen erfolgreich erreichen zu können. Hier zeigt sich, dass Studierende der Sonderpädagogik eine signifikant geringere Selbstwirksamkeitserwartung als Studierende aller anderen Lehrämter haben. Dies hat sicherlich mit den Erwartungen an die spezifische Klientel zu tun, die später von ihnen unterrichtet wird. Dies deuten wir in unserer Untersuchung als Realismus.

5.4 Der Lehrerberuf als Traumberuf?

Alle Studierenden in München und Passau wurden gefragt: „Wie sicher sind Sie derzeit, dass der Lehrerberuf das richtige für Sie ist?“ Für die Antworten war eine Skala von 1 (sehr unsicher) bis 6 (sehr sicher) gegeben. 32,5 Prozent aller Studierenden waren sich *sehr sicher*, den richtigen Beruf ergriffen zu haben, und 44,4 Prozent immer noch *sicher*, sich für den richtigen Beruf entschieden zu haben. Nur 8,8 Prozent aller angehenden Lehrkräfte kreuzten Werte von 1 bis 3 an, mit anderen Worten waren sich *eher nicht sicher* oder *unsicher*, ob der Lehrerberuf das Richtige für sie ist. Insgesamt scheint also eine hohe Stabilität der Entscheidungen bei den Befragten gegeben zu sein. Betrachtet man das Bild etwas differenzierter, zeigt sich für Studierende der Sonderpädagogik, dass diese sich eher als andere Lehramtsstudierende vorstellen konnten, Alternativen zum Studium für Sonderpädagogik zu haben. Dies ergibt sich auf ihre Antworten auf die Frage: „Ich kann mir gar nichts anderes vorstellen als das gegenwärtige Studium!“

5.5 Typisierung von Lehramtsstudierenden durch eine Clusteranalyse

Um die gewonnenen Daten für weitere Berechnungen nochmals zu reduzieren, wurden, orientiert an der oben genannten Faktorenanalyse zur Studien- und Berufswahl, verdichtete Variablen (MEAN) gebildet, d. h., es wurde nicht mit den Faktorenwerten gerechnet, sondern diese wieder in Variablen verwandelt. Die neu gebildeten Variablen wurden korreliert. Anhand der Korrelationen wurden die Daten noch einmal zu wieder neuen Variablen verdichtet, durch die vier Gruppen gebildet werden konnten, die bis auf wenige Ausnahmen alle 16 Faktoren enthalten.

Daraus ergaben sich dann folgende vier Faktoren:

- *Adressatenbezug* ($\alpha = .916$): adressatenbezogene/pädagogische Motivation, Idealismus, Herausforderung/Gestaltungsmöglichkeit, Schüler fördern, Freude an zwischenmenschlichen Kontakten,
- *Fachspezifik* ($\alpha = .781$): fachspezifisches Interesse, Vielfalt durch Studium,
- *Rahmenbedingungen* ($\alpha = .767$): berufliche/finanzielle Sicherheit, sozial/gesellschaftliche Motive, selbstbestimmte Arbeitseinteilung, Familienverträglichkeit,

- *Notlösung Lehramtsstudium* ($\alpha = .772$): Lehramt als Notlösung, mangelnde Kenntnisse und Interessen, einfacher Weg.

Auf der Basis dieser Faktoren wurde eine Clusteranalyse durchgeführt. Dabei wurden die beiden am wenigsten miteinander korrelierenden Faktoren aufeinander bezogen. Das ist zum einen „die adressatenbezogene Orientierung“ und zum anderen die „Orientierung an Rahmenbedingungen“. Es ergaben sich vier ausgeprägte Cluster, die durch Diskriminanzanalysen bestätigt wurden:

- die *Idealisten* (n = 287) mit einer hohen Orientierung an den Adressaten und einer niedrigeren Orientierung an den Rahmenbedingungen, z. B. Personen, die Freude am Kontakt mit Kindern und Jugendlichen haben und denen gleichzeitig die finanzielle und berufliche Sicherheit des Lehrberufs eher *nicht* wichtig ist;
- die *idealistischen Pragmatiker* (n = 204) mit sowohl beim Adressatenbezug als auch bei der Orientierung an Rahmenbedingungen höchsten Werten, z. B. Personen, die Freude am Kontakt mit Kindern und Jugendlichen haben und zudem die finanzielle und berufliche Sicherheit des Lehrberufs schätzen,
- die *Ambivalenten* (n = 103) mit sowohl beim Adressatenbezug als auch bei der Orientierung an Rahmenbedingungen niedrigsten Werten, als Personen, die weder durch den erwartbaren Kontakt mit Kindern und Jugendlichen noch durch Rahmenbedingungen für Studium und Beruf motiviert sind;
- die *Pragmatiker* (n = 224) mit einer vergleichsweise eher niedrigen adressatenbezogenen Orientierung, aber einer hohen Orientierung an den Rahmenbedingungen (Dies sind einerseits vor allem Frauen, die eine hohe Vereinbarkeit von Familie und Beruf aufgrund ihrer Familienplanung anstreben, sowie Männer und Frauen, die vor allem an einem sicheren Arbeitsplatz interessiert sind).

Betrachtet man die Zuordnung der Lehramtsstudierenden zu den einzelnen Clustern ergibt sich folgendes Bild:

Tab. 5.2: Typisierung von Lehramtsstudierenden

Schularten 1. Semester	**Pragmatiker**	**Idealisten**	**Idealistische Pragmatiker**	**Ambivalente**
GS (n = 226)	22,6	*41,2*	27,9	8,4
HS (n = 123)	30,9	*34,1*	24,4	10,6
RS (n = 120)	*40,8*	25,0	20,8	10,6
GY (n = 186)	26,9	*31,2*	21,5	20,4
FS (n = 113)	18,6	*44,2*	*28,2*	8,8
Gesamt	27,4	35,1	24,9	12,6

Bemerkungen:
1.GS = Lehramt Grundschule
2. HS = Lehramt Hauptschule
3. RS = Lehramt Realschule
4. GY = Lehramt Gymnasium
5. FS = Lehramt Sonderpädagogik

Die Studierenden der Sonderpädagogik befinden sich mit knapp der Hälfte ihrer Studierenden im Cluster der Idealisten. Am geringsten ausgeprägt ist bei ihnen das Cluster der Ambivalenten. Ebenso deutlich, wie in der Tabelle zu sehen, ist die Nähe der Sonderpädagogikstudierenden zu den Grundschullehrerinnen und -lehrern sowie der ausgeprägte Unterschied zu den anderen Schulformen. Hierzu ist anzumerken, dass Idealismus eine Eigenschaft ist, die den Beruf tragen kann, aber gleichzeitig auch die Eigenschaft ist, die zu erheblichen Gratifikationskrisen führen kann – etwa wenn das Ich-Ideal nicht zur erlebten Realität passt.

5.6 Fazit

Insgesamt lässt sich folgendes Profil für Lehramtsstudierende der Sonderpädagogik feststellen. Sie

- haben einen schlechteren Abiturschnitt als Lehramtsstudierende von Grundschule und Gymnasium, aber einen besseren als die von Haupt- und Realschule,
- weisen eine deutlich höhere adressatenbezogene und pädagogische Motivation auf,
- haben eine deutlich höhere Motivation, Schüler zu fördern,
- verfügen über ein deutlich geringeres fachspezifisches Interesse,
- begreifen unsichere Situationen eher als Chance als Lehramtsstudierende an Grund-, Haupt- und Realschulen, Männer deutlich mehr als Frauen,
- haben im Vergleich zu allen anderen Schularten eine durchschnittlich geringere Selbstwirksamkeitserwartung und
- befinden sich mit mehr als 40 Prozent in der Gruppe der Idealisten.

Dieses Profil scheint auf den ersten Blick nahezulegen, dass Sonderpädagogen und Sonderpädagoginnen wohl eher mit Lehrkräften der Grundschulen zusammenarbeiten können, weil beide Gruppen besonders durch den Idealismus bzw. idealistischen Pragmatismus geprägt sind. Solche schulartspezifischen Zuweisungen sind jedoch grundsätzlich problematisch. So gibt es natürlich in den beiden genannten Gruppen jeweils Studierende, die nicht zu den Idealisten oder idealistischen Pragmatikern gehören. Darüber hinaus würden schulartspezifische Konsequenzen die Trennung in der Ausbildung eher betonen als eine spätere Zusammenarbeit anbahnen.

Vielversprechender erscheint es, bei der Ausbildung aller Lehramtsstudierenden die in den Clustern zum Ausdruck kommenden Orientierungen bewusst zu machen und die sich hieraus ergebenden Handlungskonsequenzen zu thematisieren. Hierzu gehört z.B. das Problem der Idealisten, möglicherweise an ihren Ansprüchen zu scheitern, weil sie Menschen nicht so fördern können, wie es ihrem Idealismus entspricht. Idealismus ist in diesem Sinne nicht nur eine positive Eigenschaft, sondern kann durchaus ein Element sein, welches spätere Belastungsstörungen mit hervorruft. Ebenso wäre möglicherweise zu erwarten, dass Idealisten Schwierigkeiten haben, mit Ambivalenten und Pragmatikern zusammenzuarbeiten, weil die beiden letztgenannten Gruppen der Förderung von Schülern und damit dem Adressatenbezug eine eher geringe Rolle einräumen. Dieses „Einräumen einer geringen Rolle“ bedeutet jedoch nicht automatisch, dass die Ambivalenten und Pragmatiker schlechtere Lehrer sein müssen.

Diese beiden Beispiele mögen genügen, um zu illustrieren, welchen Einfluss Wertorientierungen auf das Handeln haben können. Hier können wir aus der kulturvergleichenden Organisationspsychologie etwa im Sinne von Gert Hofstede lernen, die uns deutlich vor Augen führt, wie sehr unterschiedliche Wertorientierungen Zusammenarbeit möglicherweise scheitern lassen. Im Rahmen der hier vorgestellten Studie wird dafür plädiert, Konzepte für die Zusammenarbeit aufgrund unterschiedlicher Wertorientierungen in allen Lehramtsstudiengängen zu entwickeln und zum Teil der Ausbildung zu machen.

Literatur

Caselmann, Christian: Wesensformen des Lehrers. Stuttgart: Klett, 1949

Heimlich, Ulrich: Inklusion und Sonderpädagogik. Die Bedeutung der Behindertenrechtskonvention (BRK) für die Modernisierung sonderpädagogischer Förderung. In Zeitschrift für Heilpädagogik 62 (2011) 2, S. 44–54

Hofstede, Geert: Culture's consequences. Comparing values, behaviors, institutions and organizations across nations. Thousand Oaks: Sage, 2nd edition 2001

Jerusalem, Matthias/Schwarzer, Ralf: Skala zur Allgemeinen Selbstwirksamkeitserwartung. In: Schwarzer, Ralf/Jerusalem, Matthias (Hrsg.): Skalen zur Erfassung von Lehrer- und Schülermerkmalen. Dokumentation der psychometrischen Verfahren im Rahmen der Wissenschaftlichen Begleitung des Modellversuchs Selbstwirksame Schulen. Berlin: FU Berlin, 1999, S. 13–14

Rindermann, Heiner/Oubaid, Viktor: Auswahl von Studienanfängern durch Universitäten – Kriterien, Verfahren und Prognostizierbarkeit des Studienerfolgs. In: Zeitschrift für Differentielle und Diagnostische Psychologie 20 (1999a) 3, S. 172–191

Rindermann, Heiner/Oubaid, Viktor: Auswahl von Studienanfängern – Vorschläge für ein zuverlässiges Verfahren. In: Forschung & Lehre 6 (1999b) 11, S. 589–592

Weiß, Sabine/Braune, Agnes/Steinherr, Eva/Kiel, Ewald: Studium Grundschullehramt: Zur problematischen Kompatibilität von Studien-/Berufswahlmotiven und Berufsvorstellungen. In: Zeitschrift für Grundschulforschung 2 (2009) 2, S. 126–138

Weiß, Sabine/Braune, Agnes/Kiel, Ewald: Studien- und Berufswahlmotive angehender Lehrkräfte. Sind Gymnasiallehrer/innen anders? In: Journal für Lehrerinnen- und Lehrerbildung 10 (2010) 3, S. 66–73

Autorenverzeichnis

Prof. Dr. Gottfried Biewer
Universität Wien
Institut für Bildungswissenschaften
Arbeitsbereich Heilpädagogik und
Inklusive Pädagogik
Sensengasse 3 a
A-1090 Wien

M. A. Agnes Braune
Ludwig-Maximilians-Universität München
Fakultät für Psychologie und Pädagogik
Department Pädagogik und Rehabilitation
Lehrstuhl Schulpädagogik
Leopoldstraße 13
D-80802 München

Prof. Dr. em. Sieglind Luise Ellger-Rüttgardt
Humboldt-Universität zu Berlin
Philosophische Fakultät IV
Institut für Rehabilitationswissenschaften
Lehrstuhl Allgemeine Rehabilitations-
pädagogik und Lernbehindertenpädagogik
Georgenstraße 36
D-10117 Berlin

Dr. Helga Fasching
Universität Wien
Institut für Bildungswissenschaften
Arbeitsbereich Heilpädagogik und Inklusive Pädagogik
Sensengasse 3 a
A-1090 Wien

Prof. Dr. Ulrich Heimlich (Herausgeber)
Ludwig-Maximilians-Universität München
Fakultät für Psychologie und Pädagogik
Department Pädagogik und Rehabilitation
Lehrstuhl Lernbehindertenpädagogik
Leopoldstraße 13
D-80802 München

Prof. Dr. Joachim Kahlert (Herausgeber)
Ludwig-Maximilians-Universität München
Fakultät für Psychologie und Pädagogik
Department Pädagogik und Rehabilitation
Lehrstuhl Grundschulpädagogik und -didaktik
Leopoldstraße 13
D-80802 München

Prof. Dr. Ewald Kiel
Ludwig-Maximilians-Universität München
Fakultät für Psychologie und Pädagogik
Department Pädagogik und Rehabilitation
Lehrstuhl Schulpädagogik
Leopoldstraße 13
D-80802 München

Dr. Sabine Weiß
Ludwig-Maximilians-Universität München
Fakultät für Psychologie und Pädagogik
Department Pädagogik und Rehabilitation
Lehrstuhl Schulpädagogik
Leopoldstraße 13
D-80802 München

Stichwortverzeichnis